中国高等教育学会高等职业教育研究专项重点课题"中国特色高等职业教育发展道路研究"成果

浙江金融职业学院中国特色高水平高职学校建设项目"聚焦高职类型特色,打造全国高职研究引领校"成果

中国特色高等职业教育发展道路探索与研究

周建松　陈正江　著

浙江工商大学出版社
ZHEJIANG GONGSHANG UNIVERSITY PRESS

·杭州·

图书在版编目(CIP)数据

中国特色高等职业教育发展道路探索与研究 / 周建
松，陈正江著. 一杭州：浙江工商大学出版社，2020.11
(2021.10 重印)

ISBN 978-7-5178-4177-7

Ⅰ．①中… Ⅱ．①周… ②陈… Ⅲ．①高等职业教育
－发展－研究－中国 Ⅳ．①G718.5

中国版本图书馆 CIP 数据核字(2020)第 222856 号

中国特色高等职业教育发展道路探索与研究
ZHONGGUO TESE GAODENG ZHIYE JIAOYU FAZHAN DAOLU TANSUO YU YANJIU

周建松　陈正江 著

责任编辑	王黎明
封面设计	尚阅文化
责任印制	包建辉
出版发行	浙江工商大学出版社
	（杭州市教工路 198 号　邮政编码 310012)
	（E-mail:zjgsupress@163.com)
	（网址:http://www.zjgsupress.com)
	电话:0571-88904980,88831806(传真)
排　　版	杭州朝曦图文设计有限公司
印　　刷	浙江全能工艺美术印刷有限公司
开　　本	710mm×1000mm　1/16
印　　张	20.25
字　　数	262 千
版 印 次	2020 年 11 月第 1 版　2021 年 10 月第 2 次印刷
书　　号	ISBN 978-7-5178-4177-7
定　　价	68.00 元

目 录

Contents —————————

绪　言　中国特色高等职业教育发展道路:演进、内涵与经验 …… 001

第一章　探索发展道路 ……………………………………… 013

新时代中国特色高等职业教育的内涵与发展路径 ………… 013

高等职业教育内涵式发展:基本要素、主要特征与实现路径

…………………………………………………………… 029

贯彻落实《实施方案》　着力推进高职教育类型特色建设 …… 043

高职百万扩招的战略意义与实现路径

——基于全纳教育视角的分析 ……………… 049

高职大规模扩招:政策背景、理论逻辑与推进策略 ………… 065

第二章　推动内涵建设 ……………………………………… 077

高职院校高水平专业建设政策演进、特征分析与路径选择 …… 077

高职院校"三教"改革:背景、内涵与路径 ………… 095

本科层次职业教育人才培养的思考与建议

——以金融类专业为例 ………………… 113

高职院校教师职业发展的逻辑起点与推进策略 ………… 126

第三章　促进融合发展 ……………………………………… 142

　　构建产业支撑高职教育发展新机制 …………………… 142

　　基于学校发展系统的高职院校产教融合实现路径研究 …… 156

　　高职院校教师学生校友发展共同体构建与探索 ………… 166

　　高职院校产教科教双融合机制的构建与实践

　　　　——基于学校发展系统的视角 …………………… 178

第四章　提升院校治理 ……………………………………… 193

　　高职院校治理体系现代化：理论意涵与实现机制 ……… 193

　　学校发展系统：理论建构与实践探索 ………………… 211

　　关于高等职业院校治理体系建设的思考 ……………… 225

　　基于共同体理念的高职院校治理机制构建与实践 ……… 232

第五章　深化政策研究 ……………………………………… 249

　　改革开放以来我国高等职业教育发展政策的演进 ……… 249

　　我国高等职业教育政策的演进

　　　　——基于1996—2016年三个重大事件的分析 ……… 264

　　计划引领与项目驱动：我国高职教育发展政策的制度逻辑

　　　　——基于“示范计划”和“双高计划”的分析 ………… 278

　　创新发展高等职业教育：政策变迁与行动方略 ………… 288

结　语　中国特色高等职业教育话语体系的构建 …………… 302

中国特色高等职业教育发展道路：演进、内涵与经验

摘　要：自高等职业教育在中国创生以来，在其四十年的发展历程中开辟出一条独特的道路，成为最具中国特色的教育类型。这种发展道路的主要内涵为党的领导统领发展方向、立德树人确立发展根本、双重属性奠定发展格局、深化改革形成发展动力、对外开放拓宽发展思路、多元办学助力发展繁荣、产教融合夯实发展基础、创新探索锻造发展特色、体系建设延伸发展链条、项目引领打造发展先锋，并在发展进程中积累了丰富的经验，为推进高等职业教育高质量发展奠定了坚实的基础。

关键词：中国特色；高等职业教育；发展道路；演进；内涵；经验

一、引　言

2018 年 9 月，全国教育大会在北京召开，中共中央总书记、国家主

席、中央军委主席习近平出席会议并发表重要讲话,他在讲话中特别强调要坚持中国特色社会主义教育发展道路。2019 年 2 月,中共中央、国务院发布《中国教育现代化 2035》,提出推进教育现代化的指导思想是坚定"四个自信",坚持中国特色社会主义教育发展道路,并明确将坚持中国特色作为推进教育现代化的基本原则之一。

任何一种类型教育的发展,一定是与它所存在的社会发展相适应的,可以说,什么样的社会制度,决定了什么样的教育发展道路。我国高等职业教育在过往 40 年的发展历程中,开辟出一条独特的道路,已是世界上最大规模的高等职业教育体系,并成为最具中国特色的教育类型。之所以开展中国特色高等职业教育发展道路的研究,一方面是因为我们惊叹于我国高职教育的历史性变迁、历史性成就与历史性贡献;另一方面是因为无论在总结经验层面,还是从反思改进角度,我们熟知我国高等职业教育面临的各种问题和存在的诸多短板,但我们深信这些问题可以得到解决。基于此,本文主要围绕中国特色高等职业教育发展道路的演进与内涵两方面展开探讨,在此基础上形成发展中的经验,进一步坚定"四个自信",推进高等职业教育高质量发展。

二、高等职业教育在中国的发展演进

教育学家布鲁贝克在《教育问题史》的序中指出:"历史会重演,但并不完全雷同,对于教育问题的解决来说,这是尤为正确的。因为解决教育问题的方式因时空的不同而有所不同,但是,这些教育问题本身却是永恒的。"[1]在中国高等职业教育的发展历程中,经历了很多大事,完成了许多项目和任务,取得了一系列标志性成果,实现了发展和转型。发展是改革开放以来中国的时代特征,各方面的力量都参与了这个时代洪流,一种制度的生命力,常常蕴含于悠远绵长的历史进程中。这种理解问题的视角对把握我国高等职业教育发展历程有着重要的价值,笔者尝试从这个视角出发来勾勒高等职业教育在中国的探索、确立、发展与转型的轮廓。

(一)高等职业教育制度的生成

美国学者柯文在其著作《在中国发现历史》中强调一种以中国为中心的历史观,这种视角完全可以借用来分析高等职业教育在中国的生成。可以说,中国高等职业教育是本土的教育问题,必须用本土的视野去观察。高等职业教育在中国的生成、发展和转型,是经济社会进步的客观表现。我国高等职业教育发展道路的探索是艰辛的,从中华人民共和国成立到改革开放之初,我国有中专学校,但只有少量的高等专科院校。1952年经过院系调整后,大多数专科学校被拆并到本科院校或改办中专。1978年底举行的中国共产党十一届三中全会,不仅在新中国建设史上具有划时代的意义,也使我国的教育事业进入了一个崭新的历史阶段。当时的经济建设急需人才,作为变通和过渡的措施,高等职业技术教育作为一种高等教育类型出现的时机逐步趋于成熟,于是,通过多种途径的探索,地方性短期职业大学应运而生。1980年,第一所短期职业大学——金陵职业大学诞生,这是客观形势需要与主观努力行动共同促成的结果。短期职业大学被证明是符合经济发展规律的,在其创生的前十年时间里,也是符合教育规律的,可以说,它们是高等职业教育在中国生成的最初形态。在其后,即1986年召开的全国职业技术教育工作会议上,时任副总理兼国家教委主任李鹏在会上做报告说:"一般地讲,像我们的高等职业学校相当一部分广播电视大学、高等专科学校……,是不是应该算高等职业教育这个层次。"[2]这个说法大体划定了我国高等职业教育的范围。

(二)高等职业学校地位的确立

随着我国改革开放的不断深入,短期职业大学的人才培养满足了区域经济社会发展的需要,其办学模式被证明是成功的,于是就产生了扩张效应。尤其自20世纪90年代后,我国经济建设进入高速发展的新时期,行业、企业对一线技术技能型人才的需求无论在数量上,还是在质量上都提出了更高的要求,与此同时,不断涌现的新产业和新业态提供了大量新职业和新岗位,相应地,从事这些职业和岗位工作的人才规格也随之发生变化。此时,产生了一种需求与供给的错配,即这些人员的工作岗位,往往存在中等职业技术学校毕业生的水平不大够用,而普通高校毕业生又不大实用的情况。因此,无论是在国家层面还是民众层面,都逐渐开始重视并关注高等职业教育的发展。特别是1996年颁布实施的《职业教育法》第十三条规定,职业学校教育分为初等、中等、高等职业学校教育,这在基本法层面确立了高等职业教育这一类型的法律地位,为高等职业教育在中国的发展奠定了坚实的法律基础,同时也为中国特色高等职业教育开辟了广阔的发展道路。

(三)高等职业教育政策的规范

1991年原国家教委等部门召开了全国职业技术教育工作会议,同年,《国务院关于大力发展职业技术教育的决定》出台,对职业教育提出了大力发展的要求。世纪之交,党中央、国务院做出高等教育大众化的战略决策。2000年,国务院办公厅发布《关于国务院授权省、自治区、直辖市人民政府审批设立高等职业学校有关问题的通知》(国办发〔2000〕3号),这对进一步深化教育管理体制改革,促进各类高等教育更快发展,发挥地方办学的积极性,促使高等教育更好地为地方经济建设和社会发展服务起到了重要的推动作用。地方政府认识到产业发展所需的教育支撑越来越重要,于是纷纷将高等职业教育纳入与经济社会发展的总体联系之中。同年,教育部发布《高等职业学校设置标准(暂行)》,对高等职业学校校系两级领导的配备,专兼职教师队伍建设,土地和校舍面积、实习实训场所、教学仪器设备和图书资料的要求,以及专业与课程设置、基本建设投资和经常性经费等基本条件做出了规定。其后,国务院于 2002 年颁布《关于大力推进职业教育改革与发展的决定》,于 2005 年颁布《关于加快发展职业教育的决定》,对职业教育提出了大力推进改革与发展的要求。为落实国务院的决定,2006 年教育部出台《关于全面提高高等职业教育教学质量的若干意见》,与此同时,教育部、财政部联合启动实施国家示范性高等职业院校建设计划,在这些内外支持和保障政策的共同作用下,我国高等职业教育在21 世纪前十年获得了蓬勃的发展。

(四)高等职业教育发展的转型

2010 年,《国家中长期教育改革和发展规划纲要(2010—2020 年)》颁布,提出建设现代职业教育体系的战略部署,这标志着高等职业教育进入转型阶段。2014 年,国务院颁布《关于加快发展现代职业教育的决定》,提出加快现代职业教育体系建设,发挥高等职业教育在优化高等教育结构中的重要作用,推动高等职业教育进一步发展。2015 年,教育部发布《高等职业教育创新发展行动计划(2015—2018 年)》,提出了创新发展的总体要求、主要任务与举措和保障措施。2019 年,《国家职业教育改革实施方案》颁布,把发展高等职业教育作为优化高等教育结构和培养大国工匠、能工巧匠的重要方式,提出推进高等职业教育高质量发展的要求。这对于发挥高等职业教育在优化高等教育结构、引领职业教育发展、形成自身类型特色等方面的应有作用,逐渐成为一种不可替代的教育类型具有重要的指导意义。随后即启动实施中国特色高水平高等职业学校和专业建设计划,建设一批引领改革,支撑发展,具有中国特色、世界水平的高等职业学校和骨干专业(群),这无疑又是一项推动高等职业教育转型的重大计划和项目,为推进新时代高等职业教育高质量发展奠定基础。

三、中国特色高等职业教育发展道路的基本内涵

在四十年的发展历程中,中国高等职业教育走出了一条独特的道路,其在发展中展现出与经济社会发展之间的复杂关系,要理解这种发展道路的内涵,我们就必须了解教育所嵌入的社会背景。正如日本学者新渡户稻造所指出的那样,"善于思索的研究者会在过去的时代所蓄积的精神之中看到今日的结果。"[3]通过对高等职业教育在中国发展历程的梳理,可将中国特色高等职业教育发展道路的基本内涵概括为:党的领导统领发展方向、立德树人确立发展根本、双重属性奠定发展格局、深化改革形成发展动力、产教融合夯实发展基础、创新探索锻造发展特色、项目引领打造发展先锋、多元办学助力发展繁荣、体系建设延伸发展链条、对外开放拓宽发展思路。这种互动关系具体表现为相应的支撑机制。

(一)党的领导统领发展方向

党的领导是中国特色社会主义最根本的特征,党的领导是全面领导,脱离教育制度所依赖和服务的社会来评价这种制度是行不通的,高职教育必须有它自己的目的,这就要求必须加强党的领导地位。对于高等职业教育或高等职业院校而言,就是要坚持和完善党委领导下的校长负责制,在此前提下,加强领导班子建设并夯实基层党组织建设的基础,加强教师党建和"双带头人"队伍建设,提高学生党建工作质量,以党建激发学校、教师和学生的正能量,引领学校更好地发展、教师更好地育人和学生更好地成才。

(二)立德树人确立发展根本

立德树人解决培养什么人、怎样培养人、为谁培养人这一系列根本

问题。这种指导思想深深地植根于对教育的社会功能、教育的根本目的这样一些重大问题的认识与反思中。这就要求高职教育在中国共产党领导下,扎根中国大地办学,服务区域行业发展,培养"德智体美劳"全面发展的中国特色社会主义建设者和接班人,坚持把立德树人和思想政治教育贯穿全过程,以专业建设为龙头带动其他各方面工作,通过素质教育夯实立德树人基础,并重视发挥文化建设在立德树人中的积极作用。

(三)双重属性奠定发展格局

高等职业教育具有高教性和职教性双重属性,因此,要坚持高等教育属性,发挥其在优化我国高等教育结构方面的重要作用,培育职业教育类型特色,引领现代职业教育体系建设,这就要求高等职业院校要有科学合理的办学定位,在统一规划下保证多样化。教育不应该仅仅是为生活做准备,实际上应该是生活的一部分,重视和加强办学主体即教师、学生、校友发展共同体建设,打造学校发展系统。

(四)深化改革形成发展动力

改革是我国过去四十年最显著的发展主题,我国高等职业教育正是切合这一发展主题才得以走出一条新路。20世纪90年代的高等职业教育,"三不一高"走出路子,"三改一补"形成合力,"三教统筹"明确方向。及至世纪之交,大众化形成大发展的态势,加之就业导向明确了办学定位,正如联合国教科文组织高等教育及培训司前司长纳伊曼所言,高等教育不仅应该培养学生今后能够从事的职业活动,而且要教会他们在特定的经济形势和社会形势下所应该采取的行动。[4]高等职业教育通过提高质量确立了自身的教育地位。

(五)产教融合夯实发展基础

高等职业教育是与产业经济发展最密切相关的教育类型,因此,高等职业教育能否得到发展在很大程度上取决于它和周围环境是否成功地取得了联系,是否成功地与它要为之服务的社会、就业市场和劳动市场取得了联系。产教融合发展政策已经明确,通过专设产教融合项目,强化政府、行业、企业、社会组织四方联动,推动创新链、产业链、人才链、教育链衔接。贯彻落实《国家职业教育改革实施方案》要求,开展"1+X证书"制度试点,并通过建设双师创新型教学团队来推动教师、教材、教法改革。

(六)创新探索锻造发展特色

国际大学联合会前主席朱雷克指出:"大学在与它为之服务的社会的复杂关系中,应该面向两个重大问题,能否解决这些问题将决定大学的前途:第一是它适应社会要求的能力;第二也是最重要的,即看它有没有能力超越单纯的适应阶段,在全世界发挥创造性和革新的作用。"在高等职业教育发展过程中,鼓励区域、院校和师生大胆探索,明确创新发展理念,提出行动方案,加强创新试点工作,突破"压缩饼干"式人才培养模式,并通过探索集团化办学、鼓励混合所有制探索、开展现代学徒制试点、建设专业教学资源库等路径深入创新,及时总结经验,以形成我国高等职业教育的发展特色。

(七)项目引领打造发展先锋

无论是对高等职业教育,还是对高等职业院校而言,项目都是良好的载体。在我国高等职业教育发展过程中,先后出台实施了大量项目,其中具有标志性的项目有新世纪高等教育教学改革项目、国家示范性高等职业院校建设项目、国家骨干高等职业院校建设项目、优质高等职业院校建设项目等。[5]当前,随着中国特色高水平高职学校和专业(群)建设计划的启动实施,充分发挥项目的示范引领作用,推动高职教育整体发展,并向世界提供中国标准和中国方案。

（八）多元办学助力发展繁荣

多元办学即办学主体的多元化，这在我国高等职业教育发展过程中被证明是正确的道路，也是未来发展要坚持的重点。这对于整个教育体系是如此，具体到职业教育乃至于高等职业教育，更是如此。产业发展的科技含量迅速增加，在政府统筹协调和顶层设计的基础上，充分调动行业、企业参与高职教育办学的积极性，并积极鼓励社会力量投入办学。挖掘本科高校等多方潜力，引导地方本科高校转型，形成包括各种类型学校的真正的高等职业教育体系，与此同时，稳步提升技师学院办学水平。

（九）体系建设延伸发展链条

现代职业教育发展离不开一个完备的体系，这就要求在普职等值和中高衔接的理念基础上，建设现代职业教育体系。其中，既要有本科职业教育的试点，也要探索建立专业学位研究生培养新政。在高等职业教育中强化职业培训的内容是非常重要的，重视培训体系建设，开展高质量培训，[6]同时，为更好地将职业教育与普通教育，特别是基础教育相衔接，应将职业启蒙与培养作为一个切入点来实施。

（十）对外开放拓宽发展思路

我国的改革进程总是伴随着开放而展开的，在过去四十年中，我国对外开放的领域从一般加工业扩展到基础工业和高新技术产业，这为高等职业教育发展提供了产业背景。开放合作是基本思路，博采众长、融合提炼是基本方略，在不放弃本国历史和文明中最优秀的东西的同时，采纳了世界所提供的最先进的东西，并将其同化，也即通过学习考察更新办学理念和中外合作吸收先进经验，师生互访拓展国际视野，特别是进入 21 世纪第二个十年后，随着我国企业"走出去"的不断深入,高等职业教育要配合企业"走出去",进一步开拓国际化发展新路。

四、中国特色高等职业教育发展经验与启示

我国高等职业教育四十年的发展虽然是一段并不算太长的历史,但却在实践中走出了一条中国特色高等职业教育发展道路,这条道路不只是一种理论或体系,更重要的是实践与成就,这种实践与成就在发展道路的主题、主线与主体中得到突出体现,这不仅是过往发展历史带给我们的重要启示,也是激励我们勇敢面对未来挑战的力量源泉。

(一)改革是主题

教育发展是现代社会的重大需求和必然趋势,而社会发展、科技进步、产业结构变革导致职业的内涵与外延发生变化,这些都对高等职业教育改革发展提出新的要求。当然,我国高职教育发展不是一帆风顺的,而是经历了诸多的曲折、反复。虽然有争议,也有争鸣,但还是在坚定地往前走。因此,改革精神须臾不可丢弃。无论是 20 世纪 90 年代的"三不一高""三改一补""三教统筹",还是 21 世纪以来的示范校建设、骨干校建设、优质校建设、高水平学校建设,越来越多的人找到了高等职业教育发展的主线,这条主线就是改革。当然,在我国高等职业教育领域,确实存在着"一管就死,一放就乱"的困境,这就需要重新审视国家在职业教育政策中的角色与功能,以改进高等职业教育政策。

(二)创新是主线

在我国高等职业教育发展过程中,中国特色是一脉相承的,其间虽然受诸如资源不足、队伍不强、体制不活及文化与社会心理的制约等种种困扰,曾有坎坷挫折,但终究没有脱离其自身的发展道路,其中,

创新发挥了重要的触发和引导作用。这既有国家政策的发布与推动，也有思想观念的变迁与影响，还有重要人物与主要机构发展的典型案例，围绕着这些主体及其行为，形成一系列汇聚各种想象和利益关系的空间，并以种种方式交织缠绕在一起，这些对于我们理解中国特色高等职业教育的内涵都有着重要的启发价值和提示意义。[7]

（三）院校是主体

改革开放以来，我国的高等职业教育从零起步，发展到今天已形成有 1400 多所院校、900 余万在校生的办学规模，拥有了世界上规模最大的高等职业教育体系。尽管不同的高等职业院校的利益和需求各异，但绝大部分高等职业院校找到高等职业教育这个领域内的不同问题点，而在具体的探索路径上，高职院校通常不是采用先推演整体框架、再研究具体问题的做法，而是从解决一个个具体问题入手，逐步形成整体领域的框架，以持续的个体实践推动整体发展。党的十九大召开后，特别是 2019 年以来，国家出台了一系列促进高职教育高质量发展的政策举措，这为高等职业院校实践带来更大更好的舆论环境和发展空间，高职院校更是基于创新实践并从中学习改进，以推动中国特色高等职业教育高质量发展。

五、结语

任何一种类型的教育总是在时间中展开的，既离不开时间，也受时间的约束，现在的教育与过去的教育之间有着怎样的联系，现在的教育又将怎样影响未来的教育，我们会看到教育在时间中的变化，也会看到它的不变。2020 年，距离中国高等职业教育发轫已过去了 40年，站在这一新的发展起点上，"我们需要创造未来，而不是重复昨天；未来之路是走出来的，而不是本来就有的；人们在通往未来的路上都是边走边经历着变化——改变自己,也改变目的地"。[8]在这个意义上,无论是作为发展整体的高等职业教育,还是作为发展个体的高等职业院校,都必须不断地使自己成为"历史",也只有这样,才能为未来的发展注入持续而强劲的动力。

参考文献

[1] 布鲁贝克.教育问题史[M].单中惠,王强,译.济南:山东教育出版社,2012:16.

[2] 中国高等职业技术教育研究会.中国高等职业技术教育研究会史料汇编[M].北京:高等教育出版社,2002:42.

[3] 新渡户稻造.武士道[M].张俊彦,译.北京:商务印书馆,1993:12.

[4] 纳伊曼.世界高等教育的探讨[M].令华,尹南德,译.北京:教育科学出版社,1982:100.

[5] 陈正江.教育制度供给与高职院校发展——基于国家示范性高等职业院校建设计划的研究[J].中国高教研究,2016(7):105-109.

[6] 周建松,陈正江.新时代中国特色高等职业教育的内涵与发展路径[J].中国高教研究,2019(4):98-102.

[7] 周建松,陈正江.中国特色高等职业教育话语体系的构建[J].现代教育管理,2019(1):67-73.

[8] 傅国涌.新学记:中国现代教育起源八讲[M].北京:东方出版社,2018:356.

(本文发表于《中国职业技术教育》2020年第30期)

第一章

探索发展道路

新时代中国特色高等职业教育的内涵与发展路径

摘　要： 改革开放以来，我国高等职业教育主动回应经济社会发展的需求，实现了从无到有、从小到大的快速发展，走出了一条适合我国国情、体现中国特色的发展道路。中国特色社会主义进入新时代，新时代中国特色高等职业教育主要由坚持党的领导、落实立德树人根本任务、扎根中国大地办学、发展素质教育、服务国家与区域经济社会发展五大内涵构成，其发展路径是以专业建设为龙头、以教育教学为中心、以优质就业为导向、以产教融合为主线、以合作发展为支撑。

关键词： 新时代；中国特色；高等职业教育；内涵；发展路径

改革开放以来，我国高等职业教育主动回应经济社会发展的需求，扎根中国大地，持续探索实践，实现了从无到有、从小到大的快速发展。特别是 21 世纪后,我国高等职业院校数、在校生人数和毕业生人数持续增长,其规模已占普通高等教育的一半左右,高等职业教育在优化高等教育结构和引领职业教育发展中的作用进一步凸显,逐步形成自身具有历史渊源和时代特征的类型特色。"高职教育的兴起从表面上看是一个独立过程,但其产生和发展却导致了整个高等教育体系价值观念的变革和功能性拓展。"[1]作为中国特色教育生成与发展的一个重要案例,高等职业教育走出了一条适合我国国情、体现中国特色的发展道路。

一、我国高等职业教育扎根本土的持续探索实践

中华人民共和国成立后,我国职业教育在较长时期内定位为发展初等和中等职业教育,只存在少量专科高等教育。1978 年 4 月 22 日,邓小平同志在全国教育工作会议上的讲话中指出:"整个教育事业必须同国民经济发展的要求相适应""应该考虑各级各类学校发展的比例,特别是扩大农业中学、各种中等专业学校、技工学校的比例"。[2]随后召开的党的十一届三中全会,做出把党和国家的工作重点转移到社会主义现代化建设上来和实行改革开放的历史性决策,提出了走自己的路、建设中国特色社会主义的方针,也由此开启了我国高等职业教育本土探索之路。

(一)职业大学的设立

随着国民经济的恢复和发展,各地区和各行业对生产、建设、服务、管理等高级专门人才的需求日益增加,迫切需要一大批高素质技术技能人才,而当时普通高校毕业生数量有限,同时仍是处于计划经济时代的模式,即毕业统一分配,地方和基层很难分配到大学毕业生。基于此,一些经济基础较好的大中城市开始自己兴办学校,为本地培养技

术技能人才,短期职业大学应运而生。1980 年原国家教委批准设立金陵职业大学、无锡职业大学、合肥联合大学、江汉大学等首批 13 所职业大学,它们是高等职业教育的最初形态,标志着我国高等职业教育的诞生。

(二)高等职业教育政策与法律地位的确立

1985 年,《中共中央关于教育体制改革的决定》提出"积极发展高等职业技术院校,逐步建立一个从初级到高级,行业配套,结构合理,又能与普通教育相互沟通的体系""根据大力发展职业技术教育的要求,高中毕业生一部分升入普通大学,一部分接受高等职业技术教育"。这是"高等职业教育"第一次在国家文件中的规范表述。1991 年,《国务院关于大力发展职业技术教育的决定》提出"积极推进现有职业大学的改革,努力办好一批培养技艺性强的高级操作人员的高等职业学校",同年,邢台高等职业技术学校获批,成为我国高职教育领域中第一所冠名为"职业技术学院"的学校。1996 年,《中华人民共和国职业教育法》颁布,第一次以法律的形式明确了高等职业教育在我国教育结构中的地位。其后,1998 年颁布的《中华人民共和国高等教育法》对高等职业学校属于高等学校进行了确认,这标志着我国高等职业教育从此有法可依。

(三)"三改一补"政策的实施

20 世纪 90 年代,国家开始实施"三改一补"政策,即对现有高等专科学校、职业大学和独立设置的成人高校进行改革、改组和改制,并选择部分符合条件的中专改办补充。同时,教育部将原有高职、高专和成人高校合称为"高职高专教育"并进行统筹,这从高等职业教育的实现形式和管理上解决了其发展中不畅通的问题,促进了高等职业教育的快速发展。1999 年,国务院批转教育部《面向 21 世纪教育振兴行动计划》,规定"2000 年高等教育招生计划的增量将主要用于地方发展高等职业教育",并将高职的办学管理权下放,提出"通过试点,逐步把高等职业教育方面的责权放给省级人民政府和学校"。

(四)国家示范性高职院校建设计划

进入 21 世纪后,教育部先后发布《关于加强高职高专教育人才培养工作的意见》等一系列政策文件,对高职教育进行规范和引导,高等职业教育规模迅速扩大。2006 年,教育部、财政部启动实施了"国家示范性高等职业院校建设计划",通过中央财政资金支持建设 100 所示范性高职院校和 100 所骨干高职院校。通过国家示范校、国家骨干校等项目建设,明确了高职院校办学模式,特别是强化了产教结合、校企合作等在办学过程中的作用,探索形成了以工学结合、顶岗实习为基础的具有中国特色的人才培养模式。

(五)高等职业教育创新发展行动计划

2010 年后,我国高等职业教育进入内涵深化和体系构建时期,提升教育质量和建立现代职教体系成为一个基本的政策导向。2014 年,习近平总书记对职业教育做出重要指示,明确了新时期职业教育的战略地位、时代重任、发展方向、支持重点和各方职责。同年,国务院印发《关于加快发展现代职业教育的决定》,教育部等六部门印发《现代职业教育体系建设规划(2014—2020 年)》,提出建设中国特色职业教育体系。2015 年,教育部印发《高等职业教育创新发展行动计划(2015—2018 年)》,重点强调扩大优质教育资源、增强院校办学活力、加强技术技能积累、完善质量保障机制。

二、新时代中国特色高等职业教育的发展背景

(一)习近平总书记关于教育的论述对高等职业教育提出新要求

习近平总书记指出,中国特色是历史和现实做出的回答,是国际比较得出的结论,既是独具特色的,又是独具优势的。在 2013 年教师节的贺信和 2014 年教师节与北京师范大学师生座谈讲话中,总书记两次提出"发展具有中国特色、世界水平的现代教育",从战略高度回答了我们应办什么样的教育,以及如何办教育这一根本性问题。[3] 2014 年,习近平总书记对职业教育做出指示,提出要牢牢把握服务发展、促进就业的办学方向,深化体制机制改革,创新各层次各类型职业教育模式,坚持产教融合、校企合作,坚持工学结合、知行合一,引导社会各界特别是行业、企业积极支持职业教育,努力建设中国特色职业教育体系。党的十九大报告中提出建设教育强国,对于高等教育而言,是要实现内涵式发展;对于职业教育而言,是要完善职业教育和培训体系,深化产教融合、校企合作。2018 年,习近平总书记在全国教育大会上指出,坚持社会主义办学方向,立足基本国情,遵循教育规律,坚持改革创新,以凝聚人心、完善人格、开发人力、培育人才、造福人民为工作目标,培养"德智体美劳"全面发展的社会主义建设者和接班人,加快推进教育现代化,建设教育强国,办好人民满意的教育,这些重要论述对高等职业教育提出了新要求。

(二)建设现代化经济体系对高等职业教育提出新挑战

党的十九大提出建设现代化经济体系,这是我国经济由高速增长阶段转向高质量发展阶段的必然选择。建设现代化经济体系不仅要求转变经济发展方式、优化经济结构、转换增长动力,而且对教育满足

经济发展的需求能力提出了更高的要求。建设现代化经济体系的重点是推动质量、效率、动力三大变革,目的是提高全要素生产率,作为国民教育体系和人力资源开发的重要组成部分,高等职业教育以培养多样化人才、传承技术技能、促进就业创业为己任,以服务发展、促进就业为面向,这就要求高等职业教育在新技术革命条件下转变发展方式,实施创新驱动发展战略,提升发展质量,通过推动人才供给侧改革,促进技术技能积累,实现人力资本的最优配置,为建设现代化经济体系提供坚实支撑。

(三)实现高等教育内涵式发展对高等职业教育提出新期待

新时代高等教育要实现"内涵式发展",就是要探讨把哪些具体内容作为高等教育的内涵并推动其发展。在我国高等教育向大众化乃至普及化发展的过程中,高等职业教育内涵式发展可从政治论、认识论和人本论三个维度来考察。从政治论的维度来看,强调党的领导,扎根中国大地办学,服务国家和区域发展战略;从认识论的维度来看,强调提高教育教学质量,以建设中国特色高职教育高水平学校和专业作为标志性成果;从人本论的维度来看,强调立德树人,发展素质教育,以学生为中心,培养德智体美劳全面发展的社会主义建设者和接班人。[4]高等职业教育在实现了规模发展后,必然重视对内涵与质量的关注,尤其需要解决专业化刚性过强、课程教学浅表化、优质教学资源不足,以及教育教学文化薄弱等教育教学和人才培养过程中的一系列深层次问题。[5]

(四)深化产教融合校企合作对高等职业教育提出新目标

产教融合、校企合作的理论基础是新职业主义,其根本要求是转向具有广泛基础性的、整合的职业教育,这向人们展现了这样一种可能性,即教育与工作世界的紧密结合,通过沟通科技发展、产业变革与人力资源开发之间的关系,实现学生、学校和行业、企业的共赢。[6]2017年12月,国务院办公厅发布《关于深化产教融合的若干意见》,2018年1月,教育部等六部门印发《职业学校校企合作促进办法》,对产教融合、校企合作进行了顶层设计和工作部署,产教融合、校企合作逐步从理念创新落实到制度创新层面。高等职业教育在产教融合、校企合作方面具有天然的优势,在市场经济背景下,企业等用人主体参与职业教育的人才培养过程,也是解决人民日益增长的职业教育需求和职业教育发展不平衡不充分矛盾的重要途径。在深化产教融合、校企合作双轮驱动下,高等职业教育以人才培养模式改革为核心,深化学校内涵建设,完善高素质技术技能人才培养体系,推进人力资源供给侧结构性改革,促进教育链、人才链与产业链、创新链有机衔接。

(五)推进高质量发展给高等职业教育提供新指引

2019年1月,国务院印发《国家职业教育改革实施方案》,提出推进高等职业教育高质量发展。高等职业教育是优化高等教育结构和培养大国工匠、能工巧匠的重要方式,高等职业学校要培养服务区域发展的高素质技术技能人才,重点服务企业特别是中小微企业的技术研发和产品升级,强化社区教育和终身学习服务的定位要求。启动实施中国特色高水平高职学校和专业建设计划,建设一批引领改革、支撑发展、中国特色、世界一流的高等职业学校和骨干专业(群),这表明了国家以培养和打造一批高水平学校来引领高职教育高质量发展的决心,也明确了骨干专业(群)建设是高职教育高质量发展的基础。高质量发展是新时代高等职业教育的发展理念,包含着丰富的内涵:从宏观来看,这是高等职业教育领域解决人民日益增长的美好生活需要和不平衡不充分的发展之间的矛盾的指导;从中观来看,衡量高质量发展的指标是行业、区域高等职业教育人才培养的匹配度即结构性质量;从微观来看,具体落实到每一所学校、每一个专业的人才培养和教育教学质量上。因此,推进高等职业教育高质量发展既要着眼于全局,又不能脱离院校实际。

三、新时代中国特色高等职业教育的主要内涵

习近平总书记在全国教育大会上的讲话把新时代教育发展的新理念、新思想、新观点概括为"九个坚持",强调培养什么人是教育的首要问题,这是我们理解新时代中国特色高等职业教育的重要指引。新时代中国特色高等职业教育内涵主要包括坚持党的领导、落实立德树人的根本任务、扎根中国大地办学、发展素质教育、服务国家与区域经济社会发展等方面。

(一)坚持党的领导

我国是中国共产党领导的社会主义国家,这决定了我们的教育必须是中国共产党领导下的中国特色社会主义教育,必须坚持教育为人民服务、为中国共产党治国理政服务、为巩固和发展中国特色社会主义制度服务、为改革开放和社会主义现代化建设服务的理念。党的领导是中国特色高等职业教育的鲜明本色,这既是理念的凝结,又是实践的升华。要实现党的领导,就必须始终坚持社会主义办学方向不动摇、聚焦立德树人根本问题不放松的宗旨,在党管意识形态、党管干部人才、党管改革发展等方面积极作为,为推进高等职业教育高水平建设和高质量发展提供坚强的政治保证、思想保证和组织保证,培养德智体美劳全面发展的社会主义建设者和接班人。

(二)落实立德树人这一根本任务

立德树人是中华优秀教育传统的核心理念。在中国特色社会主义新时代,必须坚持马克思主义的指导地位,把立德树人融入思想道

德教育、文化知识教育、社会实践教育各环节,将培育和践行社会主义核心价值观贯穿人才培养全过程。课堂是教书育人的主阵地和主渠道,课程是立德树人的主要载体。浙江金融职业学院通过深化千日成长工程,推进全课程育人,办好思想政治理论课,凸显专业课的育人功能,发挥公共课的特殊育人作用,做好实践课育人工作,丰富校本课的育人内涵,推进创新创业课建设,加强师资队伍建设,推进全课程育人,不断推进"思政课程"与"课程思政"相结合,探索出一条立德树人的新路。

(三)扎根中国大地办学

习近平总书记在全国教育大会上强调,扎根中国大地办教育,就是要坚持以马克思主义为指导,全面贯彻党的教育方针,坚持以人民为中心的发展思想、以立德树人为根本任务、以促进公平为基本要求、以优化结构为主攻方向、以深化改革为根本动力,走出一条有中国特色的教育现代化之路。我国国情的复杂性、地域发展的不平衡性、特有的历史文化背景都决定了要解决中国的教育问题,不能一味靠外来经验的输入,而是必须扎根中国的土壤,找到一个本土化的解决方案。坚持扎根中国大地办教育,必须求解中国教育面临的现实难题,切实解决教育发展不充分不平衡的问题。高等职业教育只有根植于具有五千年历史积淀的中华优秀传统文化,扎根于本土文化,才有可能实现可持续发展。

(四)发展素质教育

高职教育的人才培养目标是高职教育的出发点和归宿,包括高职院校学生培养的基本方向定位,以及由此决定的学生在接受完高职教育之后在知识、能力和素质方面达到的规格要求。[7]党的十九大报告提出发展素质教育,事实上,素质教育与专业建设相融合是高职教育内涵建设的重要内容和途径。实践中,发展素质教育的具体思路是:重视思想政治教育,解决好做人高度问题;重视人文素质教育,解决好做人厚度问题;重视专业素质教育,解决好做人深度问题;重视身体素质教育,解决好做人长度问题;重视心理素质教育,解决好做人宽度问题;重视创新创业教育,解决好做人强度问题。浙江金融职业学院在办学实践中办好素质教育载体——马克思主义学院、明理学院、淑女学院、银领学院、笃行创业学院、国际交流学院、继续教育与培训学院,构建多层次、立体化的素质教育体系。

(五)服务国家与区域经济社会发展

高等职业教育以培养生产、建设、服务、管理第一线的高素质技术技能专门人才为主要任务。改革开放 40 年来,高等职业教育做到了教育与经济发展尤其是与生产劳动的密切结合,成为推动国家和区域经济社会发展的主要动力。当前我国在经济发展方式、生产过程、产业结构、驱动要素等方面的深刻变革,对人才的素质有了更新和更高的要求。在"中国制造 2025"、精准扶贫、"互联网+"等重大国家战略及"一带一路"倡议实施的背景下,要求高职院校以长远眼光来确定专业设置和专业定位,并能够根据社会发展对人才需求的变化适时做出调整。其中,"需求端"表现在满足国家新产业、新业态的需求方面,"供给端"表现在人才培养方案、人才培养模式等创新方面。作为新时代最大量最重要的人才供给侧,高等职业教育必须转变育人观念,创新人才培养模式,努力实现人才供给与需求的动态平衡。

四、新时代中国特色高等职业教育的发展路径

正如学者指出的那样,中国的教育能够走向世界,能够对世界做出贡献的,很可能首先是中国的职业教育,尤其是中国的高等职业教

育。[8]高等职业教育若要在教育强国建设过程中发挥其应有的作用,还需要在以下五方面下功夫,这也是我们提升中国特色高等职业教育道路自信、理论自信、制度自信、文化自信的重要路径。

(一)以专业建设为龙头

专业是高职院校办学和人才培养的基点,专业建设是高职院校内涵发展的重要抓手。《教育部关于全面提高高等职业教育教学质量的若干意见》(教高〔2006〕16 号)提出针对区域经济发展的要求,灵活调整和设置专业,辐射服务面向的区域、行业、企业和农村,增强学生的就业能力。新一轮的经济转型、产业升级和产业结构的调整,必将为区域经济发展提供新机遇,也对技术技能型人才培养提出新要求,转型后的企业对职业技术人才的需求日趋多样化、精细化和特色化。专业建设成为高职示范校、骨干校和优质校建设的主要项目与核心任务,各高职院校形成以重点专业为龙头、相关专业为支撑的专业群,重塑专业建设逻辑,打造新的专业格局,升级专业建设内涵,深耕行业、企业服务。《国家职业教育改革实施方案》明确提出"启动实施中国特色高职教育高水平学校和专业建设计划",更凸显了专业建设在高水平学校建设中的地位和作用,因此,各高职院校在优势专业、特色专业建设成效的基础上开始探索高水平专业建设,以就业为导向、以市场为指引,开发专业教学标准和课程标准,探索基于社会需求的专业设置和管理机制,提升专业服务产业发展能力;遵循传承历史、关注需求、合理定位的原则,形成调整专业设置、课程体系的动态优化机制;通过校企合作、产教融合、国际交流等途径加强专业内涵建设,提升专业技能人才培养质量,加强专业人才培养服务于地方经济社会发展的适切性和针对性。[9]在推进"管办评"分离和"放管服"改革的背景下,积极实施专业诊断与改进,开展高等职业教育国际专业认证。

（二）以教育教学为中心

教学和教育是密不可分的，教学概念应放在教育大系统中来理解和把握。教学是教育的基本形式，尤其是在学校教育产生以后，其内涵是学生在教师的指导下，掌握文化知识和技能，进而发展能力、增强素质、形成道德的教育过程。教学是高职教育最大的内涵，教学工作是高职院校的中心工作，具有以下多重特征：一是内容的现实性，是指教学内容要与生活实际紧密联系，使教学内容具有生活化；二是主体的能动性，是指教师和学生通过深度参与和互动，真正成为教学活动的主体；三是形式的多样性，是指在服从教学内容的前提下，教学形式应呈现出多样性、灵活性、实效性，使自主学习与合作学习得以结合。2016年，教育部部长陈宝生提出"四个回归"，其实质就是回归教学，促进教师角色回归。首先，提高高职院校教学水平要建立一个优化课表、重视课程、做好课本、搞活课堂、丰富课余和发展课外的机制，推进专业特色化、课程精品化和实践真实化；其次，构建"以教学为中心"的绩效考核体系，引导教师把精力用于教学，褒奖教学创新和贡献者，真正把以教学为中心的理念落到实处；再次，教师评价制度对于引导教师重视教学起着重要的导向作用和杠杆作用，促使教师在教学、科研与服务三项活动中保持平衡且相互促进；最后，重视"互联网＋教育"背景下的教学创新，应用信息技术改革教学，发挥慕课、翻转课堂、微课等作用。

（三）以优质就业为导向

就业是消除贫困、促进共享、包容性发展的基本保障，也是职业教育实现家长和学生期望，进而改善民生的基本路径。[10]高职教育以就业为导向，除体现在整体就业率、签约率上以外，还体现在有质量的就业上。对于高职院校来说，就业情况一直是考评一所学校成功与否的重要指标。优质就业的标准是根据专业对口、单位状况、薪资水平、发展状况等因素来综合评定的。一个新的技术一定会有一种新的教育模式来匹配,高等职业教育要了解自身的需求端,即要想跟上产业发展的步伐,就要了解企业真正需要什么样的人才,这个问题要通过扎实的调研才能得到答案,专业团队通过调研社会需求,为专业的准确定位和人才的严格培养打下基础。2018 年 7 月,麦可思研究院发布的《2018 年中国大学生就业报告》显示,2017 届高职高专毕业生半年后的就业率为 92.1％,高于 2016 届的 91.5％,近 10 年应届高职高专毕业生就业率稳步上升,2017 届高职高专就业率首次超过本科。[11]对于高职院校而言,建立专业引导就业、教学面向就业、机制支撑就业、校友帮助就业、全校齐抓就业的一套机制,与此同时,构建以就业率、签约率、用人单位满意率、学生起薪水平和岗位发展状况等指标在内的就业考核评价体系,特别是对于首次进入就业市场的毕业生而言,职业资格证书显得格外重要,因此在实践中探索创新集团化办学、现代学徒制、订单培养等就业工作机制,推动毕业生实现顺利就业、对口就业、优质就业。

(四)以产教融合为主线

产教融合既是一种社会经济运行生态,也是一种技术技能形成机制。在深入实施创新驱动发展战略、加快发展壮大现代产业体系的背景下,深化产教融合是推进人才和人力资源供给侧结构性改革的一项非常迫切的任务。高职教育以培养高素质技术技能人才为己任,基于产教融合构建高职院校发展系统是实现人才培养职能的重要手段。高职院校要发挥产教融合在创新人才培养、教师发展、社会服务、创新创业等方面的机制优势,着重围绕教育与职业、学校与企业、学习与工作等方面的结合上做文章,适应区域与行业的发展需求,树立主动对接、主动作为的理念,防止等、靠、要,主动发现有为时间、作为空间,以满足经济社会和产业变革的需求和发展。推进高职院校和企业联盟、与行业联合、同园区联结,通过建立与学校专业群紧密相关的产学研协同创新中心平台,依托专业(群)构建产教融合综合体、有机体和共生体,立足为中小微企业提供产品研发和技术服务,并建立多层次立体化的岗位培训,为企业开展员工培训。

(五)以合作发展为支撑

开放合作办学是高职教育的主要特征,这体现在教育与职业、学校与企业、学习与工作、高教与职教的结合与融合上。在深入实施创新驱动发展战略、加快发展壮大现代产业体系的背景下,深化产教融合和科教融合是高职院校推进人才培养供给侧结构性改革的迫切任务。一方面,合作发展不但能加强高职院校内部资源的共享与优化,而且通过充分利用外部资源,更利于院校的自身发展;另一方面,通过培养高素质技术技能人才,高职院校为行业、企业输送大量人力资源,从而实现面向市场、服务发展、促进就业的目的。因此,高职教育的办学使命要求构建一个产教融合、校企合作、工学结合、知行合一的育人体系,积极探索全方位多层次的合作发展机制,以此来实现学校与政府、行业、企业、党派、协会、兄弟院校及国际间的合作。特别是在"互联网+教育"的背景下,更要深化教与学的结合、"双师型"教学团队的建设、人才培养与科学研究的协同,争取资源与服务社会的良性运行,构建基于利益相关者共同治理的组织架构,促进人才培养质量和办学治校水平的提高。

五、结语

高等职业教育是在我国本土产生的一种教育形态,尽管是土生土长甚至是"土里土气"的,但却较好地满足了行业和区域的需求,在实践中,也已发展为一种不可替代的教育类型,体现出本土创新的特点,成为我国现代职业教育体系的重要组成部分。本文在梳理我国高等职业教育本土探索的基础上,归纳并提炼新时代中国特色高等职业教育的主要内涵与发展路径,尝试为新时代高等职业教育发展提供一个逻辑统一的分析框架。2019年2月,中共中央、国务院印发《中国教育现代化2035》,明确提出推进教育现代化的基本原则,其中很重要的一条就是坚持中国特色。这对于高等职业教育政策制定者、理论研究者和实践探索者而言,既是一种鞭策,也是一种激励。事实上,"对中国经验,不能仅仅停留于经验的描述,应当从'描述'进到提炼、概括,从'经验'上升到'理论'"[12],在接下去的研究中,我们将着重围绕中国特色高等职业教育的思想渊源、基本特征、理论贡献与发展实践等方面,发掘新材料,回答新问题,进一步坚定发展中国特色高等职业教育的道路自信、理论自信、制度自信、文化自信。

参考文献

[1] 秦惠民,解水青.高职教育对现代大学功能变革的影响——基于国际视角的新制度学解读[J].中国高教研究,2014(2):17-21.

[2] 杨金土主编.30年重大变革——中国1979—2008年职业教育要事概录[M].北京:教育科学出版社,2011:7.

[3] 习近平同北京师范大学师生代表座谈时的讲话[EB/OL].(2014-09-10)[2018-01-15].http://politics.people.com.cn/n/2014/0910/c70731-25629093.html.

[4] 范笑仙.哲学视角下新时代中国高等教育内涵式发展[J].国家教育行政学院学报,2018(8):15-20.

[5] 别敦荣.论高等教育内涵式发展[J].中国高教研究,2018(6):10-18.

[6] 汤霓,石伟平.新职业主义视角下美国社区学院产教合作模式研究

[J].外国教育研究,2015(5):58-68.

[7] 周建松,唐林伟.高职教育人才培养目标的历史演变与科学定位
[J].中国高教研究,2013(2):94-98.

[8] 姜大源.高等职业教育:中国对世界教育的独特贡献[N].光明日
报,2015-10-27.

[9] 周建松,孔德兰,陈正江.高职院校高水平专业建设政策演进、特征
分析与路径选择[J].中国职业技术教育,2017(25):62-68.

[10] 世界银行.2013年世界发展报告:就业[M].胡光宇,赵冰,译.清
华大学出版社,2013:12.

[11] 麦可思研究院.2018年中国大学生就业报告[R].北京:社会科学
文献出版社,2018.

[12] 丰子义.从话语体系建设看马克思主义哲学创新[J].哲学研究,
2017(7):123-126.

（本文发表于《中国高教研究》2019年第4期）

高等职业教育内涵式发展：基本要素、 主要特征与实现路径

摘　要：党的十九大报告提出"实现高等教育内涵式发展"，作为我国高等教育的重要类型，高等职业教育内涵式发展的基本要素主要包括人才培养模式改革、专业建设、师资队伍建设、实训基地建设、管理水平提升、产教融合及校企合作体制机制创新等。在中国特色社会主义进入新时代的背景下和实现教育现代化的进程中，其主要特征表现为育人为本、特色办学、提高质量和服务区域。高等职业教育内涵式发展的实现路径是落实立德树人根本任务、深化产教融合机制建设、积极发展素质教育、构建质量保障体系和推进国际交流与合作。

关键词：高等职业教育；内涵式发展；要素；特征；路径

长期以来，我国高等教育基本都是在外延式发展模式主导下运行与发展的，这是与我国当时的情况相适应的。但随着形势发展，尤其是资源要素等情况的变化，这种外延式发展难以为继，并影响质量提升和高等教育的社会形象。因此，走内涵式发展道路逐渐成为高等学校的内在发展诉求和社会共识。党的十八大报告提出"推动高等教育内涵式发展"，党的十九大报告进一步提出"实现高等教育内涵式发展"，从"推动"到"实现"，政策文本表述的变化表明了高等教育内涵式发展从过程导向转变为结果导向，这对高等教育发展提出了全新的要求。准确把握我国推动高等教育内涵式发展的战略意图，必须立足我国基本国情，这是在中国特色社会主义进入新时代后，在我国社会主要矛盾发生新变化的大背景下，我国高等教育发展的内在要求，也必将成为高等教育发展的时代主题。内涵式发展是

我国高等教育改革的必然选择，也是世界各国高等教育发展的基本趋势。

　　作为高等教育的重要类型，改革开放特别是进入 21 世纪以来，我国高等职业教育在依附式发展、外延式发展、跨越式发展等模式的基础上逐渐向内涵式发展演进。随着我国高等教育从精英化向大众化进而向普及化阶段的转变，高等教育的个性化、多样化的特征逐渐呈现出来，鼓励各类学校安于其位、办出特色和办出水平成为重要导向和必然选择。"实现高等教育内涵式发展"对我国高等职业教育发展提出了明确的目标，这既是对过去近四十年高等职业教育发展基本态势的客观研判，也是对其发展经验与发展模式的继承与反思，更包含着创新发展中国特色高等职业教育的期待与探索，要求高等职业教育必须正确把握自身特点，合理确定办学定位，努力实现内涵式发展。

一、高等职业教育内涵式发展的基本要素

　　高等职业教育内涵式发展是一个综合的、多向量的概念。在逻辑学里，"概念的内涵，就是概念所反映的事物的特有属性"[1]。而按《辞海》解释，"发展"指"事物由小到大、由简到繁、由低级到高级、由旧质到新质的运动变化过程。事物的发展是量变和质变的统一，这是事物内部矛盾斗争的结果"[2]。内涵式发展是以事物的内部因素作为动力和资源的发展模式，表现为事物内在属性的发展，如结构协调、要素优化、质量提升、水平提高、实力增强等。[3]高等职业教育内涵式发展是一项十分复杂的全面的系统工程。一般认为，内涵式发展主要包括人才培养模式改革、专业建设、师资队伍建设、实训基地建设、管理水平提升和产教融合、校企合作体制机制等要素。

（一）人才培养模式改革

中国特色社会主义进入新时代后，我国社会的主要矛盾表现为人民日益增长的美好生活需要和不平衡不充分的发展之间的矛盾。尤其是在高等教育从大众化向普及化的转变阶段，虽然高等职业教育"有学上"的问题初步解决了，但"上好大学"的问题又凸显了，要解决这个矛盾，最重要的就是要努力履行好培养服务区域发展的技术技能人才的重要职责。人才培养模式改革的目的是把培养好服务区域发展的技术技能人才的工作落到实处，其中包含五个具体的要素：一是要了解区域和行业企业的人才需求，落实深入细致的调研工作并形成长效机制，使人才培养工作具有针对性。二是要坚持德才兼备的培养目标。有道是："有德有才是正品，有德无才是次品，无德无才是废品，无德有才是毒品。"我们一定要致力于培养"德才兼备的上品"。三是要坚持以专业建设为龙头。突出专科高等职业院校作为职业教育的特点和重点，坚持"办好专业、强化职业、注重学业、重视就业、鼓励创业、成就事业"的"六业贯通"理念，[4]并在实践中把素质教育与专业教育有机融合和结合。四是要坚持以教学为中心。要围绕"优化课表、抓好课程、搞活课堂、重视教材、丰富课余、发展课外"的要求，积极推进专业特色化、课程精品化、实训真实化，同时要加强课堂教学信息化，强化实战教学和技能教学，切实提高学生的实践水平和动手能力。五是要坚持以就业为导向。真正做到"专业面向就业、教学立足就业、管理引导就业"，并充分利用校友、家庭及社会的力量推进顺利就业、优质就业、对口就业工作，真正把人才培养模式改革的成效落到实处。

（二）专业建设

专业建设是高等职业教育内涵式发展的一个重点选择。产业发展之必需和市场需求之迫切是办好高等职业院校专业的重要前提，离开了这样一个前提，我们的专业建设就无从谈起，甚至专业布点越多，招生规模越大，形成负面效应的可能性也越大。因此提升专业建设水平，打造骨干和龙头专业首先必须研究国民经济和社会发展所需，研究市场对人才的具体需求，具体来说有三点：一是要研究产业，研究产业发展规律及其对各类型、各层次人才的需求，坚持以需求导向设专业，研究专业设置对接产业需求的具体方法。二是要认真研究"一带一路"倡议、"中国制造2025"、精准扶贫等国家战略对技术技能人才的需求，围绕国家战略调整优化专业设置，尤其是要适应"走出去"影响，培养复合型技术技能人才。三是要研究现代农业、先进制造业和现代服务业发展变化的趋势，在趋势把握中超前运作，为经济转型升级和技术进步培养应有的适需人才，真正实现毕业生与岗位需求的无缝对接。

（三）师资队伍建设

高水平师资队伍既是高等职业教育内涵建设的重要内容，也是支撑其内涵式发展的重要保障，要推进和实现高等职业教育内涵式发展，必须努力建好建强专兼结合的双师教学团队。[5]要花大力气建设好一支数量适当、素质精良的专任教师队伍，要根据学校的办学定位和需求面向，注重培养和造就专业课教师队伍，既要注重现有教师队伍水平的提高，也要花大力气充实和扩大教师队伍，尤其是要引进和培养造就高水平领军人才，在内容上既要培养其教育教学能力，也要着力培养和打造其研究和开发能力，努力使我们的教师队伍能够教育教学和科技开发一起抓，以适应学校创新发展和内涵式发展的需要。要积极构建双师结构教学团队，积极创造条件，推进专兼结合、双师组合和机制融合，通过校企合作、校友网络等途径，聘请一批具有一定理论水平和教育科研能力并具有较强实践能力的兼职教师队伍，发挥其"双休日工程师"作用，与校内专任教师一起，组成有机结合、优势互补的教学团队,为人才培养服务,为科技开发服务,为增强学校服务区域经济社会发展能力做贡献,使其成为不断推进高等职业教育内涵建设和可持续发展的强大依靠。

(四)校内外实训基地建设

高等职业教育既是高等教育的重要组成部分,也是我国职业教育体系中的较高层次,兼具高等教育和职业教育的双重属性;既是专科层次的高等教育,也是职业教育的类型,教学及实训条件是提高高等职业教育人才培养质量的重要保证。虽然我们不唯条件论,但条件无疑起着十分重要的支持和支撑作用。一是要适应"互联网+"和信息技术发展趋势,推进教学和实训条件信息化,引入云课堂等教学理念建设一批智慧教室,促进教学和实训现代化。二是要综合利用现代信息技术,改造和提升校内实训实践实习环境、条件和水平,真正实现仿真化、真实化。三是充分利用产教融合、校企合作等机制和体制便利,加强校外实训条件和场地建设,实现校外基地教学化。

(五)管理水平与治理能力提升

提升管理水平是促进高等职业教育内涵式发展的现实要求,是提高人才培养质量的重要保障。近年来,虽然高等职业院校依法治校意识日益增强,管理制度不断完善,管理工作得到普遍重视。但是,与加快推进依法治教和治理能力现代化的新要求相比,职业院校在管理理念、能力和信息化水平等方面仍有差距。在国家示范性高职院校建设期间,提出示范院校要做发展的模范、改革的模范、管理的模范,总结出育人及管理机制创新等方面可借鉴、可复制、可推广的经验、模式和制度,从而调动更多高职院校主动改革的自觉性和积极性。在新的形势下,坚持依法治校,建立和完善现代职业学校制度,以强化教育教学管理为重点,进一步更新管理理念,完善制度标准,创新运行机制,改进方式方法,提升管理水平,为基本实现职业院校治理能力现代化奠定坚实基础。

(六)产教融合与校企合作体制机制建设

产教融合和校企合作,既是培养应用技术型和技术技能型人才的重要途径,又是应用型高校和高等职业教育发展的必由之路。我国高等职业教育发展之初就重视产教融合和校企合作,尤其是在 2006 年实施的国家示范性高等职业院校建设项目中,把推进校企合作的专业人才培养模式作为重点;在 2010 年启动实施的国家骨干高职院校建设项目中,把建立校企合作体制机制作为重点;在 2014 年全国职业教育工作会议召开前夕,习近平总书记对我国职业教育做出的重要指示中,明确要求要牢牢把握服务发展、促进就业的办学方向,深化体制机制改革,创新各层次、各类型职业教育模式,坚持产教融合、校企合作,坚持工学结合、知行合一,引导社会各界特别是行业、企业积极支持职业教育。

二、高等职业教育内涵式发展的主要特征

在我国现行的高等教育管理体制下,要发挥高等职业教育在优化高等教育结构中的重要作用,必须把握高等职业教育内涵式发展的主要特征,而这种特征主要体现在育人为本、特色办学、提高质量和服务区域上。

(一)育人为本

认识和解决培养什么样的人、怎样培养人是任何类型和层次教育的根本问题,而扎根中国大地、办好中国特色社会主义高等教育是我国高等教育内涵式发展的基本遵循和逻辑前提。因此,要坚持把立德

树人作为中心环节,把思想政治工作贯穿教育教学全过程,实现全程育人、全方位育人。重视文化传承与创新,推动职业技能培养和职业素养相融合。而培养技术技能型人才不仅有利于我们践行好高等职业教育高教性和职教性相统一的要求,有利于给不同类型和区域的学校提供一个创新探索的空间,而且能更好地解决服务面向的问题。也就是说,高等职业教育培养的人才是服务和满足区域经济社会发展需求,其中,服务一个省、一个市、一个区(县)是重点。这样的要求,既符合专科及以下高等教育由省级人民政府统筹的要求,也符合一个地级市至少办一所专科高等职业院校的政策导向,也为专科高等职业院校合理定位、推进内涵建设明确了方向,尤其是在专业结构布局上必须注重这一点。

(二)特色办学

高等职业教育作为高等教育的新类型,从一开始就定位为专科层次,作为推进高等教育大众化的重要抓手,曾经在"三教统筹""三改一补"的政策框架下,与高等专科教育并入一个类型和一个层次来管理。伯顿·克拉克认为:"院校的希望与其说产生于彼此的共同点,不如说产生于相互之间的差异。"[6] 2016 年 12 月,在现代职业教育发展推进会上,教育部部长陈宝生用六个关键词对职业教育发展提出了明确要求,其中一点就是要让职业教育"特"起来。他指出,特不特,看工作。要把职业教育打造成"名优土特产品",培养一批名师,提供优质教学,服务区域经济社会发展,实现专业、技能、教学方法各方面特色发展,推进产学结合,把职业教育打造成闪光品牌。办出特色,一是要把握高职教育是高教性与职教性的复合体这一特性,立足于贯彻高教与职教双重属性办学,既要体现高等教育即高中后教育的特点和要求,也要贯彻现代职业教育体系的要求,充分体现职业教育特点。[7]二是要把握专科层次高职教育这个度,既不能好高骛远,也不能放弃高等教育要求,要立足于贯彻服务发展和促进就业的导向和宗旨,为生产、建设、管理、服务第一线培养高素质技术技能型人才。三是要根据高等职业教育具体办学情况设置和布局专业,既要考虑学生学业发展的进阶需要,也要考虑中高职衔接的要求,同时要考虑专科高职院校这个层次,既要防止办成"本科压缩饼干",也要保持高等教育必需的知识含量,真正做到高职之高不缺位、不越位,高职之职有席位、有地位,高职教育不错位、有正位。[8]

(三)提高质量

我国目前已建立起世界上规模最大的职业教育体系,职业教育发展的社会氛围有较大改善,职业教育吸引力逐步增强并逐步向现代职业教育转型。伴随着教育体制机制改革的深入推进和社会观念的持续更新,虽然职业教育中许多带有历史特征的制度因素、文化因素和社会心理因素已经或正在发生着深刻变化,但职业教育质量不高和吸引力不足的问题仍然存在。[9]质量是高等教育职业内涵式发展的核心。同样是在 2016 年 12 月召开的现代职业教育发展推进会上,教育部部长陈宝生用另一个关键词"强"对职业教育发展提出了明确要求。他指出,强不强,看成长。要把学校建在开发区里,把学科建在产业链上,下功夫培育职业教育发展后劲,不为升格,不图虚名,实现职业院校在专业、管理、特色上的全面成长。质量之魂,存于匠心,大力弘扬工匠精神,厚植工匠文化,倡导恪守职业操守、崇尚精益求精的工匠精神,加快培育"中国工匠",助力中国经济发展进入质量时代。

(四)服务区域

我国的高等教育是一个比较健全而又立体化的体系:从学历层次上来看,有研究生、本科生和专科生;从教学类型上来看,有学术型、应用型、技术技能型。高等职业教育的主要任务是培养人才,即培养区域发展迫切需要的技术技能型人才,为了履行好这一职责,必须以服务区域的中小微企业和社区终身教育为其重要使命。服务企业特别是中小微企业的技术研发和产品升级,就要求高职院校坚持在抓好人才培养工作的同时,注重学校科研和科技开发工作,贯彻"立地式"研究战略重点,瞄准本地区产业转型升级和区域经济发展要求,通过单独或合作设立研究开发平台,如研究院、所、中心等,应企业之需,急企业之急,开展专门技术研发和专项咨询服务,努力提高科研工作针对性,努力成为区域内企业尤其是中小微企业的重要依靠力量。学校在师资队伍建设过程中,也应把教师的技术研发能力和水平作为培养和考核的重点之一,在提升对企业的服务能力中体现学校存在的价值和教师的贡献。

三、高等职业教育内涵式发展的实现路径

我国高等教育内涵式发展存在什么关键问题,需要采取什么对策,主要取决于根据其发展的阶段性特征研究可行的实现路径。[10]在中国特色社会主义进入新时代的背景下和实现教育现代化的进程中,高等职业教育内涵式发展的实现路径是落实立德树人这一根本任务、深化产教融合机制建设、积极发展素质教育、构建质量保障体系和推进国际交流与合作。

(一)落实立德树人根本任务

立德树人是一个综合概念,落实立德树人根本任务就是紧密围绕"高校培养什么样的人、如何培养人以及为谁培养人"这个根本问题,不断提高学生思想水平、政治觉悟,使学生成为德才兼备、全面发展的高端技术技能型人才。一是必须坚持和加强党的领导。高校肩负着学习研究宣传马克思主义、培养中国特色社会主义事业建设者和接班人的

重大任务,加强党对高校的领导,加强和改进高校党的建设,正是办好中国特色社会主义大学的根本保证。二是必须加强高校思想政治工作。既要牢牢把握社会主义办学方向,着力提高学生思想政治素质,也要大力提升教师队伍素质,推动思想政治工作创新,增强思想政治工作的针对性和有效性,巩固马克思主义在高校意识形态的主导地位。三是必须坚持把立德树人作为根本任务,把培育和践行社会主义核心价值观贯穿教书育人全过程。与此同时,要把培养第一流优秀人才作为建设世界一流大学的核心任务,以此来带动高校其他工作。

(二)深化产教融合机制建设

高等职业教育作为高等教育的一个类型,其特色就在于开放办学及其行业企业元素的加入,因此,深化产教融合是高等职业教育实现内涵式发展的一个重点。2017年发布的《国家教育事业发展"十三五"规划》明确要求职业教育要深化产教融合并贯穿主线。2017年12月,国务院办公厅印发《关于深化产教融合的指导意见》(国办发〔2017〕95号),把产教融合理念从职业教育扩大到了高等教育领域,并上升至国家战略层面,产教融合又被提高到了一个新的高度。笔者认为,深化产教融合不只是限于科技开发活动,还要促进教育链、人才链与产业链、创新链有机衔接,是一项更新人才培养模式、提高人才培养质量的系统工程,需要统一思想、形成共识、协同推进。一是高职院校要积极主动,既要把它作为办学治校的大计,也要作为提高人才培养质量的必由之路,多谋划、多争取、多主动、多着力,要有专门的部门、专门的人力,甚至把校、院(系)两级主要领导的时间和精力都腾挪出来重点抓这项工作。二是行业企业和政府也要积极作为,这就需要高职院校与行业企业、政府合力推动,必须充分发挥行业企业在制订标准、质量保障和参与评价上的作用。三是推动高等职业教育内涵式发展,必须依靠改革注入强大动力,要把推进产教融合和产学研合作作为本地区、本部门经济社会发展的大事、要事来做,并积极创造条件出台地方性和行业性指导意见和具体办法,推动这项工作深入有效开展。

(三)积极发展素质教育

党的十九大提出要发展素质教育,培养德智体美劳全面发展的社会主义建设者和接班人。发展素质教育的目的是要积极探索发展方式和培养模式的灵活性和多样性。高等职业教育以专业建设为龙头,这无疑是十分正确的,但专业建设一定是要与素质教育有机融合,为此,要重视思想政治教育,提升学生素质高度;重视人文素质教育,提升学生做人厚度;重视身体素质锻炼,提升学生做人长度;重视心理素质养成,提升学生做人宽度;重视创新创业教育,提升学生做人强度;重视专业基础,提升专业技能教育和训练,把学生人生有效发展引向纵深,要关注学生职业生源规划,更好地引导学生实现科学人生发展。在这一过程中,尤其是要引导学生热爱专业,具有专业情怀和职业理想,修炼职业道德和职业良心,在专业成才的同时实现成功人生。

(四)构建质量保障体系

当高职教育发展进入内涵建设阶段,学校应该从被动转向主动,并形成文化自觉,学校要从思想观念、工作重点等方面快速实现转移和转变。第一,学校要设立专门的质量保障部门,以此指导协调工作。这个机构可以是质量建设处、督导评价处,也可以是以院(校)长为主任的质量建设与评价委员会,各部门主要负责同志参与,以利推进工作。第二,学校要形成重视质量的文化自觉,以质量文化引领学校各项建设,指导面上工作的开展。第三,学校要制订各专业、各部门、各环节工作和建设标准,并给予相应的人财物保障和支撑。[11]第四,学校要定期发布综合性和专业性或专项性质量建设报告,主动接受教育行政部门和社会各界的督导。第五,学校要建立以质量为核心的学校绩效考核机制,以此确定部门、专业和教职员工的工作水平。

(五)推进国际交流与合作

在新时代,我国正以"一带一路"建设为重点,坚持"引进来"和"走出去"并重的理念,推动形成全面开放新格局,这需要更多具有国际化视野、跨文化交际能力和服务能力的高素质人才。高职院校坚持服务国家战略、区域经济发展及产业转型升级需要的人才培养定位,以互联网思维及全球化视野开展国际合作与交流工作,以广义的教育资源为核心要素,统筹专业、课程、师资、学生、实验实训基地等要素,开展具有战略高度的国际合作与交流顶层设计,构建体现职业性质、自身特色的国际合作与交流现实路径,创新国际合作与交流模式,不断提升国际化办学水平,培育国际竞争力,实现中国高职教育的国际化品牌建设目标。

四、结语

实现高等职业教育内涵式发展是一项宏大的系统工程,本文尝试为这方面的研究与实践提供一些知识积累。当前,我们正处在高等教育从大众化向普及化转变的重要时期,在高等教育规模扩大的背景下,内涵式发展是必由之路,普及化、多样化、个性化是基本特征,对于专科高职院校而言,唯有正确定位、安于其位,不断重视和推进内涵建设,才是其理性选择和明智行动。正如美国学者佛兰德·S.柯伯斯所言,仅仅是对发展过程的认识程度不深这一弱点,就使我们远远缺乏那种对可能激发一些变化作出英明预见的能力,缺乏那种自信地对某个建议付诸实施将会有何种成果作出预料的能力,缺乏对发展过程进行及时调整修正的能力。[12]事实上,高职教育在对社会环境变动的适应性调整中实现了自身的发展,这是社会需求与高职教育供给共同作用的结果。当然,高等职业教育发展具有一定的连续性,只看其中某一段会有很大的局限性,同时,高等职业教育发展的现实意义在当时还没有显现出来,要经过一段时间才看得明白。对此,我们需要保持持续关注并展开跟踪研究。

参考文献

[1] 金岳霖.形式逻辑[M].北京:人民出版社,1979:22.

[2] 辞海编辑委员会.辞海(缩印本)[M].上海:上海辞书出版社,1980:490.

[3] 瞿振元.高等教育内涵式发展的实现途径[J].中国高等教育,2013(2):12-13.

[4] 周建松.高职院校内涵建设研究[M].杭州:浙江大学出版社,2006:116.

[5] 董刚.高等职业教育内涵式发展研究[M].北京:高等教育出版社,2014:12.

[6] 克拉克.高等教育系统——学术组织的跨国研究[M].杭州:杭州大学出版社,1994:289.

[7] 刘延东.深化高等教育改革走以提高质量为核心的内涵式发展道路[J].求是,2012(10):3-9.

[8] 舒底清.高等职业教育专业内涵建设[M].北京:高等教育出版社,2013:46.

[9] 任占营.改革创新高等职业教育 推动专科高等职业院校科学发展[J].中国职业技术教育,2014(21):77-80.

[10] 徐吉洪.高等教育内涵式发展的话语逻辑[J].黑龙江高教研究,2018(1):19-22.

［11］楼世洲、宁业勤.学校内涵式发展评价准则的构建［J］.教育科学，
2009(1)：10-13.

［12］柯伯斯.教育政策［M］//那格尔.政策科学百科全书.林明，龚裕，
鲍克，等，译.北京：科学技术文献出版社，1990：458.

（本文发表于《黑龙江高教研究》2019 年第 3 期）

贯彻落实《实施方案》 着力推进高职教育类型特色建设

《国家职业教育改革实施方案》（以下简称《实施方案》）通篇贯穿了习近平新时代中国特色社会主义思想和习近平总书记在全国教育大会上的重要讲话精神，坚持目标导向和问题导向，提出了一系列解决长期制约职业教育发展体制机制难题的政策措施，对深化职业教育类型特色改革起到了重要的引领和推动作用。

一、坚持以习近平总书记关于职业教育的重要指示为根本遵循

（一）形势新判断：将职业教育摆在更加突出的战略位置

当前，我国经济由高速增长转向高质量发展，建设现代化经济体系必须把职业教育摆在更加突出的战略位置，这既是推进教育改革的战略性问题，又是促进经济和惠及民生的重大问题，要引导社会各界特别是行业企业积极支持职业教育，并将其作为深化教育领域综合改革的突破口，推动职业教育与经济社会同步发展。

（二）功能新定位：牢牢把握服务发展、促进就业的办学方向

培养什么人、怎样培养人，这是教育工作的出发点和落脚点，需要我们树立正确人才观，坚持以立德树人为根本，培育和践行社会主义核心价值观，将提高职业技能和培养职业精神高度融合，着力提升学

生的职业精神、职业技能和就业创业能力,促进学生全面发展,努力让每位学生都有人生出彩的机会。

(三)工作新部署:坚持产教融合、校企合作、工学结合、知行合一

建设中国特色职业教育体系,在宏观层面,要落实政府发展职业教育的职责,加强规划统筹、政策统筹、资源统筹,发挥好保基本、促公平的作用;在中观层面,要处理好职业教育利益相关者,如政府、学校、社会、行业、企业、社区的关系,促进产教深度融合;在微观层面,要深化专业、课程和教材改革,提高人才培养针对性、实效性。

二、坚持问题导向,着力解决高职教育发展中的瓶颈问题

(一)类型特色不够鲜明

《实施方案》开宗明义,指出职业教育与普通教育是两种不同的教育类型,具有同等重要的地位。对于高职教育而言,其最鲜明的类型特色是通过人才培养更好地满足受教育者作为个体发展的需要,同时满足作为职业世界的企业的要求。但在现实中,"四合"机制并没有得以构建,德技并修、育训结合的育人模式也没能很好地彰显,处于普通高等教育与职业教育交叉领域的高等职业教育面临着追求"高"还是坚持"职"的两难困境。

(二)规模和质量不相匹配

改革开放以来,我国高职教育走过了快速发展的历程,无论是高职院校数,还是在校学生数和毕业学生数都呈现出持续增长的发展势头,其规模已占高中后阶段教育的一半左右。高职院校已开设了近千个专业,涉及近10万个专业点,办学规模是名副其实的世界第一。但

在现实中还存在着重规模轻质量、重硬件轻软件、重外延轻内涵的现象,教师、教材、教法还存在薄弱环节,存在着教师不发展、教材不更新、教法不改革的困境。

(三)社会力量参与支持不够

受传统的体制机制因素制约,行业企业参与高职院校办学和人才培养的动力不足,缺乏相应的激励政策,导致高职教育人才培养供给侧和产业需求侧在结构、质量、水平上还不能完全适应。特别是多数高职院校是在脱离行业主管部门的情况下开展办学的,社会力量参与支持不够在很大程度上使产业与教育深度融合受到影响,校企合作存在"一头热""独角戏"等问题。

三、贯彻落实《实施方案》,要妥善处理好六大关系

(一)职业教育的类型特色与高教性的关系

高等职业教育仍然具有高等教育和职业教育的双重属性,在贯彻《实施方案》过程中,既要扎扎实实推进职业教育类型特点的形成,强化职业教育属性,如积极推进1+X证书制度试点,建设"双师型"教学团队,推进产教融合、校企合作,抓好职业培训,重视实践实训等,同时,还要坚持高等职业教育的高教属性,着力在服务学生发展上下功夫,努力把服务市场需求与服务学生发展结合起来。

(二)落实百万扩招与高职教育高质量发展的关系

今年的《政府工作报告》明确提出了高职扩招100万人,这是从宏观经济运行和稳就业视角出发的战略安排。扩招是要采取有效措施实现有质量的扩招,这与《实施方案》提出的"推进高等职业教育高质量

发展"并不矛盾。高等职业院校在扩招以后要通过深化教育教学改革，开展更有针对性和更有质量的教育，并率先从高质量就业方面彰显高等职业教育高质量发展的成效。

(三)扩大高职教育规模与学生"专升本"的关系

2014年，教学部等六部门发布的《现代职业教育体系建设规划(2014—2020年)》明确中职不升格为高职，高职不并入或升格为本科。高职在校学生"专升本"意愿不断强化，比例也在大大提高，而各省因为录取率等指标，"专升本"招生计划又在不断扩大，形成政策指向与社会现实之间的明显反差，也需要积极协调解决好。

(四)1＋X证书制度试点中的"1"和"X"的关系

《实施方案》启动1＋X证书制度试点工作，要充分发挥"X"证书即职业技能等级证书的作用，鼓励行业企业和学校联合开发相关标准和证书，学生经过学习考试取得若干职业技能等级证书，以提高在就业市场上的竞争力，并为职业生涯更好地发展奠定基础，同时，不断优化和丰富"1"的内涵，使"1"尽量包含"X"证书的教学内容，这既会减轻学生的负担，也有利于促进学校教育教学改革的深化。

(五)产教融合型企业与全面推进产教融合的关系

产教融合是办好职业教育的精髓，《实施方案》明确了对产教融合型企业的"金融＋财政＋土地＋信用"的组合式激励以及教育费附加抵免等政策措施，在实施过程中，要从整体上鼓励产教融合的深入开展，一定要防止为了获得优惠激励而争取帽子，或者抢指标、争指标情况，防止出现少数院校做"花样功夫"和少数企业搞"形式工程"的情况。

（六）高水平建设与职业教育整体质量提升的关系

《实施方案》颁布后，教育部、财政部发布《关于实施中国特色高水平高职学校和专业建设计划的意见》，明确指示，建好一批标杆学校，发挥示范引领作用，同时，三线城市乃至少数民族地区、西部边远地区、经济欠发达地区的职业教育质量是否更需要关注，他们的办学条件和保障机制是否更需要落实，建一批高水平学校与提升职业教育整体质量之间如何达成最大公约数，这些问题仍需要深思。

四、贯彻落实《实施方案》，要在推动微观教学改革上下功夫

（一）推动学历证书与职业技能等级证书有效融合

《实施方案》提出开展 1＋X 证书制度试点，并将其作为推动微观教学改革的切入点和突破口，以深化复合型技术技能人才培养培训模式改革。一方面，通过及时将新工艺、新规范充实进入教材内容，提升高职教育人才培养质量，提高学历证书的含金量；另一方面，推进"1"和"X"的有机衔接，鼓励职业院校学生在获得学历证书的同时，积极获取多类职业技能等级证书，实现书证融通，拓展学生就业能力与创业本领，夯实学生可持续发展基础。

（二）以高水平、结构化教学创新团队建设为载体深化教师队伍改革

教师是推动"三教"改革的主体。现代职业教育对高职院校教师的要求与期待大致构成了教师—"双师型"教师—教学名师的角色体系，旨在以"教学名师"的"点"带动全校教师"面"上的发展。要贯彻中共中央、国务院《关于全面深化新时代教师队伍建设改革的意见》，遵循教育

规律和教师成长发展规律,实施职业院校教师素质提高计划,着力打造创新团队,组建高水平、结构化教学创新团队,并以此为载体深化高职教育教师队伍改革。

(三)进一步加强教材建设和教材管理

教材为教师和学生的教育教学活动提供了学习的对象和条件。对于高职院校而言,教材建设是教学改革的重点和难点。在职业教育教材开发、使用和管理方面要严把教学标准和毕业学生质量标准两关,为构建职业教育国家标准奠定微观基础。

(四)运用"互联网十"等现代信息技术推动教法改革

教法是教学的技能和技巧,是工具和手段,是连接教师和学生的桥梁和纽带,具有经验性、系统化、科学化的特点。高职院校深化教法改革,就要适应"互联网十职业教育"的发展需求,激励教师主动适应信息化、人工智能等新技术变革,积极运用现代信息技术改进教学方式方法,推进虚拟工厂等网络学习空间建设和普遍应用,改革教学方法和手段,以教法统领学法,促进有效教学、有效学习。

(五)完善服务学生成长与教师发展的产教融合长效机制

学生成长与教师发展是持续推进高职教育改革的两大引擎,建立高职院校、行业企业联合培养"双师型"教师的机制,并建立企业骨干与院校教师相互兼职制度;同时,针对高职高专教育学生来源多样化的趋势,以职业需求为导向、以实践能力培养为重点、以产学研用结合为途径,推动校企合作"双元"育人。

(本文发表于《职教论坛》2019 年第 7 期)

高职百万扩招的战略意义与实现路径

——基于全纳教育视角的分析

摘　要：职业教育是面向人人的教育。李克强总理在 2019 年《政府工作报告》中提出，要多措并举扩大高职教育规模，高职今年大规模扩招 100 万人，这是深化供给侧结构性改革的关键一招，既有利于缓解当前的就业压力，也是提高国民素质、解决高技能人才短缺的战略之举，对于适应多样性学习者需要、促进就业和实现包容性发展具有重大意义。本文基于全纳教育视角阐释高职大规模扩招的现实背景、战略意义与实现路径，提出高职院校要回归职业教育本质，抓住国家就业优先战略和优先发展教育战略机遇，积极落实扩招计划任务，并以此为契机推进高职教育高质量发展。

关键词：高职教育；扩招；全纳教育；多样性；包容性；高质量发展

一、问题的提出

职业教育是面向人人的教育。2019 年 3 月 5 日，李克强总理在第十三届全国人民代表大会第二次会议上的政府工作报告中用较大篇幅阐述了发展职业教育的问题，特别是"改革完善高职院校考试招生办法，鼓励更多应届高中毕业生和退役军人、下岗职工、农民工等报考，今年大规模扩招 100 万人"[1]的论述引起了与会代表的极大关注，更牵动着各级政府、各个高职院校和广大百姓的心。事实上，早在 2013 年十八届三中全会通过的《中共中央关于全面深化改革若干重大问题的决定》在"十二、推进社会事业改革创新"之"（42）深化教育领域综合改革"中就提出促进以高校毕业生为重点的青年就业和农村转移劳动力、城镇困难人员、退役军人就业。[2]而在本次政府工作报告中将其列入 2019 年政府工作任务第一项"继续创新和完善宏观调控,确保经济运行在合理区间"中,足见政府对此问题的重视。

为什么要扩招 100 万人?怎样扩招 100 万人?谁会去接受高职教育?为什么要去接受高职教育?高职教育对谁来说很重要?对这些问题的深入回答,涉及国家、政府、企业、个人等众多主体,从深层次考虑,会涉及高等职业教育(以下简称高职教育)的理念立场、文化伦理、数量规模、资源投入、结构布局、速度效益、办学条件、质量水平、公平程度等方面,正如美国教育学家布鲁贝克在《高等教育哲学》中所言:"在这里,关键的哲学问题并不是寻求各种答案的共同基点,而是寻求各种问题的共同基点。"[3]对上述问题的回答给了我们运用教育学理论思考和分析高职教育一个很好的机会。提升总体人口的素质和技能水平是经济增长和社会进步所必需的,因此,基于全纳教育视角对高职大规模扩招进行分析就具有极为重要的意义,本文通过对高职大规模扩招的现实背景、战略意义与实现路径的阐释,旨在寻求其中诸多问题的共同基点,为推进这一政策的实施提供研究支撑。

二、高职百万扩招政策出台的现实背景

提到扩招,人们自然而然会将其与人才培养和就业联系在一起,这些问题的共同指向是高职教育的目标定位。高职教育以培养高素质技术技能人才为己任,以服务为宗旨,以就业为导向,这个目标定位在我国经济发展进入新常态后更突显出其重要性,我们需要从教育视角转向经济视角来认识这个问题。发展高职教育不仅是适应经济新常态的基本要求,更是超越经济新常态的重要支撑。其中,深化供给侧

结构性改革、坚持就业优先战略和实施积极就业政策、落实教育优先发展战略构成了高职大规模扩招的现实背景。

(一)深化供给侧结构性改革对高职教育发展提出新挑战

近年来,中央和地方政府适应经济新常态,不断深化供给侧结构性改革,进而推进全面改革开放向纵深发展,其中,就业与教育是人们最主要的两个关注点。随着我国经济增长方式发生转变,产业结构逐渐由制造业为主向制造业与服务业并重、以服务为导向演变,实质上是一种从工业社会向信息社会的转型。由于生产和自动化技术的进步,传统的工作形式及对工作的准备过程发生变化,纯粹体力劳动技能的岗位正在减少甚至消失,并向体力劳动技能与脑力劳动技能并存、以脑力劳动技能为主的中等收入工作转变,这对于劳动者的素质和技能提出了新的挑战,经济增长对高素质劳动力,特别是技术技能人才的需求增加,迫切要求改变以往单纯依靠体力劳动技能的状况。在这个过程中,国家通过制度供给和政策导向增加岗位需求,而高职院校通过培养应用型高素质技术技能人才,为区域经济社会发展服务。

纵观世界工业发展,凡工业强国都是技师技工的大国。在日本的整个产业工人队伍中,高级技工占比达 40%,德国则达 50%,而中国这一比例仅为 5%,全国高级技工缺口近 1000 万人。由于产业工人整体素质和技能水平不高,中国劳动生产率水平仅为世界平均水平的 40%,相当于美国的 7.4%……[4] 我国社会的主要矛盾从人民群众日益增长的物质文化需求与落后的生产力之间的矛盾转化为人民群众的美好生活需要与不平衡不充分的发展之间的矛盾,这是我们认识论的前提。因此,2014 年习近平总书记在对职业教育所做的重要指示中强调职业教育是国民教育体系和人力资源开发的重要组成部分。党的十九大提出,完善职业教育和培训体系,深化产教融合、校企合作,国民教育和人力资源开发的指导思想是一脉相承的。也就是说,发展高职教育要实现从制造大国向制造强国的转型,建设高素质产业工人队伍,打造更多"大国工匠",大力发展职业教育已是当务之急,这既是推进我国人力资源强国建设的需要,也是加快我国产业升级、经济转型的需要。在这个意义上,李克强总理在第十三届全国人大二次会议上提出的大规模扩招 100 万人与习近平总书记对职业教育的重要指示和党的十九大对职业教育发展的要求是一脉相承的,在逻辑上严密且连续。[5]

(二)坚持就业优先战略和实施积极就业政策为高职扩招提供新机遇

就业是最大的民生,要坚持就业优先战略和积极就业政策,实现更高质量和更充分就业。[6]无论从社会稳定还是经济发展的角度,在我国经济进入新常态下,坚持就业优先战略和积极就业政策都是正确的选择。稳定是最大的政治,而根据中央经济工作会议精神,稳就业位于"六稳"之首。坚持就业优先战略,过去我们谈发展高等职业教育尤其是谈招生规模扩大,更多的是从教育视角来看问题,如我们需要满足人民群众接受高等教育的需求和愿望,需要解决适龄人口上大学难的问题,需要丰富我国高等教育种类和优化高等教育结构,需要扩大规模提高高等教育毛入学率,等等。更多的是要从满足经济社会发展对技术技能人才的需求,从缓解特定经济形势和就业环境下的压力,从解决好稳就业作为"六稳"之首的视角加以认识和统筹考量。我国近代职业教育的先驱黄炎培先生使"无业者有业""有业者乐业"的职业教育思想至今还散发着光芒。人力资本理论认为,对可以提升生产率的人力资本进行投资,会在未来给投资者和整个社会带来收益。[7]

有人认为,就读大学的年轻人在数量上已经超出了经济发展的实际需要,如果情况真的如此,扩招只会导致全国的高等职业院校毕业生过剩,而这会让许多毕业生失望,同时,造成教育资源的巨大浪费。但在现实中并未出现供过于求的情况,反而是缺乏高素质技术技能人才,这种人才供给不足在一定程度上拖累了经济增长的速度。我国经济社会发展目前所面临的问题是,在劳动力流动频繁和城市化进程加速的背景下,经济转型与产业升级加快,外来务工人员(主要是农民工)处于工资分配底端的工作数量正在增长,因此,我们需要从提升劳动者素质和技能入手,实现更大规模更加充分的就业。因为只要职业教育上去了,人才来源就丰富了,实体经济发展就有可能了。

(三)落实教育优先发展战略对高职扩招提出新要求

习近平总书记在全国教育大会上指出,教育兴则国家兴,教育强则国家强。教育对国家前途和命运有着深远的影响,正成为现代社会的中心问题。改革开放以来,我国高职教育主动回应经济社会发展需求,实现了从无到有、从小到大的快速发展,走出了一条适合我国国情、体现中国特色的发展道路。特别是在世纪之交,适应了国家推进高等教育大众化政策的需要,高职教育蓬勃发展,成为优化高等教育结构的重要力量。党的十九大报告中提出要完善职业教育和培训体系,深化产教融合、校企合作。在现代制造业、战略性新兴产业和现代服务业等领域,70%以上的一线新增从业人员是职业院校毕业生。[8]过去20年,我国高等职业教育的办学水平和人才培养质量实现了历史性进步。自2006年国家示范性高职院校建设启动以来,通过示范校建设、骨干校建设和优质校建设,一大批学校的办学能力得到极大的增强,专业发展基础得以夯实。目前我国高等职业院校毕业生半年后就业率达90%,起薪和可持续发展能力都呈现较好局面。扩大优质高职招生规模,满足不断升级的产业结构需要,是解决我国高技能人才短缺和为产业发展提供人才支撑的战略之举,同时也有利于优化高等教育结构,推进一大批普通本科高等学校向应用型转变,实现均衡发展,更是办人民满意教育和以人民为中心的发展思想在高职教育领域的具体体现。

二、高职百万扩招的战略意义：基于全纳教育视角的分析

改革开放以来，高职教育在我国经济社会发展以及产业与职业结合方面发挥着重要的作用。高职大规模扩招是回归职业教育本质的一种体现，其中蕴含着全纳教育的理念。笔者从这个理念出发，围绕回归职业教育的本质、适应多样性学习者需要、促进就业、实现包容性发展等方面阐释高职大规模扩招的战略意义。

（一）全纳教育理念

作为一种教育理念，全纳教育（Inclusive education）兴起于 20 世纪 90 年代。1990 年，联合国教科文组织（以下简称 UNESCO）召开了"世界全民教育大会"（World Conference on Education For All），通过了《世界全民教育宣言》，强调：教育是人的基本权利；教育对于个人的发展和社会进步极为重要；必须普及基础教育和促进教育平等；全民教育的目标是满足所有人基本的学习需要。随后，1994 年 UNESCO 在西班牙萨拉曼卡召开"世界特殊需要教育大会：入学和质量"（World Conference on Special Needs Education：Access and Quality），通过了《萨拉曼卡宣言》，再次强调每个人都有受教育的基本权利，首次正式提出"全纳教育"理念，并将其定义为：全纳教育是通过增加学习、文化与社区参与，减少教育系统内外的排斥，关注并满足所有学习者多样化需求的过程。2008 年，UNESCO 在瑞士日内瓦召开第 48 届国际教育大会，主题为"全纳教育：未来之路"（Inclusive Education：the Way of the Future）。[9] 在 UNESCO 的倡导下，全纳教育理念被各成员国政府所接受，成为各国教育决策与改革的重要指导和参照，并逐步进入公众视野。我国《宪法》《教育法》都规定，受教育权是一项公民权，作为面向人人的教育，职业教育与全纳教育理念高度吻合，透过全纳教育理

念更能折射出教育所散发出的人文关怀的光芒,这种理念对分析高职大规模扩招的战略意义具有较强的适切性。

(二)全纳教育视角下高职扩招 100 万的战略意义分析

1. 面向人人

《国家职业教育改革实施方案》(以下简称《实施方案》)提出职业教育是一种重要的教育类型,这是职业教育具有本质规定性的内容,这个本质规定性体现在职业教育是面向人人的教育。第一,高职扩招的生源既包括普通教育和职业教育的学生,也包括农民工、退伍军人、城镇下岗工人等群体,无疑将使更多学习者拥有接受高等教育的机会,改变他们的人生,同时改变他们的家庭。毫无疑问,年轻人接受教育的机会越多,国民的总体素质就会越高,高等职业院校的生源以农村青年为主,更多农村青年接受高等职业教育,实现高质量就业,在改变个人命运的同时,也能惠及整个家庭。第二,这次扩招的学习者群体接受高职教育的形式既可以是全日制的,也可以是非全日制的,既可以是学校教育,也可以是校企合作育人。而通过高等职业教育,人人皆可成才,人人尽展其才,为他们的人生出彩搭建平台和舞台,使这些人能拥有体面的工作。第三,在现代社会中,每个人都有其独特的个性、兴趣、能力和学习需要,职业技术教育与培训机构也需要对这些变化做出有效应对,以培养适应劳动力市场需求的劳动力。因此,我们要对与不断变化的工作世界相关的一些重要因素进行深入分析,如教育和培训、学习过程、关键能力对劳动力市场的影响,提高教育生产的效率和更平等地分配教育的收益,这是回归职业教育本质的重要体现,也是贯彻以人民为中心的发展思想的根本要求。

2. 适应多样性学习者需要

全纳教育涉及在正式与非正式的教育环境中为多样化的学习需

要做出适当的回应,这不仅仅是解决让部分学生融入主流的问题,更是考察如何改革教育系统和其他学习环境以适应学习者多样性的一种方法。2004 年,UNESCO 发布题为"为了工作、公民素养以及可持续性的学习"的《波恩宣言》,重申职业技术教育与培训(TVET)是帮助人们减轻贫困、促进和平、保护环境、提高所有人生活质量及实现可持续发展的万能钥匙,并就适应多样性学习者需要提出框架建议。2012 年 5 月,在我国上海举办的第三届国际职业技术教育大会上发布了《上海共识》,专门针对青年技能发展提出行动建议,强调这是国家需要与个体选择的结合。随后,联合国教科文组织职业教育中心(UNEVOC)实施了将非正式部门的技能需求纳入职业教育培养框架等多项计划,取得较好效果。2018 年,UNESCO 发布题为"在混乱时期管理技能"的报告,专门就适应多样性学习者需要提出建议和行动策略。上述这些报告旨在强调通过积极开展面向人人的高职教育,满足多样性的学习者需要或者学习者的多样性需要。

3. 促进就业

青年就业和技能发展是世界各国普遍关注的一个问题,国际劳工组织(ILO)提出通过就业获得人生的尊严与价值,职业教育关注与工作世界相关的知识和技能获取,在知识经济中增强人们获得生产性工作、可持续生存及实现经济社会发展的机会。布鲁贝克曾言,实用主义者理所当然地不把理性视为高等教育的目的,而把高等教育视为解决生活问题的工具。[10] 在确保实现体面就业方面,青年人是处于最弱势地位的群体之一。由于缺乏工作经历,他们往往在进入劳动力市场方面面临障碍。为了增加就业机会并增强就业能力,人们特别是青年人需要获得适应和满足社会发展需求的技能,使自己成为一个拥有生活、实践能力和社会技能、积极工作态度及适应快速变化工作环境能力的复合型人才。在 2013 年和 2014 年,UNESCO 连续发布两份报告——《职业技术教育促进青年就业与可持续性发展》和《为了工作与生活的技能:后 2015》,凸显了青年就业形势的严峻性和技能在促进青年就业与可持续性发展中的重要性。高职院校学生要自我实现,首先是自身的技能能够满足雇主需求,这是促进就业的基本前提。

4. 实现包容性发展

可持续发展理念的实施是当今世界所面临的主要挑战之一,包容性发展是可持续发展理念的重要组成部分。包容性发展既包括社会和人的包容性发展,也包括社会中各群体的包容性发展。2014 年,经济发展与合作组织(OECD)发布报告《教育概览》,其主题即是"为了包容性增长的教育与技能",报告强调,技能的缺乏会增加失业的风险。在许多国家,富人与穷人之间的差距不断扩大,青年人的失业率居高不下,获得社会服务对许多人来说都变得难以实现。世界正在努力寻求更加包容性的经济发展方式,受教育程度低下和技能水平低下不仅与收入和就业相关,而且也和许多其他社会结果相关。报告特别强调,教育和技能是实现未来幸福的关键所在,并对恢复长期经济增长、降低失业率、提升国家竞争力、培养更具包容性及更有凝聚力的人才至关重要。低技能人群占比较大的国家同时面临社会凝聚力降低和幸福感恶化的风险。当许多人都不能分享高技能人群在医疗、就业和安全方面的收益时,社会发展的长期成本就会被累积而越发变得势不可挡。[11]当然,每个人都在发展中存在差异性,为此,UNESCO 实施绿色职业技术教育与培训战略,这是推动社会发展和人的发展良性互动的重要举措,以此促进社会包容。在全面建成小康社会的进程中一个也不能落下,这正是包容性发展的本质要求,高职扩招并非单纯扩大全日制教育,而是将退役军人、农民工、城镇下岗职工等群体考虑在内,这是以人为本的发展理念、以人民为中心的发展思想在教育领域的具体体现,通过大规模扩招,让弱势群体能够享受到公平而有质量的教育,享受到包容性发展的成果,这也是办好人民满意教育的初心和使命。

三、迈向全纳教育之路:高职百万扩招的实现路径

全纳教育是一种容纳所有学生、反对歧视排斥、促进积极参与、注重集体合作、满足不同需求的教育,是一种没有排斥、没有歧视、没有分类的教育。而高职大规模扩招涉及教育战略、教育结构、教育途径与教育内容的变革与调整,是一项建设和完善现代职业教育体系的系统工程,牵一发而动全身,需要从经济社会发展全局出发,整合全纳教育理念与行动,为学习者人生出彩提供通道、搭建平台。

(一)深入分析生源构成

政府工作报告把退伍军人、下岗职工、农民工等的培训与学历教育问题纳入高职教育系统考虑,并配套国家相关政策的制定。而面对数量庞大的新的潜在生源群体,高职院校需要这些生源群体选择高职教育的需求与动机,在此基础上对这些生源群体求学意愿做出评估,评估这些群体是否做好了相应的准备,评估哪些群体应该得到优先的考虑。政府建立和拓展了国民教育体系,鼓励甚至"强迫"年轻人入学。[12] 这些新入学主体,许多人认为存在谁在上学的问题,即生源不足,这事实上还是一种传统思维,即认为18岁适龄青年才能上大学,进入高职院校读书。而在经济社会发展特殊背景下的入学主体,并非完全都是适龄青年,即使是适龄青年,也会发生结构调整。笔者认为,"1+3"生源将是高职入学新主体,所谓"1"是指中职(技校)毕业生,所谓"3"是指退伍军人、农民工和下岗工人,有了这样的认识,也就为我们解决高职扩招100万问题提供了思路和方法。今天我们讨论高职教育扩招,其实已不只是聚焦我国高等教育规模和结构,而是从经济社会

发展需要相匹配的人才类型和结构方面来考虑的。为改善这种情况，要充分肯定人的尊严与价值，实现增加就业机会和提高职业技术教育与培训质量两种政策间的协调；同时，开发对先前学习进行认证，也就是不通过语言进行学习所获得的知识或者在工作中获得的知识的体系也很重要。当前，我们特别需要能适应现代农业、先进制造业和现代服务业发展需要的一线技术技能人才，将三部分特殊而重要的群体通盘考虑，是解决就业和国计民生的大事，对于促进"人人皆能成才，人人尽展其才"[13]局面的形成具有重要作用。

（二）积极提供相应服务

扩招是一项系统工程，在深入分析、全面把握生源结构的基础上，高职院校必须通盘考虑如何帮助学习者有效地学习、工作和生活，这需要投入更多的时间和资源，积极提供相应的服务。首先，高职院校需要公布招生标准和毕业标准，良好的开端可以从协调或整合这些服务开始，既防止这些生源两眼一抹黑，也使这些学习者群体在面对选择时不再感到眼花缭乱、手足无措、无从下手。这些人不了解经济资助的渠道，常常在复杂的申请程序前犹豫不决，或者是没有意识到为什么通过这样的方式来改变他们的前途。他们常常得不到家庭和社会的建议，从社会方面得到的支持也很少。其次，高职院校需要与这三类群体先前所在的机构和单位加强联系，如与企业、军队、社区、中学等，做好沟通与衔接，加强协调性商讨，为这三类群体提供相应的服务，使这些群体能预先了解到高职院校的第一手信息。最后，如果高职院校在这方面没有完全做好准备，那么，这些群体生源也只能是望洋兴叹。因为恰恰是这些生源，其父母大多没有接受过高等教育，要让他们从一幢楼的一个办公室到另一幢楼的另一个办公室去寻求支持和帮助，其难度可想而知，因此，需要提升针对学生的一条龙服务质量。

(三)主动调整教学方式

扩招改变了高等教育,特别是高等职业教育学生的组成结构,学生群体更为多元化,而在这些学生中,可能许多人并未做好在大学学习的基础性准备,对于需要补习弱项的学生而言,这的确是一个难题。为此,课程内容如何优化和调整,向新的入学群体提供在线教育资源,如何提高教师教学水平,如何调整教学方法以满足这类学生的学习需求,以增加学习兴趣,提升学习动力,如何提高充分利用学校现有的资源和条件的能力,包括辅导形式的调整、时间和地点的安排等都需要统筹考虑。首先,要求课程设置和教学要朝向更为实用的方向,对现有的职业技术教育与培训课程、资格标准、培训项目及教师培训计划进行重新修订,开设更多的实用性课程,在课程中纳入就业技能和创业技能模块,开发国家职业资格框架和技能标准,包括认证和评价标准,满足学习者的多样化需要,为学习者提供选择与激励。其次,多数学生在求学期间需要继续工作,这是在职学习的一种形式,从这个实际出发,高职教育现行的学制是否适应这部分求学者的情况,是否需要做出一定的调整,也是我们需要认真考虑和解决的重要问题。最后,在理论学习和技能训练中,加强学生之间的联系,通过组建学习小组,鼓励学生,给予积极反馈,树立他们的信心,使他们感受到自己的进步,更快地融入大学生活中,如在心理健康服务、经济资助与支持、就业指导与服务等方面提供更多的支持。

(四)加强就业指导服务

常言道:"出口旺才能进口畅。"扩招 100 万人,绝对不是一个小数目,这个数字可能是某个国家所有的受教育人口之和,因此,实现从学校到工作的顺利过渡就显得非常重要。早在 80 年前,陶行知先生就指出:"仅仅由于生活境遇而与高等教育无缘,继而因为没有专科以上文凭而被阻于就业门外。这些青年没有将其创造能力用于适合他们才能的职业",由于没有机会,同时又得不到鼓励,这些青年人无法表现出他们的才干,最后,在权威、偏见、贫穷、无知等重压之下,埋没了大批艺徒、工人、工匠、农民的才能,这些人的才能有待被唤醒。[14]无独有偶,美国教育家德里克·博克引用美国教育部和美国劳工统计局预计的两组数据:一是截至 2010 年 11 月,拥有大学以上学历的美国人在就业市场的参与率为 76.6%,失业率为 4.4%,相比之下,仅有高中学历的美国人在就业市场的参与率为 61.1%,失业率为 10%。二是美国劳工统计局在对各种职业的预测中,需要专科以上学历的岗位增速将会是最快的。到 2018 年,预计这些岗位的数量将以 15%—20% 的平均速度增加,而只要求高中或高中以下学历的岗位增速不超过 10%。[15]这些都与高职教育以就业为导向的办学原则是一脉相承的。因此,要把关注点放在培养学生的就业能力上,扎根产业升级和企业需求的生产性知识、生产性实训、生产性教学,从而能够更好地服务于产业、行业与企业,尤其是区域经济社会发展。在实施人才培养的过程中,营造崇尚劳动、崇尚技能光荣的氛围,发挥创新创业教育的重要作用,鼓励就业、创业,培养德智体美劳全面发展的社会主义建设者和接班人。

(五)加大投入支持力度

为了提高效率和促进公平,教育政策制定者和实施者日益关注如何激励教育市场中的需求者和供给者。一部分学者的研究表明,在一些情况下,政府提供教育可能比私人市场更有效率,而另一部分学者则承认市场可能更有效率,也更能对家长的偏好做出反应,但需要大量政府干预来保证市场的公平有效。[16]应该说,扩招既是国家需要,也是个体选择,谁来为扩招支付费用? 这涉及教育经费投入体制和成本分担机制。当然,一般认为,高等教育的经济回报要远远高于偿还额外的教育投资部分,这无论对国家还是个人都是适用的。第一,中央政府与省级人民政府在投入上的体制要理顺,持续深化供给侧结构性改革,落实生均拨款制度,创建国家和地方层次的可持续发展战略,加强中央对职业教育的投入,带动地方财政加大投入,形成行动导向的能力构建政策和项目。第二,采用成本分担的方法,由受教育者或其雇主分担接受高职教育的成本,可以通过奖学金、助学金、助学贷款、企业提供捐赠、企业出资培训等方式予以补充,并通过分步实施政府购买服务给予保障,真正把好事办好。第三,政府通过降低对学校规模的最低要求,促进学校间共享资源,优质校与薄弱校之间加强合作,加快公共实训基地建设,为学校提供低息贷款或教育券等方式,并达到在资源有限的情况下最大限度挖掘潜力的目标。第四,通过大规模扩招迅速增加入学学习者的数量,必须加强院校能力建设,并完善利益相关者之间的伙伴关系,充分整合政府在完善制度框架方面、企业在参与办学方面、行业在制定标准开展评价方面的多重功能,实现院校、企业、行业协会和政府的有机联动,真正彰显高职教育作为类型教育的独特价值,发挥其在国民教育体系建设与人力资源开发中的重要作用。

四、结语

"教育实践中矛盾错综复杂之时,就是检验这些实践的理论基础之日。"[17]大规模扩招100万人的政策给了高职教育领域极大的鼓舞,这是推动高职教育发展的又一次重要机遇。本次高职扩招不同于1999年前后的扩招,其时的扩招所承担的是高等教育大众化的功能,而在这次扩招中,高职院校从单一的扩充接受学历教育的人群,转变为学历教育与社会培训并举,这是逐渐回归职业教育本质属性的一个良性过程。人们期待高职教育能满足他们的期望,实现他们的尊严与价值,同时,高职教育领域也要借此次扩招100万人的政策这一契机,确立可靠性,增强吸引力,奠定其不可或缺的地位。

中国特色社会主义进入新时代,本文基于全纳教育视角阐述高职百万扩招的现实背景与战略意义,并提出具体实现路径。接下去的研究中,一方面要结合国家实施就业优先战略和优先发展教育战略,从政策研究持续深化高职扩招 100 万的政策效应与实施效果,不断完善优化扩招方案,并对政策及其效果进行持续跟踪研究;另一方面,回归职业教育本质,将高职扩招 100 万作为高等教育哲学的基本问题开展理论研究,为推进高等职业教育高质量发展、办人民满意教育奠定坚实基础。

参考文献

[1] 国务院总理李克强 2019 年 3 月 5 日在第十三届全国人民代表大会第二次会议上的政府工作报告[EB/OL].(2019-03-06).http://www.gov.cn/premier/2019-03/05/content_5370734.htm.

[2] 中共中央关于全面深化改革若干重大问题的决定[G]//改革开放以来历届三中全会文件汇编.北京:人民出版社,2013:208.

[3][10][17] 布鲁贝克.高等教育哲学[M].王承绪,郑继伟,张维平,等,译.杭州:浙江教育出版社,2001:7,7,2.

[4] 范笑仙.高职扩招 100 万人,总理报告振奋人心[R].华东师范大学国家教育宏观政策研究院,2019-03-07.

[5][6] 习近平.决胜全面建成小康社会夺取新时代中国特色社会主义伟大胜利——在中国共产党第十九次全国代表大会上的报告[N].人民日报,2017-10-28(1).

[7][12] 布鲁维尔,麦克伊万.教育经济学[M].刘泽云,郑磊,田志磊,译.北京:北京师范大学出版社,2017.

[8] 谢俐.学习贯彻《国家职业教育改革实施方案》 推动新时代职业教育大改革大发展[Z].全国高职高专校长联席会,2019-03-30.

[9] 联合国教科文组织.教育:财富蕴藏其中[M].联合国教科文组织总部中文科,译.北京:教育科学出版社,2001:5.

[11] 李玉静."为了包容性增长的教育与技能"——OECD 发布《2014教育概览》[J].职业技术教育,2014(27):14-15.

[13] 习近平.更好支持和帮助职业教育发展 为实现"两个一百年"奋斗目标提供人才保障——习近平就加快发展职业教育作出重要指示[N].人民日报,2014-06-24(1).

[14] 陶行知.关于"创造性的救济"//为生活而教育[M].北京:外语教学与研究出版社,2012:247.

[15][16][18]博克.大学的未来[M].曲强,译.北京:中国人民大学出版社,2017:81,82,81-82.

(本文发表于《江苏高教》2020 年第 2 期)

高职大规模扩招:政策背景、理论逻辑与推进策略

　　摘　要:高职大规模扩招连续两年写入《政府工作报告》,这既有利于缓解当前就业压力,也是解决高技能人才短缺的战略之举,对教育结构优化、技术技能积累、解决社会结构性矛盾和促进高质量就业起着重大作用。高职大规模扩招有坚实的理论依据和扎实的实践基础,本文在剖析随高职大规模扩招而来的三种主要担忧的基础上,以全纳教育、全民职业教育、终身教育的视角探讨高职大规模扩招的理论逻辑,并从实践层面探寻落实扩招的推进策略。

　　关键词:高职教育;扩招;政策;理论;策略

一、引　言

　　2019 年和 2020 年,高职扩招连续两年写入《政府工作报告》,这是教育领域特别是高等职业教育领域的重大事件。2019 年的《政府工作报告》强调"加快发展现代职业教育,既有利于缓解当前就业压力,也是解决高技能人才短缺的战略之举",提出"改革完善高职院校考试招生办法,鼓励更多应届高中毕业生、退役军人、下岗职工和农民工等报考,今年大规模扩招 100 万人"。[1] 2020 年的《政府工作报告》强调"要使更多劳动者长技能、好就业",提出"今明两年高职院校扩招 200 万人"。[2] 在中国特色社会主义新时代,教育对于公民有效地参与社会是非常重要而且必要的,这是我们实现公平与可持续发展的关键挑战,需要教育领域特别是高等职业教育领域做出有效的回应。"恰当的经济、贸易、劳工、就业以及保健的政策将有助于鼓励学习者对社会发展做出

贡献。"[3] 特别是在"六稳""六保"的形势下,2019 年、2020 年、2021 年高职扩招 300 万人,连续三年大规模扩招,表明这不仅是一项招生计划,也是培养计划,更是一项高职教育改革发展计划,这将对我国近期乃至中长期经济社会发展产生重大影响。因此,探讨高职大规模扩招的政策背景、理论逻辑与推进策略则有着更加重要的政策导向、理论价值和实践意义。

二、政策背景:为什么是高职扩招?

高职扩招旨在缩小应届高中毕业生和退役军人、下岗职工、农民工等知识和技能方面的差距,这些群体社会地位较低,通常属于弱势群体,是更需要有特殊措施的优先群体,这些知识和技能有助于他们个人就业并参与到社会发展之中。通过高职大规模扩招以普及入学机会来促进平等,促进建设由各种年龄组成的灵活的且适应性强的劳动者队伍,使这些群体能享受到经济社会发展的成果,也是实现决胜全面小康社会的应有之义。[4]

(一)从教育视角来看,有利于进一步优化高等教育结构

随着我国高等教育从大众化向普及化阶段迈进,社会群体入学、再入学接受高等教育的可能性大大增加,这强烈地引发了高等教育规模的扩张和结构的优化。发展高等职业教育是我国高等教育大众化乃至普及化的重要抓手,高职教育在 21 世纪以来获得的发展即是明证。从教育视角来看,影响高职扩招的主要因素包括:一是高中毕业生录取率提高;二是中职毕业生升学比例提高,生源结构有所调整;三是部分职业教育专业探索中高职贯通培养;四是包括退役军人、下岗职工、农民工在内的社会人员可以上高职。2019 年 1 月,《国家职业教育改革实施方案》(国发〔2019〕4 号)(以下简称《实施方案》)指出:把发展

高等职业教育作为优化高等教育结构和培养"大国工匠"、能工巧匠的重要方式,使城乡新增劳动力更多接受高等教育。[5]随着高职教育的大规模扩招,我国的教育体系更加多样化,高等教育和职业教育的结构也都将进一步优化,与此同时,入学人数的增加要求国家在制定教育政策时需对指导原则做出相应的调整。

(二)从人才视角来看,有利于进一步促进技术技能人才培养

当高职教育体系在数量上已经得到扩充时,我们要同时采取有效的教育行动来改进教育,高职扩招即是从单一大一统的程序转向多种多样可供选择途径的革新之道。我国高级技工在产业工人中的占比仅为 5%,全国高级技工缺口近 1000 万人。[6]不仅是我国,而且现在全世界都感觉到需要特别为成人设置教育机构,使缺少资格的工人、专业人员和技术人员有获得教育的机会。我国建设现代化经济体系不仅需要数以亿计的技术技能人才,而且随着技术的变革,也在很大程度上改变着传统的产业,与此同时,也增加了新的行业和职业,因此,需要大量经过训练和再训练的技术技能人才。《实施方案》把发展高等职业教育作为培养"大国工匠"、能工巧匠的重要方式,加快培养国家发展急需的各类技术技能人才,让更多青年和成人凭借一技之长实现人生价值,让三百六十行人才荟萃,繁星璀璨。从人才培养的视角来看,高职教育技术技能积累的策略必须改变,必须从量的扩张转向质的提升,从模仿与复制高等教育或中等职业教育转向打造类型特色。这方面的努力与探索无疑是特别令人鼓舞的。

(三)从社会视角来看,有利于进一步解决技能结构性矛盾

我国经济由高速增长阶段进入高质量增长阶段,"用工荒""技工荒"反映出我国社会对高素质技术技能人才需求旺盛与供给不足的结构性矛盾。[7]经济变迁和社会发展赋予公民一些新的职责,这类新的职责,这些群体过去没有训练过的,是由技术上的变革带来的。青年就业和技能发展的匹配性,即受教育群体与职业岗位的匹配性是世界各国普遍关注的问题。在1994年召开的国际人口与发展大会上发布的《国际人口与发展行动纲领》指出:"有收益的就业机会之前景取决于所接受的教育课程的内容和培训的性质。教育系统和生产系统中的不完备以及两者之间的脱节会导致失业和不充分的就业。"[8]教育正在接近那些通常被排斥在教育领域之外的公民,而这些群体之前未有机会学习能改进其生活质量并帮助他们适应社会和文化变化的新技术和新技能。大规模扩招为高职教育体系提供"新的主顾",旨在为这些新接受教育的群体提供知识和技能,这将有助于他们个人就业并参与到社会经济发展之中。

(四)从就业视角来看,有利于进一步发挥高职教育促进就业作用

就业是最大的民生,在我国,稳就业位列"六稳"之首,保居民就业位列"六保"之首。在建设现代化经济体系的进程中,我国政府要坚持就业优先战略和积极就业政策,实现更高质量和更充分的就业。随着我国改革开放而产生和发展的高职教育面向市场需求,以就业为导向,在服务发展、促进就业中发挥了重要而独特的作用。随着经济社会的发展,新的就业挑战和矛盾也随之出现,社会需要引导人们适应变化,乃至促进变化。从经济和就业的角度来看,高职扩招所涉及的群体需要得到特别的关注,因为这些群体或者是从未进入过职业院校而且在实际上也缺乏任何工作准备的中职毕业生,或者是那些早已离开学校,但他们将要从事的职业是他们过去从未受过相关训练的下岗职工,或者是他们过去所受到的专业训练已经不符合当前技术发展的要求的农民工。上述这些群体的情况表明,高职大规模扩招是满足我国经济社会发展和人的发展需要的战略之举。

三、对高职扩招担忧的分析与回应

随着高职扩招的开展,人们的担忧逐渐浮现出来,归纳起来,主要有以下三个方面,即生源质量下降、规模影响办学、有无新增生源,笔者对此逐一做出分析与回应。

(一)对高职扩招引发生源质量下降的担忧

与高职教育的传统生源——应届高中毕业生、中职毕业生相比,高职扩招的新生源——退役军人、下岗职工、农民工等新接受高职教育的群体,无论是在文化基础方面,还是在学习能力方面,都存在着一定的差异甚至是差距。但"一个人应该接受哪一类教育,应该从事哪一种专业,这只应取决于这个人的知识、能力与才能,而不应取决于他在学校里所获得的知识是高于还是低于他在职业中或自学中的实际经验"。[9]国家将采用引导和激励政策,使这些接受高职教育的群体的学习、生活能更符合当时、当地的条件,并促使学习者及其家庭将这些政策看作是生产性的活动,只有学习者将自己视为"投入人"或"受益人"时,他们才会从教育中特别是高职大规模扩招中获得更多。

(二)对高职扩招导致学校规模膨胀影响办学的担忧

扩招后各个高职院校的学生规模增加,而教学人员、设备、建筑等方面并未随着扩招而有相应的增长,这显然会对学校的教学和管理运行造成一定的影响,甚至在有些方面与教育规律、办学规律发生抵触与冲突。事实上,这种担忧不无道理,甚至在 2019 年实施的扩招过程中已经体现乃至暴露出来。高职扩招的生源包括普通教育和职业教育的学生,这将使更多学习者拥有接受高等教育的机会,改变他们的人生,同时改变他们的家庭。因此,这更加需要对职业教育来一次根本的变革,具体的方式主要是推进教师、教材、教法改革,进一步彰显职业教育作为一种类型教育的独特魅力。

(三)对高职扩招有无可持续新增生源的担忧

经过 21 世纪以来 20 年的快速发展,我国高职教育生源的可持续性始终是教育界和社会公众共同关注的重要问题。中国社会科学院蔡昉团队研究表明:我国劳动年龄人口于 2010 年达到峰值,此后人口增长率在逐年下降。[10]特别是在我国高等教育由大众化转向普及化的形势下,这种判断更加加深了人们对高职教育有无新增生源的担忧。如果换一个角度来看待这个问题,就会发现这种担忧是旧观念的外在反映,这种观念认为学校教育乃是唯一有效的教育,而且学习的时间仅仅限于传统的入学年龄。高职扩招包括农民工、退伍军人、城镇下岗工人等群体,这无疑将打破传统的入学年龄限制,为高等职业教育带来更加广阔的生源。

可以说,上述这些担忧都是正常的,是对高职扩招的有益提醒,但却是狭隘的、不全面的。因为一方面,教育是社会事业的重要部分,当社会用工出现结构性矛盾时,教育要发挥人才"蓄水池"功能;另一方面,要跳出传统思维看生源,人民群众对接受高职教育有需求,新的受教育群体势必替代单一生源,而这无论在理论上还是在实践中都能找到依据并能得到实现。

四、高职大规模扩招的理论依据

高职扩招不仅有着强烈的现实需求,也有着坚实的理论逻辑基地,笔者从全纳教育、全民职业教育、终身教育的视阈展开分析。

（一）全纳教育视阈中的高职扩招

《世界人权宣言》强调"人人享有受教育的权利"，我国《宪法》《教育法》都规定，受教育权是一项公民权。1994 年在西班牙萨拉曼卡召开的世界特殊需要教育大会提出全纳教育和全纳学校的全新概念。全纳教育是通过增加学习、文化与社区参与，减少教育系统内外的排斥，关注并满足所有学习者多样化需求的过程。作为面向人人的教育，职业教育与全纳教育、职业院校与全纳学校的理念都是高度吻合的。在全纳教育的视域下，高职扩招是在认识到学生的不同需要并对此做出反应，通过适当的课程、组织安排、教学策略、资源使用以及加强与社区的合作，来满足学生不同的学习风格和学习进度，确保每个群体和每个个体都能得到高质量的教育。

（二）全民职业教育视阈中的高职扩招

全民教育是国际社会在全球范围提出的新概念，其最终目标是要满足全体儿童、青年和成人的基本学习需要。1999 年，在韩国首尔举办的第二届国际职业技术教育大会上发出"全民职业教育"倡议。全民职业教育主要包括基本的学习内容和学习手段，而这些内容和手段是人们为能够生存下去、充分发展自己的能力、有尊严地生活和工作、充分地参与发展、改善自己的生活质量、明确地做出决策等方面所必需的。2012 年，在我国上海举办的第三届国际职业技术教育大会上发布了《上海共识》，专门针对青年技能发展提出行动建议。在全面建成小康社会的进程中，通过高职大规模扩招，让弱势群体能够享受到公平而又有质量的教育，享受到包容性发展的成果，这是以人为本的发展理念、以人民为中心的发展思想在教育领域的具体体现。

(三)终身教育视域中的高职扩招

终身教育思想是当今世界各国教育改革的指导方针。"终身教育这个概念已经排斥了任何最后的、过早的选拔。终身教育应彻底改变升级和发证书的程序,强调真正的本领、才能和动机,这方面的价值高于分数、分等、学分的价值。"[11]新时代中国特色高等职业教育体系建设要同经济社会发展和深化教育改革相适应,这也是终身教育思想在高等职业教育领域的体现。《实施方案》提出,高等职业学校要加强社区教育和终身学习服务。高职扩招是一项涵盖普职融通、产教融通、校企融通、学历教育与培训融通、师资融通、职业技能培养与职业精神养成融通的系统工程,每一个环节都与终身学习息息相关。

五、以务实的策略科学推进高职大规模扩招

从广义上讲,高职大规模扩招既是国家的宏观政策,也是高职院校的工作任务,因此,如何将国家的政策引导和基层的工作创新相结合,这就需要高职院校以科学务实的策略加以推进,努力把这一关乎民生的好事真正办好。

(一)提高站位,服务国家宏观战略

高职扩招是国家基于经济社会发展通盘考虑实施的一项综合性宏观政策,是服务"六稳""六保",特别是优先稳就业、保民生的战略举措,这就需要高职院校进一步提高站位,从服务国家宏观战略的高度来谋划和实施这一工作。与此同时,这项工作涉及面广、要求高,更加需要将校内和校外的目的与方法互相协调起来,让社会大众接受并分享高等职业教育优质资源,这是办人民满意教育的出发点和落脚点。通过扩大提供给这些群体所需要的其他必需的技能与培训,并根据他

们的技术技能提升以及对健康、就业和生产力的影响,来评估高职大规模扩招政策的有效性,对于高等职业教育的高质量发展而言,这方面的需要也更加迫切。

(二)分析生源,做好教育需求评估

高职扩招在生源方面将出现更多新的因素,如学生的出身、年龄和目的,这些方面都需要加以重视。评估这些需要是科学计划和正确行动的重要前提。面对数量庞大的新的潜在生源群体,高职院校首先需要了解这些生源群体选择高职教育的需求与动机。在此基础上,对这些生源群体的求学意愿做出评估,评估他们是否做好了相应的准备,评估哪些群体应该得到优先的考虑,特别需要注意学习者的要求和参与,以保证他们接受教育的个人能力得到有效调动,并在不断实践的过程中促使高职扩招群体在选拔、评定和指导程序方面逐步完善。

(三)调整体制,优化教学管理方式

高职扩招打破传统教学、管理机制在时间、空间上的局限,为学生接受高等职业教育提供多种入学方式和学习方式。一方面,在时间上,高职院校要将"朝九晚五""节假日""寒暑假"的思维定式转变为以学习者为中心的模式。另一方面,在空间上,要将单一的学校课堂教学转变为在企业、在车间、在工作室等地点的校企"双元制"培养。与此同时,通过开发在线教学与培训项目,以解决教育时空错配的问题。在这个过程中,不断优化教学管理方式并改善学习与生活条件,为所有人创造一种活跃而又温暖的学习和生活环境。

(四)分类培养,实施有统有分计划

高职扩招后的入学群体,其学习需求是多样的,应该通过各种教育系统,实施有统有分即统一而有差异的教学计划予以满足。首先是明确专科高职教育的基本要求;其次是推进贯通培养,对课程内容与教学方法进行一体化设计与开发;再次是以 1＋X 制度撬动培养模式变革,在课程中纳入就业技能和创业技能模块,探索以证代课等方式,推进学历证书和职业技能等级证书互通衔接;[12]最后是根据不同生源,开展针对具体职业的知识和技能培训,弥补个体知识和技能方面的差距。通过实施上述有统有分的培养计划,处理好"1"和"X"的关系,全面推进学生的学业进步和证书获取。

(五)加大投入,构建支持保障机制

大规模扩招使高职院校的学生组成结构发生较大变化,学生群体更为多元化,加大投入与保障就显得越来越迫切了。因此,要不断地将校内和校外的目的与方法互相协调起来,构建支持保障高职扩招的长效机制。首先是要持续落实高职教育生均拨款制度,以保证财政资源的分配在教育上求得最大的收获;其次是通过实施政府购买教育服务,加快公共实训基地建设;再次是构建与行业、企业、社区等利益相关者的伙伴合作关系;最后是进一步完善包括个人、家庭、企业、国家在内的多元教育成本分担机制。

(六)加强指导,提供优质就业服务

"出口旺才能进口畅",实现扩招群体从学校到工作的顺利过渡对高职扩招的可持续发展非常重要,为此,高职院校需要加强伙伴关系以得到大量的外部的支持性服务。首先高职院校要在政府投入、行业支持、企业合作的过程中,扎根产业升级和企业需求,把关注点放在培养学生的就业能力和创业能力上;其次要与企业、行业协会和政府进行有机联动,联合发布市场需求、行业技能人才信息,精准组织对接,做好就业服务;最后是要最大限度地发挥学生家长、社区、志愿者组织、社

会公众等各种资源的效用,通过利用社会外部支持与服务以促进就业,服务发展。

参考文献

[1] 国务院总理李克强 2019 年 3 月 5 日在第十三届全国人民代表大会第二次会议上的政府工作报告［EB/OL］.（2019-03-05）［2019-03-16］. http://www. gov. cn/premier/2019-03-05/content_5370734. htm.

[2] 国务院总理李克强 2020 年 5 月 22 日在第十三届全国人民代表大会第三次会议上的政府工作报告［EB/OL］.（2020-05-22）［2020-06-20］. http://www. gov. cn/gongbao/content/2020/content_5517495. htm.

[3] 赵中建. 教育的使命——面向 21 世纪的教育宣言和行动纲领［M］. 北京:教育科学出版社,1996:20.

[4] 周建松、陈正江. 高职百万扩招的战略意义与实现路径——基于全纳教育视角的分析［J］. 江苏高教,2020(2):113-119.

[5] 国务院关于印发国家职业教育改革实施方案的通知(国发〔2019〕4号)［EB/OL］.（2019-02-13）［2019-02-15］. http://www. gov. cn/zhengce/content/2019-02-13/content_5365341. htm.

[6] 教育部职业教育与成人教育司. 中国职业教育与成人教育 2005 年工作年鉴［M］. 北京:高等教育出版社,2008:8.

[7] 陈正江. 教育制度供给与高职院校发展——基于国家示范性高等职业院校建设计划的研究［J］. 中国高教研究,2016(7):105-109.

[8]［9] 联合国教科文组织国际教育发展委员会. 学会生存——教育世界的今天和明天［M］. 华东师范大学比较教育研究所,译. 北京:教育科学出版社,1996.

[10] 蔡昉,张车伟. 人口与劳动绿皮书:中国人口与劳动问题报告 No.

16——"十二五"回顾与"十三五"展望[M].北京:社会科学文献出版社,2015:130.

[11] 联合国教科文组织国际教育发展委员会.学会生存——教育世界的今天和明天[M].华东师范大学比较教育研究所,译.北京:教育科学出版社,1996:245.

[12] 周建松,陈正江.贯彻落实《实施方案》着力推进高职教育类型特色建设[J].职教论坛,2019(7):73-78.

（本文发表于《职教论坛》2020 年第 9 期）

第二章

推动内涵建设

高职院校高水平专业建设政策演进、特征分析与路径选择

摘　要:专业是高职院校办学和人才培养的基点,专业建设是高职院校内涵式发展的重要抓手。本文通过对 21 世纪以来高职教育专业建设政策演进和举措分析表明,在不同的发展阶段这些政策体现出高职院校专业建设的不同侧重点,但其也有共同点。在此基础上,探讨高职院校实施高水平专业建设的背景及特征,指出建设一批高水平专业是高水平学校建设的题中之义,据此提出创新发展高等职业教育背景下高水平专业建设的主要路径。

关键词:高职院校;高水平专业建设;政策;特征;路径

20 世纪 80 年代以来,经过 30 多年的实践,我国高等职业教育创

造性地探索出以校企合作为基础的办学模式和以工学结合为特征的人才培养模式。在这个过程中,作为高职院校办学和人才培养的基点,专业不仅是教育行政部门对高职院校办学的基本要求,也是行业、企业与高职院校开展合作的考量因素,更成为公众、家长、学生评价高职院校质量的重要参考。进入 21 世纪后,在教育行政部门发布的专业建设的相关文件中,示范专业、重点专业、优势专业、特色专业、品牌专业、一流专业、骨干专业等提法不一而足,但建设一批代表和反映我国高职院校办学实力和水平的专业和专业群是政策的共同指向。2015 年《高等职业教育创新发展行动计划(2015—2018 年)》发布后,参照高等教育领域一流大学和一流学科建设模式,高等职业教育领域也正酝酿开展高水平学校和高水平专业建设,这不仅是高职院校内涵建设之需,更是高职院校创新发展之路。

一、高职院校专业建设政策回顾

(一)专业与专业建设

1. 专业

中国古代教育中只有"科目"没有"专业",近现代西方高等教育也是只设"院系"未设"专业"。《辞海》对"专业"的定义为"高等学校或中专等专业学校根据社会分工需要而划分的学业门类"。[1]《现代汉语词典》对专业的解释是:"高等学校的一个系里或中等专业学校里,根据科学分工或生产部门的分工把学业分成的门类。"[2]《实用教育大词典》对专业的定义是:"高等学校或中等专业学校根据社会分工、经济和社会发展需要以及学科的发展和分类状况而划分的学业门类,高等学校和中专学校设置的各种专业,体现各自不同的培养目标和规格,制定各自不同的教学计划和课程体系。"[3]上述关于专业的表述尽管略有不同,但大意是相通的:第一,它是高等学校或中等专业学校中的学业分类;第二,它是根据科学分工或生产部门分工或经济社会发展需要而设立的;第三,从国际比较看,它相当于欧美国家的课程计划。当然,也有许多学者认为,专业实际上是一种课程组织的形式或课程组合或专门领域。

我国高等教育中"专业"一词形成于 1952 年下半年,即中华人民共和国成立后第一次院系调整时期,它是模仿苏联教育的做法。《教育大辞典》里专业的定义译自俄文,是指中国、苏联等国高等教育培养学生的各个专门领域,大体相当于《国际教育标准分类》的课程计划。[4]1952年在全国农学院院长会上,当时的教育部长马叙伦指出,"高等学校中建立以系为管理单位,以专业为教学的主要机构","专业"一词在当时的解释是"一份专门职业或专长",是"培养高级专门人才的目标"。[5]自此后,我国高校中设置专业并延续至今,及至高等教育大众化后,高校之间出现了竞争态势,高校为争取生源、提高声誉,普遍注重专业建设。作为高等教育的一类新的机构的高职院校,从办学伊始就广泛认同并高度重视专业建设。

2. 专业建设

专业建设在高职院校发展中具有特殊的地位,并发挥着重要作用。一是专业是作为职业教育的基本特征。基础教育讲课程,普通高等教育虽然也讲专业,但一般更多考虑学科,而中等职业和高等职业教育的基点是专业,专业是高职院校的基础和基点。二是专业是高职院校教学管理和活动的基本单元。对于高职院校而言,一般从招生开始,都是以专业为单位进行的,一直到人才计划、管理运行等都以专业为划界,二级学院或学系划分,一般都以专业群为单位,专业教学指导委员会、校内外实验实训基地等,大都以专业或专业群划分。三是专业是高职院校资源配置的基本指向。从教育行政主管部门来看,一般对高职院校组织评定重点专业、特色专业,评定优秀专业带头人;而学校内部,一般也以专业为单位分配经费、配置人力,设立相应工作部门。四是专业建设水平也是高职院校人才培养水平的首位体现。一般来说,有多少重点专业,专业招生、就业情况,专业团队和带头人水准,都是学校办学水平的直接体现,也是人们评判的主要依据。五是专业结构特色也是学校办学特色的基本标志。专业结构和特征能大致反映学校的历史、现状、服务面向、服务能力,与普通本科相比,高职院校大多为行业特色型,其专业结构就非常有标志意义。

(二)高职院校专业建设的政策回顾

自 21 世纪以来,教育行政部门对高等教育教学改革进行了积极推动,早在 2000 年,教育部就以教高〔2000〕1 号文件的形式发布了《关于实施"新世纪高等教育教学改革工程"的通知》。[6]而专业作为高等职业院校最为标志性的载体和基础单位,专业建设自然是高职院校内涵建设的主要内容,同时也是教育行政部门政策的重要导向。

1.《教育部关于加强高职高专教育人才培养工作的意见》中的专业建设

在高等职业教育作为推进高等教育大众化的重要抓手实施之初,教育部于 2000 年 1 月 17 日下发了《教育部关于加强高职高专教育人才培养工作的意见》(教高〔2000〕2 号)(以下简称 2 号文)。[7]2 号文指出:专业设置是社会需求与高职高专实际教学工作紧密结合的纽带。专业建设是学校教学工作主动、灵活地适应需求的关键环节。要根据高职高专教育的培养目标,针对地区、行业经济和社会发展的需要,按照技术领域和职业岗位(群)的实际需求来设置和调整专业。专口口径可宽可窄,宽窄并存。同时要妥善处理好社会需求的多样性、多变性与学校教学工作相对稳定性的关系。

2.《教育部关于以就业为导向深化高等职业教育改革的若干意见》中的专业建设

2004年,《教育部关于以就业为导向深化高等职业教育改革的意见》(教高〔2004〕1号)[8]同样对专业设置与建设管理提出了明确的要求,即专业设置是社会需求与高等职业教育教学工作紧密结合的纽带,是学校工作主动灵活适应社会需求的关键环节,高等职业院校在设置专业时,要认真开展市场调研,准确把握市场对各类人才的需求情况,根据学校的办学条件有针对性地调整和设置专业。省级教育行政部门应支持学校根据社会需要,按照技术领域和职业岗位(群)的实际要求灵活设置专业,并将就业状况作为设置及其结构调整的依据。

3.《教育部关于全面提高高等职业教育教学质量的若干意见》中的专业建设

2006年,在高等职业教育大发展,规模位居高等教育"半壁江山"的阶段,教育部发布了《教育部关于全面提高高等职业教育教学质量的若干意见》(教高〔2006〕16号)[9],指出针对区域经济发展的要求,灵活调整和设置专业,是高等职业教育的一个重要特色,提出服务区域经济和社会发展,以就业为导向,加快专业改革与建设。高职院校要及时跟踪市场要求的变化,主动适应区域、行业经济和社会发展的需要,有针对性地调整和设置专业,建立以重点专业为龙头、相关专业为支撑的专业群,增强学生的就业能力。

这些政策文件对高职院校高水平专业建设的要求和需求是清楚的:一是地位重要;二是服务区域和行业;三是必须重视和遵循规律,办出特色和水平,尤其是要坚持就业为导向。

二、高职院校推进专业建设的支持举措分析

(一)国家示范高职院校建设中的重点专业建设

2006年,教育部、财政部联合启动的国家示范性高职院校建设计划,旨在遴选和培育一批办学定位准确、产学结合紧密、改革成绩突出、制度环境良好、辐射能力较强的高职院校,进行重点支持,带动全国高职院校办出特色、提高水平。在《教育部财政部关于实施国家示范性高等职业院校建设计划加快高等职业教育改革与发展的意见》(教高〔2006〕14号)[10]中把专业建设放到了十分突出的位置,即:在100所示范院校中,选择500个左右办学理念先进、产学结合紧密、特色鲜明、就业率高的专业进行重点支持。造就一批基础理论扎实、教学实践能力突出的专业带头人和教学骨干,建设一批融教学、培训、职业技能鉴定和技术研发功能于一体的实训基地或车间;合作开发一批体现工学结合特色的课程体系,形成500个以重点专业为龙头、相关专业为支撑的重点建设专业群,提高示范院校对经济社会发展的服务能力。

与此同时,在该文件中提出的推进教学建设和教学改革、增强社会服务能力、创建共享型专业教学资源库等内容都是站在专业建设层面的要求,实际上也是重点专业建设所要包含的内容。

(二)国家骨干高职院校建设中的重点专业建设

2010年,在连续实施三批示范性高职院校建设计划并取得显著成效的基础上,教育部、财政部发布了《关于进一步"推进国家示范性高等职业院校建设计划"实施工作的通知》(教高〔2010〕8号)[11],明确提出新增100所左右骨干高职建设院校,其中专业建设要主动适应区域产业结构升级需要,及时调整专业结构;深化订单培养、工学交替等多样

化的人才培养模式改革,参照职业岗位任职要求制订培养方案,引入行业企业技术标准开发专业课程,推行任务驱动、项目导向的教学模式,探索建立"校中厂、厂中校"实习基地;试行多学期、分层式的教学组织模式,吸纳行业企业参与人才培养与评价,将就业水平、企业满意度作为衡量人才培养质量的核心指标,建立健全质量保障体系,全面提高人才培养质量。

(三)高职院校提升专业服务产业发展能力项目中的重点专业建设

在全面提高高等职业教育质量和开展国家示范和骨干高职院校建设的同时,教育部、财政部于 2011 年发布《关于支持高等职业学校提升专业服务产业发展能力的通知》(教职成〔2011〕11 号)[12],提出重点支持高等职业院校专业建设,提升高职院校服务经济社会能力。明确引导和支持围绕现代农业、制造业发展重点方向,战略新兴产业、生产和生活性服务业等重点领域和地方经济社会发展需要支持一批紧贴产业发展需求、校企深度融合、社会认可度高、就业好的专业进行重点建设,同时要求推进校企对接,探索系统培养,强化实践育人,转变培养方式,建设教学团队,实施第三方评价,文件又明确支持建设的重点专业为产业支撑型、人才紧缺型、特色引领型、国际合作型。

(四)《高等职业教育创新发展行动计划》中专业建设的总体目标

2015 年,为贯彻落实全国职业教育工作会议精神,教育部印发《高等职业教育创新发展行动计划(2015—2018 年)》(教职成〔2015〕9 号)[13],文件共三大部分,其中主要任务部分又分为五方面计 32 条。在主要任务的第 1 条开展名义为提升专业建设水平,后在附件中明确的 65 项任务和 32 个项目,又把骨干专业建设作为第一个项目,即加强专科高等职业院校的专业建设,明确专业方向,改善实训条件,深化教学改革,整体提升专业发展水平。支持紧贴产业发展、校企深度合作、社会认可度高的骨干专业建设。支持专科高职院校与技术先进、管理规范、社会责任感强的规模以上企业深度合作,共建生产性实训基地。面向企业的创新要求,依托重点专业(群),校企共建研发机构。面向国家重点发展产业,提高专业的技术协同创新能力,促进区域产业结构和新兴产业发展。探索发展本科层次职业教育专业,培养满足"中国制造 2025"需要的不同层次人才。

三、高职院校实施高水平专业建设的背景及特征分析

上文从专业和专业建设的基本概念出发,主要回顾了 21 世纪以来我国高等职业教育发展中关于专业建设的基本政策及主要举措,为我们进一步认识专业,重视和加强专业建设提供了基本参照。在新的历史条件下,建设一批高水平专业,既是支持和支撑高水平高职院校的核心内容,也必将大大推动专业建设更好的发展。

(一)建设高水平专业的重要性

高职院校实施高水平专业建设,我们可以从综合视角来加以分析。

1. 提升高职教育办学水平的基础

我国的高等职业教育经过 20 世纪 80 年代以来 30 多年的建设发展,规模上已占据高等教育的"半壁江山"。截至目前,全国高职院校数已经达到 1388 所,在校生规模已经超过 1000 万,今后,规模扩张既无必要,也无可能,而提高人才培养质量,提升办学水平才是主要任务。高职教学以专业建设为龙头,只有专业水平提高了,相应的师资队伍建设、课程教材建设、保障条件建设改善了,办学水平的总体提高才有可靠的基础和可能,高水平专业建设在高职教育发展和水平提升中居基础和决定性作用。

2. 已有专业建设的积累成果效应所在

自高等职业教育作为我国高等教育的一个重要组成部分被提出并开展以来,教育行政主管部门、财政部门一贯重视专业建设,各院校也把专业建设作为重点工作来抓,在国家示范和骨干院校建设中,也把专业建设作为龙头和重中之重的工作来做,经过学校、省、国家各层次的推动,我国高职院校专业建设的理念已经建立,模式有所创新,条件有所改善,具备了建设一批高水平专业的可能性。

3. 支持和促进产业发展之必需

众所周知,专业与产业相匹配、相对接是高职院校专业设置和管理的基本依据。当前,我国经济正进入产业结构调整和转型升级的重要历史时期,在产业结构调整和转型升级的背景下,人才队伍尤其是一大批技术技能人才的适需和保证,是十分重要的路径和条件,因此,办好专业、建设高水平专业,对于我国经济新常态下实现转型升级具有十分重要的意义。

4. 促进高等教育国际交流与合作的需要

我国经济社会正从大国向强国迈进,在这一背景下,我们既要吸收和借鉴国外优质教学资源,也要推广我国先进的教学理念和文化,建设一批高水平专业,有利于适应"一带一路"倡议人才培养的需要,也有利于利用职业教育优质教学资源培养国际化人才,从而提高我国高职教育的国际影响力和综合水平。

(二)高水平专业的基本特征

高水平专业是一个学校长期建设积累的结果,应该具有较合理的定位,较宽广的市场,较好的办学条件,较大的行业企业和社会影响力。具体来说,至少应体现在以下几个方面。

1. 定位相对稳定合理

高等职业教育既具高教性,又具职教性,主要培养具有较强适应性、职业化程度较高的技术技能人才,要在基层下得去、用得着、留得住,首岗适应、岗位迁移和职业发展都比较强,但不同于本科,也不同于中职,当然,也与传统高等专科不同,高等职业教育的专业必须在产业的经济社会中找到合理定位,同时在人才培养规格上做到合理定位。在这一前提下,具有适应经济社会发展和市场变化的调适水平和能力,真正做到具有可替代性。

2. 办学条件相对优越

办好专业必须有一定的条件支撑,如高水平专业带头人、可持续的教学团队、相对稳定的专任教师队伍,数量适当且教育质量好的行业企业、兼职教师队伍,先进的校内实训条件和与就业相匹配的校外实践实习基地等,在互联网、云计算背景下,具有较好的信息化条件和装备,相应地,学校举办该专业也应有一定的历史基础。

3. 办学理念清晰科学

一个专业要体现其高水平,必须有科学而清晰的理念来支撑,必须回答好培养什么样的人、怎样培养人和为谁培养人的问题,立足于培养好德才兼备的技术技能人才,贯彻好立德树人的根本任务,同时,高水平专业应积极探索先进的人才培养模式、课程建设模式和教育教学管理模式,探索形成专业建设文化和独特理念,具有鲜明的办学和建设特色。

4. 社会综合认可度高

高水平专业一般应当在以下方面体现社会认同度:一是考生欢迎度,可以用同类专业考分和第一志愿率来衡量;二是学生稳定度,可用转入、转出该专业情况来分析,转入加分,转出减分;三是毕业生就业率,包括就业率、签约率、对口率、稳定率等;四是学生获奖率,主要是指在各类评比和技能大赛上的获奖情况;五是用人单位满意率,主要看行业企业和社会各界是否满意。

5. 科研和社会服务能力强大

人才培养是高职院校办学的第一职能,但科学研究和社会服务、文化传承与创新亦十分重要。作为职业教育的重要组成部分,高职教育的专业建设应当体现在技术技能积累中发挥的作用。当然,专业教师结合行业企业发展,在开展产品和技术研发、服务中小企业等方面的能力也十分重要;作为高水平专业,在服务引领同类专业建设中的作用的发挥也十分重要。

6. 国际交流与合作水平高

对于能够在国际合作交流、"一带一路"建设中具有特殊突出作用的专业,制订并推广出国际标准的专业,应当给予特别支持。

根据上述特征,现有国家专业教学资源库建设的牵头专业应当优先考虑。

四、推进高职院校高水平专业建设的主要路径

前面我们从专业建设的概念及专业建设在高职院校中的重要性,回顾和解析了 21 世纪以来教育行政部门对推进专业建设的要求及重点建设的方略,虽然其中表述略有不同,但规律性的东西由此可循。在新一轮优势、特色专业建设过程中,我们必须遵循规律,与时俱进,找准策略,努力办出特色、办出水平。在正确合理定位的基础上,着力抓好几个方面的工作。根据上述分析,笔者认为要建设高水平专业,必须在以下几个方面着力。

（一）要把立德树人作为根本任务

高等教育有五大使命，即人才培养、科学研究、社会服务、文化传承创新、国际交流合作。职业教育有三大任务，即面向市场、服务发展、促进就业。但无论如何，高职院校第一的和最基本的职能是人才培养，办学校是如此，办专业更是如此，这是办什么样的学校、怎样办学校的关键，而落实好这一点，必须解决好培养什么样的人、怎样培养人、为谁培养人的大问题，为此，必须做到：第一，必须坚持德才兼备，以德为先的原则，注重把马克思主义指导、社会主义核心价值观涵养作为重点，贯穿人才培养全过程，巩固马克思主义在育人工作中的指导地位，把我们的学生培养成为中国特色社会主义合格建设者和可靠接班人。第二，必须坚持就业导向，尽管人们对高职教育人才培养的直接目的有不同认识，一些学校和专业甚至看重了升学和出国深造，但我们认为，对于负责任的学校和重点建设的专业而言，必须遵循规律，抓住根本，确立就业导向，把培养学生的就业观念、就业能力和岗位上的可持续发展能力作为重要导向。第三，必须把创新创业教育贯穿人才培养全过程，注重培养学生的创新精神和创业意识，采用通识理论课、实践平台和模块化教学等途径，为创新创业人才创造条件。第四，坚持素质教育和专业建设有机融合，重视思想政治教育，重视人文素质教育，重视心理健康教育，重视身体素质培养，重视创新创业教育，构建全方位素质教育体系。

（二）要坚持"六业贯通"的人才培养理念

无论是人才培养方案的设计还是具体的实施，都应该有一个统一的理念，那就是建立以人为本、以学生发展为中心、以就业为导向的带有规律性的理念。第一，以办好专业作为出发点，开办有特色、有社会需求、能适应社会需要的专业。第二，强化职业为特色，遵循高等职业教育的规律,突出职业化要求,注重培养学生的职业理想、职业情怀、职业良心、职业责任和职业道德,努力培养好适应性强的职业化专业人才。第三,以注重学业为根本,学生以学业为主,必须在专业建设中体现重视学业的要求,强化基础课、文化课、专业课、技能课,并保证足够课时和基本考核要求,真正把学生的精力引导到学业上。第四,以重视就业为根本导向,注重引导学生就业,有较强的就业能力,切实提高本专业就业率、就业对口率和岗位起薪率。第五,以鼓励创业为引领,要将创新创业贯彻全过程,引导一部分有创新精神、创业意识的学生直接创业,以创业带动就业。第六,以成就事业为目标,要善于把正确的理论和理念及方法,教育和传授给学生,授人以渔,尤其是要把正确的世界观、人生观、价值观教给学生,促进学生一生的成才成长,使其幸福生活。

(三)要科学制订和有效实施人才培养方案

专业人才培养方案是人才培养工作的总体设计和实施蓝图,制订好人才培养方案十分重要。为此,第一,要认真贯彻党的教育方针,遵循教育教学和人才培养规律,落实党中央一系列教育工作决策部署,牢牢把握办学方向和人才培养的宗旨,正确处理知识、能力与素质的关系,处理好基础理论与专业知识的关系。第二,要广泛开展社会调查,尽可能听取行业企业对人才培养工作的意见和建议,听取毕业校友的意见和建议,积极创造条件聘请社会用人单位参与人才培养计划的制订,针对不同行业和企业的需求,人才培养方案应具有空间和弹性,并留有订单培养及适应新技术、新业务的余地。第三,要制订小班多样的人才培养方案,不同生源应有不同的方案,针对不同领域也应该有一定的弹性,要允许学生以特补短、以长补短,使所制订的方案能考虑不同的生源,能满足不同的需要。第四,要重视人才培养方案的实施跟踪,坚持动态管理、持续跟进、发现问题、及时调节、适时改进,以提高人才培养方案的实效。

(四)要构建起校企合作办专业的良性机制

开放合作办学是高等职业教育的重要特征,也是培养好应用型人才的前提,新建本科向应用型本科转型,其重点就在这里,对此,在教育部的历次文件中,都明确要求专业建设必须面向社会需求,面向行业企业,建立紧密而有效的校企合作机制,对此,我们必须有落实和保证。第一,必须有主导产业的依托,这既是办专业的逻辑前提,也是办好专业的保障,更是专业人才培养和服务的重要保障,必须从区域和行业需求分析出发,做出科学而正确的定位,以确定专业办与不办、办大办小、怎么办。第二,按六合一要求建立专业建设指导委员会,作为合作发展、合作办学、合作育人、合作就业和推进学生工学结合、知行合一的长效机制,六合一指导委员会是指一个专业建设指导委员会,同时是一批行业企业兼职老师,一批学生就业基地,一批学生社会实践基地,一批教师挂职锻炼基地,一批教师社会服务基地。[14]第三,积极开展订单培养和现代学徒制人才培养,也就是说,以社会需求为导向,以紧密型校企合作为契机,积极创造条件,创造人才培养模式,大力开展订单式人才培养和现代学徒制人才培养,进一步提高人才培养的针对性和有效性。

(五)要把高素质教师队伍建设作为关键来抓

要办好专业,做好人才培养工作,必须有一支高水平、高素质教师队伍作为支撑,所谓名师出高徒,严师出高徒,教书育人就是这个道理。第一,必须培养和造就好专业带头人,专业带头人可以是个体,也可以是一个小的群体,它作为专业人才培养的主要设计者,专业主干课程的主要承担者,专业教学活动的具体组织者,至关重要,必须大力打造并有效激励,加大培养力度,使其积极发挥作用。第二,必须建立老中青三代结合的教学团队,尤其是要建立起青年教师的有效的培养机制,充分发挥中老年教师的作用,形成良好的团队效应。第三,必须把专业兼职教师结合起来,尤其要重视聘请具有一线业务经营经验和技术的同志担任兼职教师,杰出或优秀的本专业毕业校友尤其可贵,真正实现专兼结合、双师组合、机制融合,提升综合育人成效。

(六)要重视和加强微观教学组织建设

专业建设要有效推进,必须重视和加强教学微观组织建设,构建起良好的教学组织执行机制。对此,我们的建议是:第一,一个专业必须有一定的教研室组织保证,并有效而充分地发挥教研室的功能,积极创造条件,把党支部建在专业上,实现专业教学团队、专业教研室、专业党支部三位一体,抓实人才培养的微观教学组织基础。第二,必须统筹抓好人才培养方案的具体落实和落地工作;从重视课表到抓实课程、搞活课堂,从抓好教材到丰富课余、发展课外,形成系列化"课"体系,[15]提高教学工作的有序性、有效性。第三,要重视教学质量保证体系建设,加强专业和课程标准建设,加强课堂管理,加强督导评价工作,促进教学工作务实有效。

(七)要注重内外教学条件和教学基地建设

专业人才培养工作得以实施,必须有一定的教学条件保证,要办一个高水平专业,尤其要有先进的教学条件做保证,至少应该是:第一,大力引进和推广先进教学技术,尤其是用云计算等先进教育技术来武装老师,将其应用在教育教学中。第二,要建好完整的校内实验实训基地,营造信息化、真实化环境,加强校内实践育人工作,增强课堂教育教学效果。第三,积极创造条件,通过校企合作等途径建设一批校外实践基地,并努力实现校外基地教学化,在真实的工作环境中提高学习效率和专业人才培养质量。

（八）要积极创造条件开展国际合作

国际化是大势所趋，国际职业教育也有许多成功经验和可取模式，要办一个高水平的专业，开展国际合作也是重要路径之一。在国际合作中，可以吸收其在办学理念、课程建设、教学资源、培养模式等方面的有益经验，使我们的人才培养更多地具有国际化视野和跨文化交流能力，尤其是当前国家正在推进"一带一路"倡议，要适应国家"走出去"的战略要求，培养好高素质技术技能人才，我们必须更加自觉、更加主动，力争更有成效，至于具体的合作模式应从实际出发，鼓励多种探索和实践。

（九）要重视专业文化建设

专业建设发展到一定阶段和一定水平，应该探索形成自己的文化，要立足于从历史、区域、行业、职业、器物等多种情形和要素，探索和构建专业文化，并形成相应的理念和体系。对于一些专业建设历史悠久、职业特征相对鲜明、专业规模相对较大的专业或专业群，我们应当把专业文化建设摆到十分突出的位置，如会计专业中要注意诚信及其修养，不做假账，等等。应该探索形成并上升到文化层面，每个学校在人才培养创新实践过程中，从学校历史现状、专业布局、就业市场需求等方面出发，实践中形成的不同模式都可以进行总结，如浙江金融职业学院会计专业近十年来探索形成的"三双"即双素、双能、双证会计专业人才培养实践已有其特定的文化基因和特质，可以进行文化提炼，从而进一步引领实践。

上述方面是笔者所分析的高职院校高水平专业建设的一些主要路径。事实上，要办好一个高水平专业，必须在各个方面有更高的目标、水准和要求及良好的实现机制，同时，要在人无我有、人有我优、人优我特、人特我强上下功夫。正是从这种意义上来说，专业教学资源库

建设、专业文化培育和提练、面向职场的专业教师培养,也应该是重要
的内容。

参考文献

[1] 夏征农,陈至立.辞海[M].6版.上海:上海辞书出版社,2010:1872.

[2] 中国社会科学院语言研究所词典编辑室.现代汉语词典[M].7版.
    北京:商务印书馆,2016:1518.

[3] 王焕勋.实用教育大词典[M].北京:北京师范大学出版社,1995:651.

[4] 顾明远.教育大辞典[M].第二卷.上海:上海教育出版社,1991:26.

[5] 王伟廉.高等教育学[M].福州:福建教育出版社,2001:136.

[6] 教育部关于实施新世纪高等教育教学改革工程的通知[Z].教高
    〔2000〕1号.

[7] 教育部关于加强高职高专教育人才培养工作的意见[Z].教高
    〔2000〕2号.

[8] 教育部关于以就业为导向深化高等职业教育改革的意见[Z].教高
    〔2004〕1号.

[9] 教育部关于全面提高高等职业教育教学质量的若干意见[Z].教高
    〔2006〕16号.

[10] 教育部、财政部关于实施国家示范性高等职业院校建设计划加快
    高等职业教育改革与发展的意见[Z].教高〔2006〕14号.

[11] 教育部、财政部关于进一步推进"国家示范性高等职业院校建设
    计划"实施工作的通知[Z].教高〔2010〕8号.

[12] 教育部、财政部关于支持高等职业学校提升专业服务产业发展能
    力的通知[Z].教职成〔2011〕11号.

[13] 教育部关于印发〈高等职业教育创新发展行动计划(2015—2018
    年)〉的通知[Z].教职成〔2015〕9号.

［14］周建松.高等职业教育专业建设理论与探索［M］.浙江:浙江大学出版社,2010:167.

［15］周建松.金融高等职业教育专业内涵建设研究——浙江金融职业学院专业建设十年［M］.杭州:浙江工商大学出版社,2014:109.

（本文与孔德兰合作,发表于《中国职业技术教育》2017 年第 25 期）

高职院校"三教"改革:背景、内涵与路径

摘　要:教学是各级各类教育人才培养的基础工作,而教师、教材、教法(以下统称"三教")是教学基本建设的重要内容。为更好地贯彻落实《国家职业教育改革实施方案》(以下简称"职教20条"),高职院校应将"三教"改革作为深化内涵建设的切入点和突破口,明确符合高职教育规律的"三教"改革内涵,在此基础上,聚焦教师、教材、教法改革探索推动高职教育实现"三个转变"的具体路径,提升人才培养质量,进一步夯实高职教育高质量发展的微观基础。

关键词:高职院校;教学;教师;教材;教法;浙江金融职业学院

　　"三教"是教师、教材、教法的统称,故合称为"三教"改革。通常而言,"三教"是教学建设的基本要素,而"三教"改革贯穿于各级各类教育教学的全过程,与各级各类学校人才培养的各环节息息相关,是各级各类教育质量的"生命线",也是各级各类学校深化内涵建设的切入点。作为一种新的教育类型,我国高职教育在过往的40年间,走出了一条"摸着石头过河"的教学改革之路,其中,教师、教材、教法是教学改革的重要内容,在实践中取得了较大成果,相关的理论研究也在不断丰富。当前,在贯彻落实"职教20条"的背景下,重点关注并研究解决高职教育教师、教材、教法中存在的问题,抓住了高职院校教学改革的"牛鼻子",对进一步深化内涵建设具有重要的实践意义和理论价值。

一、高职院校"三教"改革的背景

　　2018年5月2日,习近平总书记在北京大学师生座谈会上提出,

构建高水平的人才培养体系,包括教学体系、教材体系、管理体系等。[1]其中包含着丰富的理论意蕴和系统的实践指导。教学是高职院校的中心工作,教学改革是高职院校人才培养的核心环节。在实践中,高校在教学方面存在着四个"投入不足",即教学经费投入不足,领导精力投入不足,教师对教学投入不足,学生对学习投入不足,从而导致出现专业设置偏窄、教学内容偏旧、教学方法偏死等问题。[2]这种情况在高职院校也普遍存在,因此,开展"三教"改革具有紧迫性和针对性。

(一)落实"职教20条"的根本要求

2019年1月,国务院颁布《国家职业教育改革实施方案》,将推动实施"三教"改革作为促进产教融合、校企"双元"育人的重要抓手加以强调,可谓切中时弊。事实上,对于高职教育而言,实施"三教"改革更具紧迫性和针对性。为更好地落实"职教20条",高职院校要将"三教"改革作为强化内涵建设的切入点和推进高职教育高质量发展的突破口,确立符合教育规律的目标并探索具体改革路径,以促进产教融合、校企"双元"育人,推动高职教育逐步实现"三个转变",进一步夯实高质量发展的微观基础。

(二)进一步深化内涵建设的必由之路

高职教育以培养高素质劳动者和技术技能人才为使命,在我国高职教育过去40年的发展历程中,取得了历史性的成就,但与建设现代化经济体系和建设教育强国的要求相比,还存在着一些不尽如人意的地方,如在高职教育中重硬件轻软件、重外延轻内涵的现象还比较突出,教学作为高职院校的中心工作还没有得到应有的重视,对教学基本建设的投入还不足,与此同时,部分高职院校的教学还是本科"压缩"型,导致出现教师不发展、教材不更新、教法不改革的困境,受到人们的诟病,这种状况严重制约了我国高职教育的发展,必须引起高度重视并加以解决。

(三)推进"双高计划"建设的重点内容

当前,国家正在紧锣密鼓启动实施中国特色高水平高等职业学校和专业建设计划,建设一批引领改革、支撑发展、有中国特色、有世界水平的高等职业学校和骨干专业(群),这为高职院校"三教"改革提供了重要的契机,因为中国特色高水平高职学校和专业建设必须落实在教师、教材、教法等各个方面。在新的人才观、教学观和质量观的要求下,"三教"改革成为推进高职教育"双高计划"建设的主要抓手,这种特殊作用在"四个打造"即打造技术技能人才培养高地、打造技术技能创新服务平台、打造高水平专业群和打造高水平双师队伍中体现得更加明显,从另外一个侧面凸显出"三教"改革在"双高计划"中的重要性。

二、高职院校"三教"改革的内涵

法国社会学家、教育学家涂尔干曾言:"获得知识并不包含获得将知识传递给他人的技艺,甚至不包含获得确立这种技艺的基本原则。"[3]这既说明教学的重要性,又反映出教学的复杂性。早在世纪之交的 2000 年,教育部就发布了《关于加强高职高专教育人才培养工作的意见》(教高〔2000〕2 号),提出以"应用"为主旨和特征构建课程和教学内容体系,并指出"双师型"教师队伍建设是提高高职高专教育教学质量的关键。在新时代,实施"三教"改革为确立高职教育类型特色提供了新的契机,这也是为高职教育教学创新奠定基础的重要步骤。

(一)高职院校"三教"改革的主要内涵

1. 高职院校"三教"改革是在新理念指导下的教学改革

早在 2000 年,教育部《关于加强高职高专教育人才培养工作的意见》(教高〔2000〕2 号)提出,在各类高职高专院校中,培养人才是根本任务,教学工作是中心工作,教学改革是各项改革的核心,提高质量是永恒的主题。"职教 20 条"更是开宗明义,指出:"职业教育与普通教育是两种不同教育类型,具有同等重要地位。"[4] 这为高职院校"三教"改革指明了方向。针对部分高职院校教学基本建设还显薄弱、课程和教学内容体系亟待改革的现状,"职教 20 条"提出的改革方向是服务建设现代化经济体系和实现更高质量、更充分就业需要,对接科技发展趋势和市场需求,以促进就业和适应产业发展需求为导向,着力培养高素质劳动者和技术技能人才。因此,高职院校要以新发展理念为指导,树立科学的教学观,以教学改革为核心,以教学基本建设为重点,推动形成实施"三教"改革的基本共识,激发更多的师生积极参与"三教"改革。

2. 高职院校"三教"改革是涉及教与学各环节的综合改革

捷克教育家夸美纽斯在 300 年前的《大教学论》中对教与学各环节进行了系统的阐述,奠定了教与学的基本理论逻辑和操作框架。[5] "三教"是构成这种理论逻辑和操作框架的重要元素,教师、教材、教法分别对应解决"谁来教""教什么""如何教"三个核心问题。也正是在这个意义上,1994 年 10 月,国家教委在杭州召开第五次委属高校咨询会,时任高等教育司司长的周远清提出:"对人才培养提出了更新的要求,所以我们必须在教育思想、教学内容、教学方法上进行改革。"[6] 抓住了教与学的基本规律,有非常强的针对性。事实上,教与学是一个非常复杂的系统,有人将其称为"黑箱",也有人将其称为"魔方",这从另外一个侧面提醒我们"三教"改革是涉及教与学各环节的综合改革,要注意其中的相关性和互动性。

3. 高职院校"三教"改革是由新技术支撑的教学改革

随着"互联网＋职业教育"的迅猛发展,教师运用现代信息技术更新教材和改进教法成为新常态,具体表现为适应新技术的需求,通过创造性的转化,将其纳入教学标准和教学内容。这种新技术在实验、实训、实习等教学过程的关键环节的应用尤为重要,这些都是保证教学质量的前提条件。在这个过程中,就需要建立健全学校设置、师资队伍、教学教材、信息化建设、安全设施等办学标准,使这种改革更加符合教育规律和学生成长规律,以便形成具有针对性的发现问题、分析问题、解决问题的逻辑链条,通过深入的研究,提供有价值的教益,并有条理地运用反思,不断推进高职教育理论与教育实践的深化。

(二)高职院校"三教"改革的基本特征

1. 规范性

俗话说:教无定法,教学有法。前者是从方法角度来讲的,后者是从法则(规律)角度来看的,这恰恰说明教学是一项具有严格规范性的活动。我国高职教育领域有很多规范性文件,但在实践中,部分高职院校还存在着对"三教"认识模糊、"三教"活动散漫的现象,在院校层面也没有什么明确的规范来支撑"三教"改革。在这方面,可以借鉴德国学者哈贝马斯提出的交往行为理论:"旨在建立一个普遍性的'规范基础'(Normative foundation)或标准。"[7]此时,标准的重要性便凸显出来。"职教20条"指出,制度标准不够健全等问题到了必须下大力气抓好的时候。预计到2022年,将建成覆盖大部分行业领域、具有国际先进水平的中国职业教育标准体系。没有标准就没有质量,2018年,教育部发布的《关于完善教育标准化工作的指导意见》(教政法〔2018〕17 号)指出,标准是可量化、可监督、可比较的规范,是配置资源、提高效率、推进治理体系现代化的工具,是衡量工作质量、发展水平和竞争力的尺度,是一种具有基础性、通用性的语言。[8]事实上,"三教"改革与教学标准体系的形成是同步的,即要遵循"边改边建,边建边用,边用边改"的原则,以保持教学规范性与创新性之间的张力与平衡。

2. 综合性

教育包含三大要素,即主体、客体与内容,这与教师、教材、教法是一一对应的,正是这三者构成了连接教育者与受教育者的桥梁,是"三教"改革的工具、载体、方法。倘若在上述三者间搭建起沟通与互动的桥梁,将是相互促进、相得益彰的,而那些不好的教学反映在这三者之间是相互排斥的,甚至功能也是相互消减的。"三教"改革融教师、教材、教法改革为一体,是一项综合改革。这是由教学的复杂性导致的,由于存在教的复杂性与学的复杂性,因此,任何对教学的简单化理解甚至曲解都可能会导致"三教"改革进程受挫。随着脑科学、神经科学、学习科学研究的深入,"三教"融合成为一种有效途径,会逐步消除参与改革的教育者和受教育者的畏难情绪,激发其产生进一步改革的激情和能力,帮助他们找到解决问题的点点滴滴的确凿知识,并用开明的教学方法引导他们进行反思。而这些并非刻意为之就能产生效果的,而是要在教师所担负的教育职责是什么样的、可以追求怎样的教学目标、应当采用什么方法等方面帮助教育者与受教育者达成一种共识,再没有什么任务比这更加急迫的了。

3. 联动性

建立起了共识之后,"三教"改革是一个循序渐进的过程,其中的关键是必须尊重主体的意愿,推动教育者与受教育者参与,使教师与教材相适应、教师与教法相契合、教材与教法相匹配。"职教 20 条"提出逐步实现职业教育"三个转变",这既包括教育内部各要素之间的联动,也包括教育与产业之间的互动,这种联动与互动源于教师、教材与教法三者的不可分割性,它们之间是相互影响的关系,这种影响有的时候表现为相互促进,有的时候也表现为相互制约。作为一种教育类型,高职教育打破了传统学校的封闭,跨越了企业与学校、工作与学习的界域,因此,我们要将宏观政策与微观操作相结合,将教育制度与教育思想相融合,将理论与实践相结合,特别要注重对教育理论科学的实践与应用,因为实践是检验真理的唯一标准,改革效果好不好,要坚持用实践标准来检验,只有经受住实践的考验,才可能予以推广。这就要求我们用一种冷静客观的态度去面对教学,以便更好地看清它,更好地理解它,使其全面展现教学之美。

三、高职院校"三教"改革的路径

教学改革是高职院校内涵建设的重点和难点,而推进高职教育高质量发展也需要高水平教学的支撑。通过实施"三教"改革,打造一支德技精湛的教师队伍,建设一批内容、形式精良的教材,形成一套精准施教的有效教法,真正探索符合学生成长规律和教师发展规律的切实路径,深化高职院校内涵建设,推进高职教育高质量发展。

(一)教师改革

百年大计,教育为本;教育大计,教师为本。教师是推动"三教"改革的主体,"一个学校的最后成功,就靠教师,无论宗旨怎样明定,课程怎样有系统,训育怎样研究有素,校风怎样良善,要是教师不得人,成功还没有把握"[9]。教师是教学的灵魂,法国社会学家、教育学家涂尔干指出:"教育理论的任务,就是要推动这种新信念以及由此而来的一种新生活的滋长,因为一种教育的信念,正相当于使从事教学的身体充满活力的那个灵魂。"[10]因此,要突出教师的主体地位,为教师成长发展营造良好的环境和机制,以实现立德树人、教书育人的崇高使命。

1. 组建高水平、结构化教学创新团队

教师必须具有多样化的能力,而教师多种多样的才能,"会给高等教育和我们的国家带来不断更新的活力"[11]。激励教师主动适应信息化、人工智能等新技术的变革,推进职业院校教师定期到企业实践,教师队伍的所有成员在其整个专业生涯中,都应与本专业的发展保持联系,在专业上保持活力。尊重教师的教学分工,以高水平、结构化教学创新团队建设为载体深化教师改革,由多人共同开展一门课教学;同时处理好教师与学生的关系,在发挥教师在教学工作中主导作用的同时,突出学生的主体作用,调动学生的学习积极性,

2. 建设高素质双师型教师队伍

现代职业教育对高职院校教师的要求与期待大致构成了教师—"双师型"教师—教学名师的角色体系。教师的主体地位,防止被"边缘化",尤其是被技术冲击,失去教师应有的尊严和成就感。在推进高职院校"三教"改革的过程中,可能会受到教师不参与、学生不适应、资源不充分等制约条件的限制,因此,需要借鉴本科院校抓教学改革和教学管理的有益经验,明确改革的重点并以此确立具体路径。遵循教育规律和教师成长发展规律,实施职业院校教师素质提高计划,引领带动各地建立一支技艺精湛、专兼结合的"双师型"教师队伍,"双师型"教师(同时具备理论教学和实践教学能力的教师)占专业课教师总数的比例超过一半,分专业建设一批国家级职业教育教师教学创新团队。建立高等学校、行业企业联合培养"双师型"教师的机制,抓好"双师型"教师的培养,努力提高中、青年教师的技术应用能力和实践能力,使他们既具备扎实的基础理论知识和较高的教学水平,又具有较强的专业实践能力和丰富的实际工作经验,并在此基础上,着力打造创新团队。

3. 稳步推进高职院校教师管理制度

提高教师的综合素质与教学能力。高等职业院校教师队伍建设要适应人才培养模式改革的需要,按照开放性和职业性的内在要求,增加专业教师中具有企业工作经历的教师比例,安排专业教师到企业顶岗实践,积累实际工作经历,提高实践教学能力;同时要大量聘请行业企业的专业人才和能工巧匠到学校担任兼职教师,逐步加大兼职教师的比例,逐步形成实践技能课程主要由具有相应高技能水平的兼职教师讲授的机制。根据职业教育的特点,完善职业院校教师考核评价制度,"双师型"教师考核评价要充分体现技能水平和专业教学能力。推动固定岗和流动岗相结合的职业院校教师人事管理制度改革。支持高水平学校和大中型企业共建"双师型"教师培养培训基地,建立企业经营管理者、技术能手与职业院校管理者、骨干教师相互兼职制度,以凸显教师的主体性价值,防止出现教师角色边缘化的现象。

(二)教材改革

教材,通常又称教科书,是实现教学目标、呈现教学内容的一种教学媒介。教科书的一个特点是既要浅显,又不能流于肤浅,必须把学科最前沿的知识系统化地纳入。[12]因此,教材必须考虑课程内容,更重要的是要针对学生的具体情况,与此同时,高质量的教育内容需要以高质量的呈现方式来展示,正是在这个意义上,习近平总书记强调教材体系在高水平人才培养体系中的重要性。而在高职院校教学实践中,教科书经常被写成一部无所不包的既有知识的大杂烩,其结果必然使得著述难以吸引人。最坏的结果是,它们将教育的体验沦为记忆的另一种训练。[13]特别在"唯书至上"思维中,书面文字成了被尊崇的对象,而作为承载书面文字的媒介,教材有时候带有某种盲目性,甚至取代了活生生的现实,因此,教材建设与教材管理亟待改革。

1. 制定高职教育教材标准

教材是以其科学的逻辑体系、共性的原理和"善"的诉求来表征专业历史发展和教学应然图景，为了实现这一目标，就需要切实做好高职高专教育教材的建设规划，严把教学标准和毕业学生质量标准两个关口，与行业企业共同开发紧密结合生产实际的实训教材，确保优质教材进课堂。在此基础上，开展优秀教材的评介工作，以应用性、实践性原则重组课程结构，更新教学内容，要注重人文社会科学与技术教育相结合，教学内容改革与教学方法、手段改革相结合。

2. 开发教材信息化资源

法国社会学家、教育学家涂尔干在《教育思想的演进》中指出，"教育的素材与形式之间有着密切的关联"，在分析其原因时，他特别强调"在思想的这个微观世界中，在构成自觉意识的这个缩微现实版本中，人们所遭遇到的外在客观世界只体现为最一般的形式"。任何以思想为素材的教育都几乎是形式性的，因此，要根据职业教育教材标准，遴选并认定一大批职业教育在线精品课程，建设一大批校企"双元"合作开发的国家规划教材，加强文字教材、实物教材、电子网络教材的建设和出版发行工作。倡导使用新型活页式、工作手册式教材并配套开发信息化资源。

3. 及时动态更新教材内容

以产教融合、校企"双元"合作开发形式推进教材建设工作，根据 1＋X 证书制度试点的进展，及时将新工艺、新规范充实进入教材内容，实现书证融通。每 3 年修订 1 次教材，其中专业教材随信息技术发展和产业升级情况要及时动态更新，形成培养高素质技术技能人才的新机制。要推进资历框架建设，探索实现学历证书和职业技能等级证书互通衔接。

(三)教法改革

教材是客体,其为教师和学生的教育教学活动提供了学习的对象和条件,教法是工具和手段,是连接教师和学生的桥梁和纽带。《教育部关于全面提高高等职业教育教学质量的若干意见》(教高〔2006〕16号)指出,要改革教学方法和手段,融"教、学、做"为一体,强化学生能力的培养。教法是一种由教师和学生两方面共同合作,完成对教学内容的理解,以有益于学生行为和经验的实践活动方法,旨在对教学实践的本性和功能等问题进行全面、深刻的理解,这决定了我们必须对教学理论的实践本性及其历史展现、教学理论实践功能的生成机制和实现机制等问题进行深入探讨和分析。

1. 充分认识教法作为教学技能和技巧的重要性

教法带有经验性,系统化、科学化是教师在教学过程中通过多种方法和途径对学生进行学习方法的传授、诱导和矫正,使学生掌握科学的学习方法并灵活地应用于学习中。在这个意义上,教学过程不仅是传授知识和技能、培养正确职业态度的过程,同时也是教会学生学习的过程。其中包含内容与方法、教法与学法、启发与学导、课内与课外等,这既是课堂教学各要素量的增加过程,又是课堂教学要素排列与组合方式质的演变过程,通过教法改革,可为高职教育改革发展注入生机和活力。只有在这些运作中,它们才会通过其所产生的效果的累积而展现自身。要想把握教法的力量,我们就需要观察它们在教学中是如何运作的,其中包括三个层次,即一般教和学的理论的教法、注重教学互动和课程开发的教法、与文化教育有关的教法。

2. 以校企合作、育训结合为教法改革切入点

校企合作、育训结合是高职院校教学的基本特征,教法改革的重点是教学过程的实践性、开放性和职业性,通过对实验、实训、实习三个关键环节的改革,带动专业调整与建设,引导课程设置、教学内容改革。在具体教学中要因材施教,积极实行启发式、讨论式教学,鼓励学生独立思考,激发其学习的主动性,培养学生的科学精神和创新意识。通过改革考试方法,着重提高学生综合运用所学知识来解决实际问题的能力,促进学生个性与能力的全面发展。针对高职高专教育学生来源多样化的趋势,特别是在今年高职扩招 100 万人的背景下,要研究制订适应不同生源实际状况的培养方案,或在同一培养方案的实施过程中充分考虑不同生源的实际需要。

3. 运用现代信息技术推动教法改革

适应"互联网＋职业教育"的发展需求,引入大数据、人工智能等现代教育技术,增进教学内容,改进教学方法,推进虚拟工厂等网络学习空间建设和普遍应用。加强对现代教育技术、手段的研究和应用,加速实现教学技术和手段的现代化,提升高职教育的教学质量。与此同时,如果要深化高职院校内涵建设,就必须强化教学组织和教学管理,以教法统领学法,[14]在教学实践中,将教法置于一个演进的过程之中,并将其作为整个教学及教学改革的重要组成部分。

四、浙江金融职业学院"三教"改革的探索与实践

作为国家首批示范性高职院校和浙江省重点建设高职院校,浙江金融职业学院(以下简称学校)坚持兼顾学生职业需要和长期发展需要,将综合素质培养、职业技能训练和可持续发展能力培养等相结合,构建起高职院校"三教"改革的长效机制。在 2019 年教育部职业技术教育中心研究所组织开展的全国高职院校教学管理 50 强、学生管理 50 强案例遴选中,学校在两个项目中均位列全国高职院校第 2 名,彰显出推进"三教"改革的良好成效。

(一)以教师千万培养工程推进教师队伍建设

2018年1月20日,中共中央、国务院发布《关于全面深化新时代教师队伍建设改革的意见》,提出全面提高职业院校教师质量。学校自2010年起,实施教师千万培养工程,每年投入1000万元,建设一支高素质"双师型"的教师队伍。

1. 加强师德师风建设

学校把规范师德作为教师队伍建设的首要方面,将师德水平作为教师职务评聘和学校评奖评优的重要条件。加强教师思想政治工作,健全教师政治理论学习制度,组织开展社会主义核心价值观和行为准则的教育培训。青年教师入职培训必须开设师德教育专题,强化理想信念教育。倡导"学为人师、行为世范"的高尚精神,切实加强对教师敬业精神、奉献精神的培养,使其聚焦课堂教学,认真讲好每一节课。

2. 推进"双师型"教师队伍建设

为了适应职业教育产教融合发展的需要,学校先后出台实施了《进一步推进"双师型"教师队伍建设的实施办法》等制度,以"双师型"队伍建设为核心,重点抓好专业带头人和"双师型"骨干教师的培养,健全"双师型"教师培养培训机制,加大经费投入,鼓励教师赴企业参加社会实践,提升"双师型"教师的素质,聘请行业优秀人才承担专业课程的教学任务,建设一支熟悉产业状况、服务产业转型、支撑产业发展的高素质专业化的"双师型"教师队伍,特别是注重激发中青年教师参与教学改革的热情和主动性。

3. 提升教师职业教育教学能力

大力发挥教学名师、专业带头人的示范引领作用,目前,学校有国家"万人计划"领军人才(教学名师)2人、省"万人计划"领军人才(教学名师)1人、省级教学名师3人、省高职高专专业带头人18人、专业带头人培养对象 12 人，以"教学名师"的"点"来带动全校教师"面"的发展。教师专业发展也必须依托于教学，出台激励高水平教学工作的举措，完善教师入职培训和职业生涯分阶段培养体系，特别是加大对青年教师、新任教师的培养力度，提供锻炼机会和平台，采取过程考核和结果考核相结合的方式，提升青年教师的教学能力、育人能力与实践能力。

（二）以教材建设与管理规范教材改革

教材建设是提高职业教育人才培养质量的关键环节。加强教材建设和管理既是深化职业教育教学改革的有效途径，又是推进人才培养模式改革的重要条件，更是推动中高职协调发展的基础性工程。为充分发挥教材建设在学校人才培养质量中的基础性作用，学校出台了《教材建设与管理办法》，进一步健全教材开发、编写、选用、更新机制。

1. 教材意识形态审核

全校所有教材，使用前必须提交相关部门进行意识形态审核。各二级学院专业教学所使用的教材，由二级学院党总支负责审核，报校党委宣传部备案。公共选修课教材，由校党委宣传部负责审核。马克思主义学院所开设的公共必修课程，由马克思主义学院党总支负责审核，报校党委宣传部备案。为保证教材思想性、科学性、先进性的统一，必须加强学校在教材编写、出版等方面的指导与管理。凡学校人才培养方案内使用的教材以及学生使用的教学参考资料（包括题库、图解等）必须由学校统一管理。

2. 教材编写管理

为提高教材编写质量，促进教材建设精品化，编写应注重对接现代产业体系，发挥行业指导作用，优化教材类型结构，创新教材呈现形式，强化教材沟通与衔接。人才培养方案中所列各门课程的教材，一般使用规划教材、统编教材。对不具备编写能力的课程应尽量选用现有的优秀教材。所编教材要优化选题，内容上应减少重复，重点围绕专业课程改革、教学资源开发、教学方式创新等方面组织开展建设研究。所编教材要尽量体现国内外先进职业教育理念，尽量反映出该课程及所属学科发展的新水平和新成果。

3. 教材使用管理

本着认真、负责的态度，审慎选用本专业教材，所选教材应尽量反映本专业的特点，符合教学大纲的要求，具有先进性和科学性，同时尽可能选用目前国内高水平的教材。在教材选用过程中，必须正确处理自编教材和选用教材的关系，以高质量、高水平为教材选用的首要标准。对于不同专业、不同层次，而教学大纲、教学要求、教学时数相同的课程，原则上使用相同的教材。教材的选用应保持其严肃性，教材一经选用，教研室不得因人事变动或其他原因随意更改。此外，还包括教材预订、教材誊印等方面的管理。

（三）以金院好课堂等为载体推进教法改革

课堂教学是学校人才培养的主阵地和主渠道，是落实立德树人根本任务的关键环节。学校先后出台并实施了《创建课堂教学创新示范校行动方案》《关于加强课堂教学建设提高教学质量的指导意见》《关于加强课堂教学纪律管理的规定》《关于开展课堂教学诊断巡查的通知》等制度和规范，并以金院好课堂为载体推进教法改革。

1. 打造金院好课堂

为了全面贯彻党的教育方针，根据《中共教育部党组关于加强高校课堂教学建设提高教学质量的指导意见》（教党〔2017〕51号）精神，以课堂为平台，制定了优质课堂教学的标准和指标体系，具体包括科学的教学设计、清晰的教学内容、多样化的教学方法，以进一步强化教学基础地位,完善教学管理制度;规范课程管理,构建金院特色素质课程;严格教学过程管理,把关课堂教学质量;推进教学改革,提升课堂教学质量。

2. 培养金讲坛名师

完善教师分类管理和分类评价机制,把课堂教学质量作为教师专业技术职务评聘、绩效考核和津贴分配的最重要依据。为鼓励教师多做课堂教学改革,学校设立校级教学改革立项项目、课堂教学改革立项项目和培育项目,并组织教师积极申报省级教学改革项目、课堂教学改革项目,出台《关于浙江省高等教育教学改革项目管理的办法》和《关于浙江省高等教育课堂教学改革项目管理的办法》,构建以研促教长效机制,培养金讲坛名师。

3. 实施全课程育人

学校先后印发并实施了《关于深化"千日成长工程",推进全课程育人的若干意见》,增强课程育人的系统性、科学性、协调性,即办好思想政治理论课,凸显专业课的育人功能,发挥公共课的特殊育人作用,做好实践课育人工作,丰富校本课的育人内涵,推进创新创业课建设。学校推行以学生千日成长工程为主线的创新育人机制,以"品德优化、专业深化、能力强化、形象美化"为标准,以一年级金院学子、二年级院部学友、三年级行业学徒为阶段培养目标,以全体学生的有效学习为中心,构建第一、二、三、四课堂课程育人的有效连接和融合机制,实现"六业"贯通。

"三教"改革是高职院校深化内涵建设的切入点和突破口,由于高职教育本身所具有的复合性,其中存在各种教育价值的调谐,这就需要我们在量上扩充高职院校"三教"改革的内容和结构,在质上丰富高职院校"三教"改革的理论与基础,开展更为丰富的理论探索和实证研究,通过经验资料的收集和解释,以培育对这个持久而紧迫的教育议题的深切关注和敏感度。"理念是不能通过立法的形式就变成现实的；它们必须由那些担负着实现理念的职责的人去理解,去珍视,去追求。"[15]我们同样希冀,通过持之以恒的"三教"改革,深化高职院校的内涵建设,推进高职教育高质量发展。

参考文献

[1] 习近平在北京大学师生座谈会上的讲话[EB/OL].(2019-03-06)[2019-03-20].http：//politics.people.com.cn/n1/2018/0503/c1024-29961468.html.

[2] 周远清.我的教学改革情结[J].中国高教研究,2015(9):1-3.

[3] [10] [15] 涂尔干.教育思想的演进——法国中等教育的形成与发展讲稿[M].李康,译.北京:商务印书馆,2016:14,18,17.

[4] 国务院关于印发国家职业教育改革实施方案的通知[EB/OL].(2019-03-02)[2019-03-10].https：//www.tech.net.cn/web/articleview.aspx?id=201902131648123528&cata_id=N002.

[5] 夸美纽斯.大教学论[M].傅任敢,译.北京:教育科学出版社,1999:1.

[6] 周远清.我的"三情"[EB/OL].(2019-04-24)[2019-04-28].http：//www.edu.cn/zhong_guo_jiao_yu/renwu/shengyin/201904/t20190424_1655938.shtml.

[7] 哈贝马斯.交往行为理论:第1卷[M].曹卫东,译.上海:上海人民出版社,2004:21.

[8] 教育部关于完善教育标准化工作的指导意见[EB/OL].(2019-04-15)[2019-04-21].http：//www.gov.cn/xinwen/2018-11/27/content_5343757.htm.

[9] 廖世承.师范教育与抗战建国[J].国师季刊,1939(1):51-55.

[10] 欧内斯特·博耶.学术水平反思——教授工作的重点领域[M]//

卡内基促进教学基金会.美国教育政策选编.丁枫,岑浩,译.北京:教育科学出版社,2003:132.

[11][12]苏力.驿外断桥边——刘燕《会计法》简评[M]//批评与自恋:读书与写作.北京:北京大学出版社,2018:104,109.

[13]俞建文.职业教育主体性教学体系论[M].杭州:浙江大学出版社,2010:135.

（本文发表于《中国大学教学》2019年第9期）

本科层次职业教育人才培养的思考与建议

——以金融类专业为例

摘　要:《国家职业教育改革实施方案》提出开展本科层次职业教育试点。新一代数字技术与金融产业的融合发展对人才培养提出新的要求,在分析金融类本科层次职业教育人才培养目标、规格和模式的基础上,从宏观、中观、微观三个层面推进职业教育供给侧结构性改革与经济社会发展、职业院校的转型与金融业发展、本科层次专业建设与金融机构新业态新业务深度融合,并提出以中国特色高职教育高水平学校为基础,扩大本科层次职业教育试点,并加快推进法律修订,理顺教育内外部关系,构建中国特色现代职业教育体系。

关键词:本科层次;职业教育;金融类专业;人才培养

一、当前举办本科层次职业教育的三种途径

第一,地方本科院校应用型转变。2015 年,教育部、国家发展改革委、财政部联合发布了《关于引导部分地方普通本科高校向应用型转变的指导意见》,推动高校转型发展把办学思路真正转到服务地方经济社会发展上来,转到产教融合校企合作上来,转到培养应用型技术技能型人才上来,转到增强学生就业创业能力上来,全面提高学校服务区域经济社会发展和创新驱动发展的能力。经过近 5 年的发展,取得了一定成效,但由于地方普通本科高校的基因为高等教育,其办学模式、培养模式、管理模式与职业教育应用型、复合型、创新型人才培养需求还不适应,产教融合、校企合作机制还不能很好地适应

经济结构调整和产业升级的要求,转型发展的结构性矛盾仍未得到有效解决。

第二,独立学院转设。独立学院作为在高等教育大众化背景下产生的一种办学模式,为我国扩大高等教育资源供给、培养急需应用型人才、优化高等教育区域布局、促进高等教育发展做出了重要贡献。独立学院一般是由研究型大学和各省(自治区、直辖市)高水平大学作为母体学校举办的,在其发展过程中,独立学院与母体学校在办学模式、培养模式、管理模式等方面同质化倾向严重,尤其是其师资结构还以学术型为主,在一定程度上影响了其应用型人才培养的效果与质量。

第三,民办高职升本。目前,教育部批准开展本科层次职业教育试点的高职院校除南京工业职业技术学院外均为民办高职。随着新修订的《民办教育促进法》的实施生效,民办教育发展面临着新形势和新要求,民办高职升本对于解决这些学校的生存和发展至关重要。但民办高职院校大多规模小、办学投入不够,导致办学条件不完全达标,人才培养特色不够明显,无法满足大规模培养高素质复合型技术技能人才的需要。

笔者认为,当前应在继续鼓励支持以上途径与模式的基础上,通过扩大本科层次职业教育试点,完善中国特色现代职业教育体系。

二、金融类本科层次职业教育人才培养目标、规格和模式

新一代数字技术与金融产业的融合发展对人才的复合知识结构、营销技能、业务操作能力和职业素养提出新的要求,教育必须对未来经济社会发展及金融业转型保持密切关注,实现人才供给侧与需求端的精准对接。本部分主要分析金融类本科层次职业教育人才培养的内涵,主要包括人才培养目标定位、规格要求和实现模式。

（一）人才培养目标定位

职业教育作为类型教育，不是阶段性教育，而是贯穿人的一生的教育，其培养目标是使学生具有持续学习和发展的能力。"双高计划"提出培养高素质技术技能人才，《本科层次专业设置论证通知》提出培养复合型技术技能人才。本科层次金融类专业深耕数字经济，面向现代金融服务业，对接浙江万亿金融产业发展布局与长三角金融一体化发展需求，立足数字普惠金融产业中高端，服务"一带一路"企业走出去，倡议和乡村振兴战略，适应"人工智能＋"金融服务对技术技能型金融人才培养提出的新要求，以"宽口径、厚基础、复合型、强技能、长学制"为人才培养总纲，注重培养掌握厚实的专业基础理论知识，具备高深的人文精神与科技素养，主要面向金融机构、类金融机构的金融业务处理与业务管理岗位群，从事综合柜员、客户经理、理财与投资顾问、金融分析与风险管理等工作，拥有对应岗位精湛技能的高层次技术应用型金融人才。

本科层次金融管理专业的目标定位聚焦于金融行业发展对人才需求的新特征，呈现金字塔形三个层次（见图 1）：一是职业发展起点高，职业道德优、服务水平好、专业基础知识牢、职业技能水平高、岗位胜任能力强，就业率高、对口率高、起薪高，广受用人单位欢迎的一流技能型金融人才；二是专业知识广博、产品营销意识强、岗位迁移能力强，具有较强后续发展潜力的一流复合型金融人才；三是前瞻思维能力强、创新能力强、管理水平高，具有较强风险防控能力的一流精英型金融人才。

（二）人才培养规格要求

《中华人民共和国高等教育法》第十六条规定，高等学历教育分为专科教育、本科教育和研究生教育。高等学历教育应当符合下列学业

一流精英型金融人才
前瞻思维能力强、创新能力强、管理水平高、较强风控能力

一流复合型金融人才
专业知识广博、产品营销意识强、岗位迁移能力强、具有较强后续发展潜力

一流技能型金融人才
职业道德优、服务水平好、专业基础知识牢、职业技能水平高

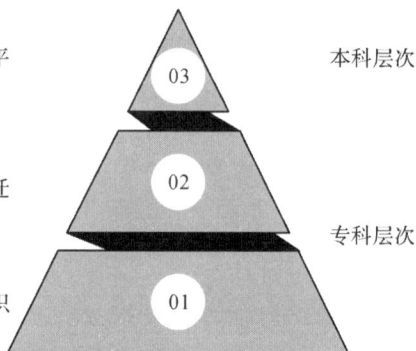

本科层次

专科层次

03
02
01

图 1　金融类专业人才培养目标定位

标准:第一,专科教育应当使学生掌握本专业必备的基础理论、专门知识,具有从事本专业实际工作的基本技能和初步能力;第二,本科教育应当使学生比较系统地掌握本学科、专业必需的基础理论、基本知识,掌握本专业必要的基本技能、方法和相关知识,具有从事本专业实际工作和研究工作的初步能力。各银行 2020 年校园招聘的基本条件主要包括学历、专业、职业素质、学习能力、资格证书、英语水平、实践经验、形象气质和户籍等方面的要求(见图 2)。招聘信息来源于"智联招聘""前程无忧""金融英才网"等国内主流招聘网站。其中,学历在金融

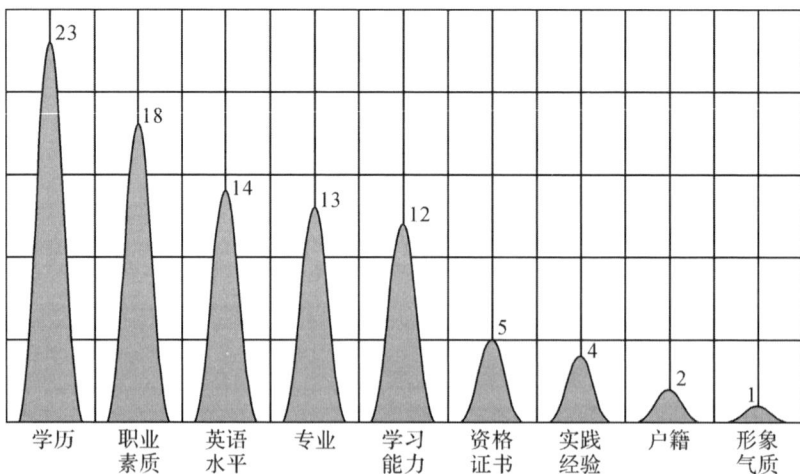

学历	职业素质	英语水平	专业	学习能力	资格证书	实践经验	户籍	形象气质
23	18	14	13	12	5	4	2	1

图 2　银行业 2020 年校园招聘条件分布图

行业中较为重要,即使设置的门槛学历不高,但在录用时,学历较低人才也容易被企业所淘汰。

金融类本科层次职业教育人才培养规格具体是指知识、能力、素质结构要求。金融科技全面应用于支付清算、借贷融资、交易结算、财富管理、零售银行、保险等六大领域。这些领域人才规格在知识、能力、素质上的要求为:

(1)知识,即具备金融科技的基础知识,主要包括专业知识和通识课程。专业知识具体分为金融专业知识和科技专业知识两大类,通识课程具体包括文史哲、社会、科学、环境、艺术等课程,使这些零散的知识与通识教育过程形成有机的沟通和联系。

(2)能力,即关键能力,它规定了一个人从事某一项工作所必须具备的技能和知识,以及在实际工作中如何应用这些技能和知识的能力。经济合作与发展组织在 2005 年提出知识社会的"三大关键能力",即综合运用社会、文化、技术资源的能力,在异质社群中进行人际互动的能力,以及独立自主行动的能力。我们认为关键能力主要包括学习力、沟通力、整合力、执行力等。

(3)素质,即核心素养,借鉴加德纳的多元智能理论,核心素养主要包括政治素质、思维、语言、数理逻辑、身体及运动、人际、信息等综合素质。通过对金融机构的调研,金融类专业岗位群的人才要求变化呈现以下特点:一是对专业理论知识的需求存在弱化倾向;二是对专业实践知识的重视程度普遍增强;三是对行业资格证书要求普遍提升;四是普遍对英语水平和计算机能力水平有较高要求;五是对法律法规掌握程度的要求有提高变化;六是对学习能力的要求正逐步提高;七是对传统技能如打字、点钞要求有降低变化;八是对金融业务流程的掌握要求变得更高;九是对专业知识综合运用能力的要求有很大提高;十是对数据分析和市场判断能力显著提高。

(三)人才培养实现模式

党的十九大报告提出："使绝大多数城乡新增劳动力接受高中阶段教育、更多接受高等教育。"当前,人力资源开发进入高层次阶段,在尊重教育规律和人才成长规律的前提下,不断深化办学、人才培养、教学改革,提升人才培养的适用性和针对性,具体到金融类本科层次职业教育人才培养模式,主要有以下特征:

(1)宽口径。金融创新以技术发展和新型商业模式应用为基础,现代金融发展要求学校继续秉承"立足大金融,面向大市场"的办学理念,打通各类金融业务和产品通道,提供平台化服务。调查数据显示,金融(银行)基本技能、商业银行综合柜台业务、商业银行服务礼仪、金融产品营销、个人理财、商业银行服务营销等六门课程具有重要的地位,这既与毕业生就职岗位密切相关,也与专业培养方向和定位相符合。宽口径培养使学生具备较强的社会适应能力和调整能力,能够不断适应现代经济社会发展对金融经济人才的要求。

(2)厚基础。按"职业仓"分析模型,分析金融业职业模型和技能分析技术、职业胜任能力,明确金融类岗位、技术类岗位要求及学业标准和学力证明。金融类专业核心岗位群可以分为业务操作、市场营销、风险控制、金融投资分析等类型。调研企业反映,金融类专业毕业生在校期间,应更注重业务理论知识的学习、服务营销能力的训练、技能操作水平的提高、外语水平的提高、思想素质的提升及其他方面的知识技能的综合培养。厚基础使学生能胜任当前工作要求,并具备后续职业生涯的自我升级和完善的能力。

(3)复合型。基层复合型金融人才要求学生具有宽厚的专业基础知识和完备的信息工具运用能力,能够综合运用银行、证券、保险等不同行业的金融产品满足客户的综合金融需求,能够根据金融市场的变化做出有利于客户自身的独立判断。这要求高校顺应形势发展,培养精通金融理论、外语、计算机、法律、国际会计、市场营销等多方面知识的复合型人才。复合型培养在面向服务第一线的高端技术型专门人才的同时,还需协调好专业性和通用性的矛盾。

(4)强技能。实践是应用型人才培养的重要环节,在金融教学中,实习和实践环节不够是个急需解决的问题。调研显示,实践教学中存在的问题主要是实践课时数量太少,实践教学内容与实际脱节,实践软硬件不能满足教学需要,实践设计不合理、难以操作,实践教学考核评价方式不合理等。实践培养要以产业、行业和企业需求为导向,其中关键能力由产业界制定,并得到全国的承认。利用 1＋X 证书制度试点改革将逐步解决这个问题,它明确了职业技能等级证书在人才培养方案中的定位,促进学历层次及学制、培养目标及规格、课程体系及标准三个方面有效衔接。强技能需要加大实践部分的学分数和课时数,专业核心课程需提出明确的实践要求。

(5)长学制。由上述的人才培养规格要求,从不同生源的起点出发,需要多长时间的培养、需要什么样的有效培养方式等,才能培养出合格的人才,这是设置长学制的根本依据。《国际教育标准分类法》(ISCED 2011)教育等级序列"更高等级意指 5、6 或 7 级",荷兰职业教育包括职业准备教育(VMBO)、高级中等职业教育(MBO)、高等职业教育(HBO),高等职业教育(HBO)的学制为 4 年,这一时间段有助于使学生在校期间获得学习经历和实践经验。长学制的重点就是进行金融行业基本技能、岗位核心技能和订单所要求技能的训练,提升学生的职业通用能力、职业专门能力和职业综合能力。

表1　本科层次金融类专业区别于专科和普通本科的人才培养模式

主要区别	内涵
办学理念	学校定位为高等职业教育,走职业教育道路,侧重点在于提升教学层次,提高学生综合素质

续　表

主要区别	内涵
办学模式	校企合作,订单式、现代学徒制培养
人才培养核心模式	体现学历教育人才培养的教育规律,又重点突出实践,强化应用
科研工作	一定的学科建设工作,科研的重心应该是应用研究,着重于技术和服务创新等方面,强调与企业横向合作的科研项目
教学改革	实践操作课程较多,职业资格证书要求
育人效果	特别强调用人单位对学生的评价

三、深化产教融合、校企合作,发展金融类专业本科层次职业教育

党的十九大提出,完善职业教育与培训体系,深化产教融合、校企合作。具体到金融类专业本科层次职业教育,可从宏观、中观、微观三个不同的层面来着力。

(一)宏观层面:将职业教育供给侧结构性改革与经济社会发展需求深度融合

《实施方案》指出,没有职业教育的现代化就没有教育的现代化。"双高计划"提出,到2022年将形成一批有效支撑职业教育高质量发展的政策、制度、标准。这就要求职业教育发展同经济金融发展和深化教育改革相适应,夯实中等职业学校基础地位、创新发展专科层次的职业高等学校、开展本科层次职业高等学校试点,在贯彻实施"职教20条"和开展《职业教育法》修订的进程中,建立健全普职融通、产教融通、校企融通、学历教育与培训融通、师资融通、职业技能培养与职业精神养成融通的新时代中国特色职业教育制度体系。在教育改革"四梁八

柱"搭建完成、进入"全面施工内部装修"的阶段,更加需要精准施策,从制度、标准两方面来着手。

(二)中观层面:将职业院校的转型与金融业发展需求深度融合

经济发展程度越高的地区,金融市场越成熟,其对金融人才的吸引力也越大。作为东部地区经济发达省份的一所高职名校和中国特色高水平高职学校,浙江金融职业学院(以下简称学校)将力争在 5 年内实现职业教育"三个转变",在做强专科高职教育、做好中高职衔接的基础上,积极开展本科层次职业教育探索与实践,构建面向终身学习的大规模职业技能培训体系,特别是在高职扩招的背景下,为各种群体提供学习和发展空间,拓宽成长成才渠道,并为包括本科院校学生在内的人员开展技能培训提供便利与支持。在完善本科层次职业教育试点"专业目录"框架的基础上,以健全课程衔接体系为重点,推动人才培养目标、专业布局、课程体系、教育教学过程、行业指导、校企合作的统筹与衔接,建设"人人皆学、时时能学、处处可学"的学习型专业教学资源库,通过共享增强职业教育与培训体系的开放性,并探索学分认定、累计和转换制度,形成长效的运行机制和标志性成果。

(三)微观层面:将本科层次专业建设与金融机构新业态新业务深度融合

专业是技术技能形成、开发、积累的基点,金融类专业要为培养本科层次专业的职业人才、探索本科层次职业教育的实现形式方面率先行动。金融类专业群是浙江金融职业学院办学时间最长的专业群,是国家首批示范校重点专业和省优势专业,在办学条件改善、专业教学模式改革、校企深度合作、社会服务能力提升等各个方面取得了优异成绩。金融环境的多方面变化及金融行业的深层次改革,对高职金融人才的知识、能力和素质等呈现出新的需求特征,要求高职金融管理专业对岗位群、工作任务、学习任务、课程体系、课程标准、课程内容、教学方法、教学模式等内容及时做出调整,以培养出更能适应金融行业发展的高端技术技能型人才。

通过行业与市场调研、大数据分析、专家座谈等方式列出金融管理专业对应的岗位群,以及岗位群需要的专业知识、专业技能与职业能力,并统计金融管理专业毕业生在这些岗位上的就业分布率。

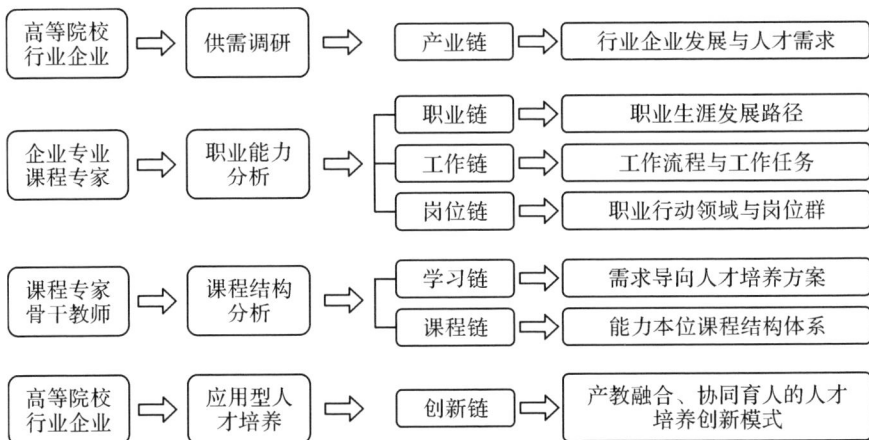

高等院校行业企业	⇒	供需调研	⇒	产业链	⇒	行业企业发展与人才需求
企业专业课程专家	⇒	职业能力分析	⇒	职业链	⇒	职业生涯发展路径
				工作链	⇒	工作流程与工作任务
				岗位链	⇒	职业行动领域与岗位群
课程专家骨干教师	⇒	课程结构分析	⇒	学习链	⇒	需求导向人才培养方案
				课程链	⇒	能力本位课程结构体系
高等院校行业企业	⇒	应用型人才培养	⇒	创新链	⇒	产教融合、协同育人的人才培养创新模式

图 3 金融类本科层次专业建设框架

在梳理岗位需求的基础上,利用平台与技术手段将职业能力与教学需求动态匹配,绘制职业生涯发展路径图;将行业标准、企业标准、职业标准引入金融管理专业人才培养方案。

四、进一步开展本科层次职业教育改革试点的建议

截至 2019 年 12 月 31 日,我国现有 1423 所高职院校,其中不乏办学条件优越、办学实力雄厚、人才培养质量优异的"佼佼者",应从这个实际情况出发,在"坚持职业教育的属性和定位"方面,做到 4 个"坚持",即办学方向上坚持职业教育类型不变,培养定位上坚持技术技能

人才不变,学校名称上坚持职业教育特色不变,培养模式上坚持产教融合、校企合作、工学结合不变的前提下,分类指导、分类推进扩大本科层次职业教育试点工作。

第一,以高水平学校为试点,升级一批本科层次职业教育学校。高职院校作为高等职业教育的主体,是深化职业教育改革、引领职业教育发展的"排头兵"。中国特色高水平高职学校作为职业教育服务国家战略、融入区域发展、促进产业升级的具体举措,遴选出的学校代表了高职院校的高水平,在地方与产业紧密对接,在业内有良好声誉,特别是在技术技能积累、教育教学改革、职业技能大赛等方面代表了中国特色高等职业教育的高水平。以高水平学校为试点,升级一批本科层次职业教育学校,发挥中国特色高水平高职学校的示范引领作用,进而彰显职教类型特色,优化高等教育结构,服务地方经济社会发展。

第二,以高水平专业(群)为试点,开设一批本科层次职业教育专业(群)。专业作为高职院校人才培养的基本单位,是培养经济社会发展需要的高素质技术技能人才的主要载体。经过国家示范专业、骨干专业,地方优势专业、特色专业等的建设,高职院校的不少专业在办学条件和办学水平上已经获得较大改善和提高,具备了进行四年制人才培养的基础和条件。以高水平专业(群)为试点,试点要在专业设置方面,原则上以现有高职(专科)专业为基础,选取已经积累足够建设经验和成果、基础较好的专业,建设一批基础扎实、类型特色鲜明、行业产业急需的本科层次职业教育专业,以点带面推动本科层次职业教育发展。

第三,以其他有特色的学校和专业为试点开展本科层次职业教育。在以上两种路径之外,以"职教20条"为指导,充分发挥省级人民政府统筹职业教育发展的职能,以省市为试点,推进职业教育改革创新发展,打造若干职业教育创新发展高地。其中,涌现出来一批有特色的学校和专业,允许它们先行先试,试点开展本科层次职业教育,为搭建高素质复合型人才培养的"立交桥"探路。

第四,加快推进《职业教育法》修订。实施科教兴国和创新驱动发展战略,贯彻落实"职教 20 条",大力发展职业教育,建设教育强国和人力资源强国。为了更好地保障公民接受职业教育的权利,在《中华人民共和国职业教育法修订草案(征求意见稿)》的基础上,加快推进《职业教育法》修订进程,尽早确立本科层次职业教育的法律地位,为形成中国特色职业教育体系营造良好发展环境,提供切实的法律保障。

第五,抓紧修订《学位条例》。职业教育作为一种教育类型,其人才培养将延伸到本科、研究生层次,这就要求对《学位条例》进行修订和完善,高职学位体系的构建应坚持职教属性并尊重技术技能人才的成长规律,从法律修订、管理运行、内外衔接等方面做到长远规划、统筹兼顾,使职业教育学位体系能更好地体现本科层次职业教育的人才培养要求及职业教育类型特色。

第六,理顺教育内外部关系。为了更好地促进基于类型与体系的本科层次职业教育试点,需要理顺教育内外部关系。一方面,在教育内部,需要理顺高等教育、职业教育的发展规划和管理体制;另一方面,在教育外部,在国务院职业教育工作部际联席会议制度的基础上,需要理顺教育与人力资源社会保障、发展改革、工业和信息化、财政、农业农村、国资、税务、扶贫等单位之间的关系,协同推进改革发展,共同完善职业教育与培训体系。

参考文献

[1] 国务院关于印发国家职业教育改革实施方案的通知[Z]. 国发〔2019〕4 号.

[2] 国务院关于加快发展现代职业教育的决定[Z]. 国发〔2014〕19 号.

[3] 现代职业教育体系建设规划(2014—2020 年)[Z]. 教发〔2014〕6 号.

[4] 高等职业教育创新发展行动计划(2015—2018 年)[Z]. 教职成〔2015〕

9 号.

[5] 石伟平,徐国庆.试论当前中国发展技术本科的意义和策略[J].教育发展研究,2003(12):57-60.

[6] 徐国庆.职业教育原理[M].上海:上海教育出版社,2007.

[7] 鲁武霞.职业教育的阶梯:高职专科与应用型本科衔接[M].北京:高等教育出版社,2015.

[8] 教育部关于加强高职高专教育人才培养工作的意见[Z].教高〔2000〕2 号.

[9] 教育部　财政部关于实施中国特色高水平高职学校和专业建设计划的意见[Z].教职成〔2019〕5 号.

[10] 陈子季.用制度体系促进职业教育高质量发展[N].中国教育报,2019-12-10.

[11] 陈子季.以大改革促进大发展　推动职业教育全面振兴[J].中国职业技术教育,2020(1):5-11.

[12] 谢俐.中国特色高职教育发展的方位、方向与方略[J].现代教育管理,2019(4):1-5.

[13] 教育部关于深入推进职业教育集团化办学的意见[Z].教职成〔2015〕4 号.

[14] 浙江金融职业学院金融管理专业本科层次职业教育试点专业设置论证报告[R].2020.

（本文与董瑞丽合作,系研究报告,提交教育部职业教育与成人教育司）

125

高职院校教师职业发展的逻辑起点与推进策略

摘　要：我国高职院校教师在教学经验、实践经历以及对高职教育的认识和理解上存在着较大差异,而以行政指令和专家指导为主的外部评价使教师模糊了自身的角色定位与道德担当,造成教师职业发展中的纠结和困惑。高职院校教师发展的逻辑起点是明确符合高职教育特征的教师角色定位,以此促使教师在职业发展中树立职业自信以增强职业教育使命感,培养育人自觉以引领青年学生成长,形成道德自律以提升自身师德修养。在此基础上,为推进高职院校教师职业发展从理论向实践转变,以教师角色定位、道德担当与职业实践为基础,科学设计高职院校教师职业发展理念并形成多层次立体化教师职业发展支持与保障机制。

关键词：高职院校;教师职业发展;角色定位;道德担当

在我国当前加快发展现代职业教育的背景下,高职院校教师是推动高等职业教育改革发展的主要依靠力量,建设一支高素质专业化的教师队伍是高职院校深化内涵的必由之路。高职院校教师的角色定位与道德担当,不仅关系到青年学生的成长,而且关系到个人的职业发展,不能被简化或有意无意地"忽略"。此外,高职院校教师与其他类型教育的教师在角色定位与职业发展上也有所不同。在现代职业教育体系尚未建立的环境下,高职院校教师角色定位、道德担当与职业发展没有成熟的模式可以沿用。本文运用教师"角色定位—道德担当—职业发展"的认识逻辑,基于分析与高职教育特征相适应的教师角色定位,在实践中反思高职教师的道德担当,揭示教师角色定位及道德担当与职业发展的共生关系,并以浙江金融职业学院为例,考察以教师角色定位、道德担当与职业实践为基础的高职教师职业发展理念与机制,以期对推动我国高职院校教师职业发展提供启示与借鉴。

一、逻辑起点:基于高职教育特征的教师角色定位

(一)高职教育特征分析

1.高教性与职教性的统一

作为一种教育层次,高教性和职教性的统一是人们对高职教育的基本判断。[1]高职教育主要培养服务区域发展的技术技能人才,同时为区域产业和经济社会发展服务。德国著名职业教育专家劳耐尔指出,现代职业教育应采取并行教育路径,现代化教育结构的实现,建立在职业教育与学术教育等值而非同类的主导思想的基础上。2014 年 6 月,国务院《关于加快发展现代职业教育的决定》指出,发挥高等职业教育在优化高等教育结构中的重要作用。高职教育加强职业教育与高等教育间的沟通,成为架设在不同教育类型间为学生提供多样化选择、多路径成才的"立交桥"。

2.教育链与产业链的统一

作为一种教育类型,高职教育打破了传统学校的封闭,跨越了企业与学校、工作与学习的界域,产教融合、校企合作充分体现了这种职业教育跨界的本质和特点。这就要求高职院校必须打破在学校里办教育的思维定式,形成系统集成,采取跨界行动,坚持校企合作、工学结合,强化教学、学习、实训相融合的教育教学活动,推动专业设置与产业需求对接、课程内容与职业标准对接、教学过程与生产过程对接、毕业证书与职业资格证书对接,推进校企一体化育人。

3. 服务需求与就业导向的统一

作为培养高素质劳动者和技术技能人才的教育,高职院校要适应技术进步和生产方式变革以及社会公共服务的需要,坚持以服务发展为宗旨,以促进就业为导向,服务区域发展,提高青年就业能力。为此,要求高职院校密切产学研合作,重点围绕服务企业特别是中小微企业的技术研发和产品升级构建教师立体化培养机制,从而使高职院校教师能够胜任服务发展需求和促进青年就业的光荣使命。

(二)与高职教育特征相适应的教师角色定位

教师的角色定位与该类型的教育在整个教育体系,甚至与经济、社会发展的环境密切相关,教师角色与社会、文化变迁的相关性日益凸显。从历史发展的过程来看,高职教师角色及其研究经历了由被忽视到逐渐关注,由关注教师群体到关注教师个体,由关注专业发展的"外部"环境和对社会专业地位的认可转向关注"内部"专业素质提高的过程。在社会公众眼中,高等学校教师一般具有知识分子、专家学者和人民教师的三重角色。在我国高职院校教师中,还存在一个有趣的现象:越是处于一线的教师对教师角色的定位越困惑。因此,需要立足于高职教育整体特征,超越教师单一性角色,对高职院校教师角色做出科学定位,即高职院校教师是集教师、培训师、咨询师等多个角色于一身,其角色目标是成为教学名师、实践能师和育人高师。无论是高职院校教师角色的实际定位顺序,还是形成这种顺序的内在原因,都折射出高职教师角色定位的独特性。

1. 教师

角色理论是阐释社会关系对人的行为具有重要影响的社会心理学理论,它是一种试图从人的社会角色属性来解释社会心理和行为的产生、变化的社会心理学理论。只要人们真正相信他们的角色,认为只要完美地扮演,他们的行为就是真实的,他们的自我和角色就是统一的。尽管实践中高职院校教师的角色是多元的,但现代职业教育对高职院校教师的要求与期待大致构成了教师—"双师型"教师—教学名师的角色体系。教师教育的出身应当构成教师岗位的底色,大众化背景下的高等职业教育,特别是课堂教学主要建构于课程、学生、教师三要素上,三者缺一不可。在高职院校的课程和学生之间,需要一个能够根据课程要求来教育、引导学生,并把他们的学业成就提高到规定目标的恰当媒介,这个媒介别无其他,就是教师,如果学生的知识来源更加多样快捷,那么教师固有的知识优势将迅速衰减,这有可能彻底摧毁以知识传授为主的教育教学模式,完全有可能重构师生关系。在教学方面要实现从理论型教学向行动导向型教学的转换,强调教学以实验室与实训基地为中心,注重在实践教学中渗透理论;深化"工学结合"的教学模式,尝试前校后厂(场)、校企合一模式;以技术、技能操作作为考试标准,重点培养学生的动手能力,使其具备"零距离"上岗素质,努力使自己成为教学名师。

2. 培训师

校企合作、工学结合是高职教育的本色。"职业"这个术语对于高等职业院校尤其重要,它指的是一种有目的的人类活动,在具备某一专门知识领域综合能力的情况下,能够应对某一类疑问和问题,根据相关主体和法律所规定的职业资格和职业道德要求,对疑问和问题做出回答。由于新进教师多为普通高校毕业的研究生,他们在本科、研究生阶段接受的都是普通教育,一些教师对职业教育的特点认识不清,对高等职业教育人才培养的目标理解不深。在教育教学过程中,教师致力的方向可能不是培养学生的素质与技能,而是关注学生的学历和知识,不自觉地以自身学习经历为参照,重学科体系,轻动手实践,一味追求"精、专、深",导致在教育教学中缺乏感性认识和实际操作性,教学效果不能达到高等职业教育人才培养目标的要求。因此,对于高职院校教师而言,存在着由普通教育向职业教育转换的问题,这就意味着教师在教育教学中的地位和作用逐渐发生变化,教师不再仅仅被看作是"课程实施者",而且也被看作是"课程开发的研究者和参与者",而这一过程恰恰折射了教师"专业化"由近代"技术熟练者教练"范式向现代"反思性实践者工程师"范式的转化过程,[2]努力使自己成为实践能师。

3. 咨询师

高等职业教育更多地建基于实用主义目的之上,故可能出现侧重"人力"的培养而忽视了"人"的培育的现象。职业教育应该考虑的是人,而不仅仅是其所担任的工作角色,它要培养的职业人应该是具备综合能力,对技术改变现实的潜能和局限性有清楚认识的人,能与所有的角色进行对话,为社会和人类做出自己的贡献。高职院校教师更应在提升学生的学习能力和学业成就的学生"成长场"中发挥重要的作用。在学生时代得到教师的关爱会对学生的人生产生深远的影响,这种"成长场"思维注重整体育人的环境、氛围、文化等,能对人产生巨大的潜移默化的效果。教师要对原有状态与新环境要求产生的角色冲突进行调适,从心态到姿态都要逐渐转向理解的教育,使职业院校成为学生增强自信心的场所。事实上,"设身处地"和"换位思考"一直是所有后现代教育思想家所推崇的原则。内尔·诺丁斯指出,学会关心,因为关心而非歧视才是完美人生与和谐社会的基石。学校必须经过彻底改革,创造一个环境使孩子们学会关心:关心生命、关心人、关心世界。这样的改革就是道德培养的过程,这个过程有利于帮助孩子们追求一种道德的人生。[3]这些都需要教师努力使自己成为育人高师,通过教师的帮助和引导,使这些曾经在学习上受挫的孩子重新收获信心,顺利迈入职业生涯。

二、行动反思:高职教师的道德担当

中国传统教育史就是一部道德教育史。在现实生活中,当一个人在面对矛盾时,他的价值观或者道德观都会对他的选择产生影响。教师道德是教师自我选择、认可并确信的教育观念或准则。教师道德赋予高职教育的内涵是深刻与全面的,既是高职院校区别于其他社会机构的外在形式,也是高职院校的一种组织文化和精神寄托。为保障高职教育人才培养质量,应将教师道德担当作为高职院校教师队伍建设中反思的关键问题,从而在实践中更加重视培育教师的道德担当。

(一)以职业自信增强职业教育使命感

任何一个社会职业都有其独特的道德准则和行为规范,最终都取决于从事这个职业的人能否坚守这些准则和规范。从公众的角度来看,教师职业道德在一定程度上是为了维护公众对教育的信心,这使得原本是主观的或个人的教师道德正在走向"客观化"。在 2014 年教师节前夕,习近平总书记与北京师范大学师生座谈时对教师提出"四有"要求,即做有理想信念、有道德情操、有扎实知识、有仁爱之心的好老师。师德是立教之魂。尽管当今社会对高职院校及其教师的认可度并不高,社会偏见对高职青年教师职业声望也有负性影响。然而,高职院校师德建设的要求却丝毫没有降低,这更应成为促使高职院校教师提升道德修养的压力和动力。增强职业教育使命感是高职院校教师确立职业自信的着力点,浙江金融职业学院不是简单地将普遍意义上的师德内涵及规范套用在教师身上,而是根据高职院校教师的职业性质和特点,对教师职业道德要求和师德建设的基本理念等问题进行深层次的理论分析,并通过"入职第一课"教育这个有效载体,将"四有"要求纳入教师道德建设,突出抓好教师理想信念教育,增强教师的职业使命感和自豪感。教师通过不断学习专业知识、职业教育理论与职业技能,学习和吸收国内外先进职业教育理念与经验;优化知识结构和能力结构,提高文化素养和职业素养;具有终身学习与持续发展的意识和能力,做终身学习的模范。

(二)以育人自觉引领青年学生成长

教师的工作对象是有血有肉、有情感、有意识的人。引领教育发展的是活生生的教师个体,他们将这种角色应该承担的责任转化成个人应负的职责。教师是对学生具有影响力的人,热爱学生是教师所特有的职业情感和道德义务,是良好师生关系建立和发展的坚实基础。爱生乃为师之本,即以学生发展为本,落实"关爱学生进步、关注学生困难、关心学生就业"的"三关"教育服务体系。培养学生的职业兴趣,激发学生的创造性,提高学生的就业能力、创业能力、观察能力、组织能力、交往能力和终身学习能力,促进学生学有所长,全面发展。与其他类型教育的教师相比,高职院校教师要将自己的知识和能力转化为学生的知识和能力,必须更加讲究教学方法,把握育人规律,把培育和践行社会主义核心价值观贯穿教育教学的全过程,处处育人、时时育人,引导和帮助青年学生把握好人生方向。高职学生与本科院校学生相比,在求知欲望、学习能力和学习方式方法上存在差异,高职院校的教师在育人方法上、授课技巧上、操作能力上、课堂管理上都要比本科院校教师花更多的精力和时间,成为既熟悉高等教育、了解职业教育特殊规律,又有业务实践能力的复合型教师。教师在传授专业知识的同时,还要指导学生掌握基本的学习方法,进而向学生介绍行业发展现状和业务操作要领,侧重培养学生的职业意识、专业能力和实践技能,以更大的热情和对学生的更多关爱,悉心指导和帮助学生完成学业,引导其成长为高素质的应用型职业人才。在这个意义上,使教师能深刻认识和理解高职院校是实施素质教育的学校,是实施人人成才的学校,是增强学生自信心的学校。由此实现的教师道德发展会给教师带来自我生命活力的体验和专业满足感,进而增强其对教师专业更为内在和执着的热爱之情,并进一步推动其自觉的成长与发展。

(三)以道德自律提升自身师德修养

职业道德具有约束性,提升教师职业道德既需要教师自觉修养,同时也离不开制度约束和氛围营造。2011 年 12 月,教育部、中国教科文卫体工会全国委员会发布《高等学校教师职业道德规范》,从倡导性的道德理想、规范性的道德原则和禁止性的道德准则三个层面,将高等学校教师职业道德归纳为爱国守法、敬业爱生、教书育人、严谨治学、服务社会、为人师表等六项内容。2014 年 10 月,教育部发布《关于建立健全高校师德建设长效机制的意见》,强调坚持以社会主义核心价值观引领高校师德建设,遵循高校师德建设规律,着眼长远,将高校师德建设全面推向规范化、制度化、法制化轨道。浙江金融职业学院重视教师师德"软实力"建设,紧紧围绕新时期高职院校学生思想政治教育的目标要求,实施"师德师风提升工程",通过教学观摩、事迹宣传、事迹报告会、谈心交流等形式,让教师现身说法,发挥优秀教师、师德标兵、师德先进个人的榜样力量和"传帮带"作用,努力在全体教师中培育和践行社会主义核心价值观,热爱教育事业,树立良好的教师职业观念,形成丰富的教师职业情感,教书育人、敬业爱生、为人师表、团结协作、严谨治学、服务社会。以人格魅力、学识魅力、职业魅力来教育和感染学生,形成忠于职守、遵纪守法、以身作则的教师职业行为,做学生欢迎之师,创社会满意之校,育时代有用之才。

三、推进策略:浙江金融职业学院教师职业发展的理念与机制

教师职业发展可理解为在一定的理念指导下,通过机制设计以提升教师专业与教育技能、促进教师职业成长的过程。作为国家首批示范性高等职业院校,浙江金融职业学院牢固树立"全心全意依靠全体教师办学"的理念,坚持科学的发展观和人才观,加强教师队伍师德建设,完善教师资格标准,把促进学生成长成才作为教师工作的出发点和落脚点,在学校办学实践中重视教师角色定位和道德担当,并在教师职业实践的基础上探索形成高职教师职业发展理念,科学构建多层次立体化的教师职业发展机制,形成推进教师职业发展的系统策略,努力培养一支师德高尚、素质优良、结构合理、富有活力的高素质、专业化的教师队伍。

(一)以角色定位、道德担当与职业实践为基础的教师职业发展理念

1. 角色定位是教师职业发展的重要前提

角色理论强调的是人的行为的社会影响方面,而不是心理方面,认为人既是社会的产物,又能对社会做出贡献。教育作为人类 项最复杂的社会实践,个中的艰辛、美感和精神感召只有教师知道。[4]在教师职业发展中,需要把教师作为一个富有活力的发展主体来看待,强调教师发现自己周围场景"教育意义"的敏感性。在遵循高职教育办学规律和教师发展规律的基础上,与行业、企业共建"双师型"教师培养培训基地,设立"双师"教师工作室、"名师"工作室等,落实教师企业实践制度,改善"双师"教师工作环境,激励教师自主提升"双师"素质。对脱产参加挂职锻炼的教师全额发放相关津贴,对利用假期参加社会实践

的教师给予相应补贴。对积极到行业、企业的生产、管理、服务一线参加实践并取得较好效果的教师和经过自己努力取得与行业接轨的中级及以上资格证书的教师,在给予一定物质奖励的同时,对其申报课题、晋升职称、评优等均予以优先考虑。通过协调各种可能的和现实的因素,综合考量教师职业发展的内在轨迹及外在影响,给教师带来自我生命活力的体验和职业满足感,进而增强其对教师职业更为内在和执着的热爱之情,培养教师从事职业教育的荣誉感和责任感。

2. 道德担当是教师职业发展的重要保障

教师是推动教育改革的主力,因为他们的素质、参与的活动以及产生的力量都极大地左右着教育改革。诚如马克斯·韦伯所言:"无论什么事情,如果不能怀着热情去做,那么对于人来说,都是不值得做的事情。"[5]就教师的道德发展而言,自我意识起着重要作用,"它意味着人不仅能把握自己和外部世界的关系,而且具有把自身的发展当作自己认识的对象和自觉实践的对象,人能构建自己的内部世界。只有达到了这一水平,人才在完全意义上成为自己发展的主体"。[6]在《高等学校教师职业道德规范》颁布前,学院就制定并实施了《师德师风提升工程实施意见》。在学院建设国家示范性高职院校过程中,实施培养青年教师的"青蓝工程",着力提升青年教师的职业道德素质和教学业务能力,并在此基础上,创新开展"五星级青年教师"评选活动,实施新进校工作辅导员"青蓝工程",以及教师学历、职称、职业教育教学和科研能力等提升项目。这些举措有利于教师增强自我道德发展的自觉性,为教师的职业发展营造了良好的内部环境,努力消除职业倦怠现象,增加教师参与管理的策略,实现自主发展与绩效评价良性互动的发展性教师道德评价。

3. 职业实践是教师职业发展的重要载体

教师职业性体现在其是靠运用实践性知识,即运用综合的高度见识所展开的问题意识与问题解决的成熟度来实现的。教师的职业成长和发展关键在于实践性知识的不断丰富,教师在以"参与""反思"为主要特征的行动研究中不断获得对实践的反思能力。加强职业院校教师的职业实践,不仅要重视课程、课堂的活动或者言教,更要重视实践的身教和养成。在教学和育人过程中,把专业理论与职业实践相结合、职业教育理论与教育实践相结合;遵循职业教育规律和技术技能人才成长规律,不断提高教育教学能力、科研能力、职业能力、社会服务能力及管理能力;坚持在实践中反思,在反思中实践,实现理论教学能力和技能教学能力的双双提高。在此基础上,积极参加实践锻炼,了解产业发展、行业需求和职业岗位变化,具备企业工作经历。坚持实践导向,结合专业教学,主动带着课题到行业和企业中开展调查研究和学习进修,及时应用到专业和岗位等相关工作中,并利用自身优势及学院的有利条件开展校企合作,为行业、企业提供技术和咨询服务。

(二)多层次立体化的教师职业发展支持与保障机制

关于教师的职业发展,有研究者指出:"虽然经验式的发展是必要且有价值的,但如果缺乏理性、系统的指引,把大学教师的发展视为从经验到经验的简单生长,则是远远不够的。"[7]学校确立教师办学主体地位,将教师职业发展作为学校内涵建设的重要组成部分,以提高素质、优化结构为重点,从规划、投入、管理、考核、激励等各个环节构建多层次立体化的教师职业发展机制,并通过采取顶层设计、工程推动、项目引领、梯次培养和长效机制等举措加以整体推进。

1.顶层设计:《教师职业发展指引》

为促进高职院校教师职业发展,建设高素质教师队伍,根据国家和浙江省相关的文件精神,学校于2014年初制定并实施了《教师职业发展指引》,并将其作为指导教师职业发展的重要制度文件。《教师职业发展指引》围绕教师职业发展中的 12 个重要领域,即在职业意识、职业态度、职业修养、教学规律理解与把握能力、通识教育能力、专业教学能力、课堂教学能力、教育教学与科学研究能力、实践育人能力、技术服务与实践能力和可持续发展能力等方面存在的主要问题,有针对性地提出 50 条具体的培养要求。《教师职业发展指引》是教师开展教育教学活动的基本规范,是引领教师专业发展的基本准则,也是高职院校教师培养、准入、在岗培训、职业能力考核等工作的基本原则和依据。教师将其作为自身专业发展的基本依据,制定个人专业发展规划,增强职业发展自觉性,这些都为教师多层次立体化的职业发展提供了指南。

2. 工程推动:"教师千万培养"工程

为提高教师职业发展的针对性和实效性,学校以提高素质、优化结构、增加数量为重点,从 2010 年开始以实施"教师千万培养"工程的方式进行推动。

"教师千万培养"工程中的"千万"有两层含义:一是指说一千,道一万,教师培养最重要,必须重视;二是指在学校每年的预算中有一千万元左右的经费用于教师素质培养和能力提升,必须投入。"教师千万培养"工程从规划、投入、管理、考核、激励等各个环节引导教师结合高等职业教育特点建立科学的职业发展观,加强教师专业发展的制度建设,制定高职院校教师准入标准,严把教师入口关;制定高职院校教师聘任(聘用)、考核、退出等管理制度,保障教师合法权益,形成科学有效的教师队伍管理和督导机制。完善教师培养培训方案,科学设置教师教育课程,改革教育教学方式;重视教师职业道德教育,重视职业实践、社会实践和教育实习;建立教师专业发展质量反馈与评价制度,探索量化考评机制,动态管理教师专业发展工作。

3. 项目引领：教师职业发展"十大计划"

2014年，教育部等六部委颁布的《现代职业教育体系建设规划（2014—2020年）》提出，职业院校新增教师编制主要用于引进有实践经验的专业教师，到2015年，有实践经验的专兼职教师占专业教师总数的45％，到2020年达到60％以上。根据以上特点和要求，学院整合师资队伍建设项目，启动"十大计划"用以立体化培养教师，以项目为载体，切实增强培养实效，并作为各类人才工程实施考核的重要依据。"十大计划"即师德教风提升计划、"金晖学者"（学科学术带头人）培养计划、专业带头人提升计划、教学科研与育人团队培养计划、"金星闪光"（中青年骨干教师）培养计划、博士培养计划、"双师"培养计划、教师信息素养提升计划、教师国际素养提升计划、青年教师助讲（青蓝工程）培养计划。"十大计划"均以项目为载体，涵盖全院各类型、各层次教师职业发展。学院倡导教师要具备企业经历、学工履历和博士学历，积极参与企业技术开发应用、产品研发和社会服务；参加出国进修学习、国内进修访学、访问工程师项目，而这些都依赖于分类项目的支持，用以促进教师强化职业化意识、拓展国际化视野、提升信息化能力。各系部和职能部门规范各类项目经费的使用，充分发挥经费的使用效益，积极申报浙江省财政师资专项经费，确保教师职业发展财政投入的可持续性，并共同做好项目的管理服务、中期检查和考核验收工作。

4. 梯次培养："自培—系培—校培—省培—国培"体系

为调动教师参与培养的自觉性和积极性，在充分了解教师关切的基础上，学院将教师培训尤其是青年教师培训按照组织程序与责任分工，自下而上建立"自培—系培—校培—省培—国培"梯次培养体系。首先，自培以三年为一个周期，在全体教师中开展实施。教师对照自身实际和要求，制定个人职业发展规划，积极主动参加教师培训和自主研修,建立职业发展档案并进行自我评价,逐步提升职业发展能力。其次,结合系部和学校实际,完善校本培训制度和管理规范,根据现有师资情况,制订教师培养计划,统筹安排校本培训内容,建立普惠全校教师的校本培训体系。最后,按照国家、浙江省相关文件精神,组织专业骨干教师参加国家级和省级的专业、学科培训,提升专业和学术水平,引领教师职业发展。通过这种学院统筹、系部管理、自我提升的分级培养、递进培养体系,形成个人与组织的协同,使个人价值与集体价值有机融合,实现人才资源的最佳配置与效能发挥,使教师职业发展理念深入人心,成为每一名教师的自觉行动。

5.长效机制:构建科学的高职教师职业发展观

学院着眼于构建科学的高职教师职业发展长效机制,注重人文关怀,使个人价值与集体价值有机融合。首先,树立科学的教师职业发展数量观和质量观,建立教师专业发展质量反馈与评价制度,探索量化考评机制,动态管理教师专业发展;建立教学、科研与社会服务等效评价机制,使教学、科研与社会服务都受到重视,给予同等的经济报酬和价值认可。其次,学院创设条件,投入经费,职能部门协同系部落实教师培养与素质提升工作,强化对系部师资管理的培训与服务,建立比较完善的教师专业发展培训制度。发挥教学名师、高职称教师、行业专家等在新教师和青年教师培养过程中的作用,提升教师水平层次。加强教师专业发展的制度建设,制定教师聘任(聘用)、考核、退出等管理制度,保障教师合法权益,形成科学有效的教师队伍管理和督导机制。最后,完善院系分级管理,提高管理的有效性,建立健全新入职教师岗前培训制度和每三年一个完整周期的全员培训制度,形成人才梯队建设总体均衡和良性循环;与此同时,在促进教师职业发展过程中,依照2014年国务院颁布的《事业单位人事管理条例》的规定,建立教师培养质量反馈与评价制度,加强对实施绩效工资后新情况的研究,探索量

化考评机制,着力增强绩效工资制度的激励作用,动态管理教师职业
发展。

本文尝试通过对我国高职院校教师的角色定位、道德担当和职业
发展的讨论,提出一个与理想的教师教育和教师发展话语有所区别的
命题。当然,本文的分析只是初步的,在此分析框架下进一步研究我
国高职院校教师的角色定位、道德担当和职业发展三者之间的复杂
关系,尚需进一步的理论分析以及更多的案例支持。今后的研究方
向有两个,一是向我国高职院校发展环境拓展,主要围绕现代职业教
育体系中教师职业发展理念和体制机制展开;二是回归高职院校教
师自身,从"更尊重教师,不过度圣化或妖魔化教师群体导致教师对
自身的角色排斥"[8]的视角加以深入考察,体现出高职院校教师的真
正职业本色,使其角色定位、道德担当和职业发展形成良性互动,使
教师成为真正的教师。

参考文献

[1] 周建松.提高质量:高职院校师资队伍建设的着力点[J].教育研究,2012(1):138-140.

[2] 叶澜,白益民,王枬,等.教师角色与教师发展新探[M].北京:教育科学出版社,2001:203.

[3] 诺丁斯.学会关心:教育的另一种模式[M].于天龙,译.北京:教育科学出版社,2001:207.

[4] 陈向明.行动研究对一线教师意味着什么[J].教育发展研究,2014(4):1.

[5] 韦伯.学术与政治[M].冯克利,译.北京:生活·读书·新知三联书店,2013:112.

[6] 叶澜.教育概论[M].北京:人民教育出版社,1991:217-218.

［7］李家新.从"职业人"到"专业人":社会分工视角下的大学教师发展
模式及其转型［J］.现代教育管理,2015(4):71-75.

［8］韩月.被关注的教师:共景视角下教师的角色分析［J］.现代教育管
理,2015(2):92-96.

（本文发表于《现代教育管理》2015 年第 8 期）

第三章

促进融合发展

构建产业支撑高职教育发展新机制

摘　要:随着我国经济由高速增长阶段转向高质量发展阶段,对高素质技术技能人才的需求越来越紧迫,亟须构建产业支撑高职教育发展新机制。本文从落实《国家职业教育改革实施方案》的视角,聚焦"三个不足",破解产业支撑高职教育发展难题;围绕"三个层面",构建产业支撑高职教育新机制;开展"三力建设",促进产教深度融合发展;实现"三个转变",形成产业驱动高职教育发展新动能,推进高职教育高质量发展。

关键词:《国家职业教育改革实施方案》;产业;高职教育;机制

职业教育是现代大工业生产的产物,与经济社会的发展紧密相关。随着我国进入新的发展阶段,产业升级和经济结构调整的速度不断加快,各行各业对技术技能人才的需求越来越紧迫,职业教育的重要地位和作用越来越凸显。《中华人民共和国职业教育法》第三条指出,职业教育是国家教育事业的重要组成部分,是促进经济、社会发展和劳动就业的重要途径。党的十九大报告提出,完善职业教育和培训体系,深化产教融合、校企合作,这为新时代职业教育发展指明了方向。2019年1月24日,国务院印发《国家职业教育改革实施方案》(国发〔2019〕4号)(以下简称《实施方案》),这是推动新时代职业教育改革发展的具体行动方案。笔者结合学习,就落实《实施方案》、构建产业支撑高职教育发展新机制,推进高职教育高质量发展做些思考和研究。

一、当前产业支撑高职教育发展面临的难题

党的十九大报告提出建设现代化经济体系,这是我国经济由高速增长阶段转向高质量发展阶段的必然选择。建设现代化经济体系不仅要求转变经济发展方式、优化经济结构、转换增长动力,而且对教育满足经济发展的需求能力提出了更高的要求。对照建设现代化经济体系的要求,我国高职教育发展必定会经历一个十分复杂且非常漫长的过程,其中的一个重要制约因素就是产业给高职教育发展带来的难题,实践中主要反映在以下三个方面。

(一)产业支撑高职教育发展不够

职业教育是面向人人的教育,经济社会越发展,越需要高质量的职业教育,这在国际上已成为一种共识。随着现代经济的发展,教育、研究、人力资本、制度环境等因素在经济发展过程中的重要性日益凸显,就提高经济增长质量而言,在劳动力方面有教育与培训的要求,以提高专业化人力资本的积累水平。[1]长期以来,我国经济发展最缺乏的是技术人才和熟练工人,在向效率驱动型经济增长模式加速转变的情

况下,更是如此。[2]究其深层次原因,是产业支撑高职教育发展不足,这种不足体现在产业发展产生了巨大的人力资本需求,劳动者掌握生产过程的基本原理与技能,为广泛开展职业教育提供了极大的便利,但产业却没有为高职教育提供的这些人力资本"买单",对处于经济转型和产业升级时期的我国而言,这是一个亟待解决的问题,因为长此以往,产业支撑不足会导致高职教育发展"供血"不足,相应地会对现代产业体系的健康发展产生不良影响。

(二)企业参与高职办学动力不足

校企合作是一种以社会需求为导向的运行机制,这个过程由企业和学校共同参与,在互利互惠的基础上,双方各自发挥自身的比较优势,通常体现为在办学资源、人才培养、技术研发、师资培养、岗位培训、学生就业等方面的合作。然而在实践运作中,企业参与高职办学动力不足,究其原因不外乎以下三方面:一是企业所需的是应用型人才,而高职院校以理论授课为主,这种教学方式不能满足企业所需人员的培养要求;二是职业教育的形式从产业现场训练转变为学校形态教育后,如果采用企业生产模式对学校的教学环境进行改造,势必要增加对学校的投入,这与企业以营利为目的的理念产生了冲突;三是即便进行了投入,但这种投入是一种长期投资,很难期望在短时间内取得收益,加之国家在财政、税收等方面没有配套的政策倾斜,从而在一定程度上影响了企业参与高职办学的积极性。

(三)产业与教育融合互动不深

加强职业教育不仅是教育问题,也与经济工作有着直接而密切的联系。[3]因为职业教育关系到亿万劳动力的就业,既是教育问题,也是经济问题,更是重大的民生问题。高职教育不仅要满足企业的要求,而且还要满足受教育者个体发展的需要。实践中,受体制机制等多种因素影响,人才培养供给侧和产业需求侧在结构、质量、水平上还不能完全适应,传统的学校职业教育存在着一定的缺陷,"两张皮"问题仍然存在,如对产业和市场的需求变化反应相对滞后,教学内容和培训项目针对性不足,导致毕业生在就业方面不具备竞争力,加上教育成本较高但收益率较低这些因素,导致高职教育发展面临着越来越大的制约。特别是多数高职院校是在脱离行业主管部门的情况下开展办学的,这在很大程度上使产业与教育深度融合受到影响,学校与产业的互动不足,更奢谈深度融合。

二、构建产业支撑高职教育发展新机制的总体思考

关于产业支撑高职教育这个论题,以往的有些看法是含混不清的,总体上还是就学校谈职教多。笔者认为,职业教育体系的核心不在层次的分类上,既然职业教育属于教育的一个类型,那么普通教育也是可以办的。职业教育体系的核心是构建企业发展、技术进步、社会进步等支撑和引领职业教育的体制机制,这才是高职教育最难的地方。笔者从宏观、中观、微观三个层面出发,构建产业支撑高职教育新机制,只有这种机制建立了,《实施方案》提出的举措才可能落实。

(一)宏观层面:深化供给侧结构性改革

建设现代化经济体系的重点是推动质量、效率、动力三大变革,目的是提高全要素生产率。"一个国家制造业在价值链中的位置,取决于技术、管理和技能等诸多因素,而归根结底都与劳动者的人力资本水平密切相关。因此,产业升级的前提是技能升级。"[4]就高职教育而言,供给侧结构性改革涉及高职教育对资源变化的反馈反应,这在人力资本市场上得到更加明显的体现。作为国民教育体系和人力资源开发的重要组成部分,高职教育以培养多样化人才、传承技术技能、促进就

业创业为己任,以服务发展、促进就业为面向。在贯彻落实《实施方案》的过程中,高职教育要坚持以深化供给侧结构性改革为主线,在新技术革命条件下转变发展方式,实施创新驱动发展战略,提升发展质量,通过推动人才供给侧改革,促进技术技能积累,实现人力资本的最优配置,为建设现代化经济体系提供有力支撑,以高职教育的高质量发展推动经济高质量发展。

(二)中观层面:发展壮大现代产业体系

发展壮大现代产业体系是培育经济新动能的主要路径,随着产业结构不断优化,生产日益从劳动密集型向技术密集型和知识密集型转变,这种产业结构深深影响着劳动力的就业结构。《实施方案》把职业教育摆在经济社会发展全局进行谋划,最大限度凝聚各方共识,着力推动形成现代产业体系与现代职业教育体系的合力与互动。而只有在实现自身发展的基础上,产业反哺高职教育的能力才能切实得到落实,企业作为重要办学主体的作用才能得到更好发挥,也才能更好履行反哺职业教育的社会责任。与此同时,政府应通过制定促进校企合作办学有关法规和激励政策,强化行业企业在职业教育改革中的主体作用,支持企业通过校企合作共同培养培训人才,不断提升企业价值,从而在传统产业的转型提质和新兴产业的创新增效中构建产业支撑职业教育的新机制。

(三)微观层面:构建企业参与办学格局

职业教育以就业为导向,以服务为宗旨,加快发展现代职业教育是建设人力资源强国的必由之路,由职业教育所培养的数以亿计的高素质劳动者和技术技能人才则为经济社会发展提供重要的人才保障,而这正是我国经济转型升级所需要的。"如果没有雇主的参与,职业教育势必与工作世界失去联系""职业教育改革的压力大多来自企业界"[5]于是,1991 年世界银行发布了关于职业教育和培训的政策文件,提出全新的职业教育发展战略,鼓励发展由企业和雇主承办的职业教育。因此,职业教育的主要办学模式应从学校本位向产业、行业、企业本位转变。从我国建设人力资源强国的角度出发,企业是人力资源的最重要的需求者,探索建立适应高职教育特点的办学格局离不开企业重要办学主体作用的发挥,鼓励有条件的企业特别是大企业举办高质量职业教育,各级人民政府可按规定给予适当支持。与此同时,要完善企业经营管理和技术人员与学校领导、骨干教师相互兼职兼薪制度。因为"某些类型的知识如果能同时与实际问题相结合会掌握得更好;某些技术的发展既要求有专门教育又要求有经验,而这种技术就可以部分通过企业,部分通过学校来进行"[6]33。这是提高高职院校办学治校水平和人才质量的重要条件。

三、合力促进产教深度融合发展的主要建议

随着现代经济的发展,教育、研究、人力资本、制度环境等因素在经济发展过程中的重要性日益凸显,就提高经济增长质量而言,在劳动力方面有教育与培训的要求,以提高专业化人力资本的积累水平。在我国经济转型和产业结构升级的背景下,高职教育在教育改革创新和经济社会发展中的作用正不断增强,其服务发展和促进就业的实践指向更加明确,要实现内涵式发展就需要发掘产业支撑高职教育的潜力。在实施创新驱动发展战略的过程中,开展"三力"建设即激发产业支撑动力,促进行业协调能力,推动企业参与活力,深化产教深度融合,提升产业支持高职教育发展的能力和水平。

(一)激发产业支撑动力

2017 年 12 月,国务院办公厅印发《关于深化产教融合的若干意

见》(国办发〔2017〕95号),提出用10年左右的时间,总体形成教育和产业统筹融合、良性互动的发展格局,促进教育链、人才链与产业链、创新链有机衔接。在传统产业改造提升和促进新兴产业加快发展的过程中,健全完善高职教育以需求为导向的人才培养模式,按照专业设置与产业需求对接、课程内容与职业标准对接、教学过程与生产过程对接的要求,解决人才教育供给与产业需求的结构性矛盾,增强高职教育对经济发展和产业升级的贡献度,以激发产业反哺高职教育的动力。

(二)促进行业协调能力

行业协调对高职教育发展有着显著影响,特别是行业组织在履行发布行业人才需求、推进校企合作、参与指导教育教学、开展质量评价等职责,建立行业人力资源需求预测和就业状况定期发布制度等方面发挥着独特的作用。[7]尤其是引导行业企业参与教学过程,共同开发课程和教材等教育资源,以多种形式支持企业建设兼具生产与教学功能的公共实训基地。同时,加强行业指导、评价和服务,分类制定行业指导政策,促进行业协调能力的提升,着力解决高职专业与行业、产业匹配度不够的问题;促进创新链、产业链、市场需求有机衔接,形成与区域经济发展水平相适应、产教深度融合的现代职业教育体系,为新常态下的中国制造升级和区域经济发展注入强大动能。

(三)推动企业参与活力

在供给侧结构性改革过程中,企业是职业教育发展重要的供给侧,这是因为,企业发展对需要何种类型的高素质劳动者和技术技能人才提出了要求,与此同时,企业对如何实施培养这些人才又给出了具体的方案,上述需求与供给都会在劳动力市场上反映出来。2018年2月,教育部等六部门印发《职业学校校企合作促进办法》(教职成

〔2018〕1号）。这个制度旨在通过鼓励企业举办或参与举办职业教育，发挥企业的重要办学主体作用。企业参与职业教育，一方面，有助于学生掌握产业最新发展动态和技术成果，弥合理论与实践之间的罅隙；另一方面，也有助于解决中小企业在技术研发、项目培训等方面人力与物力的不足。作为市场主体和办学主体，企业也要抓住国家职业教育改革实施的有利时机，参与高职院校教学过程，共同开发课程和教材等教育资源，以多种形式支持企业建设兼具生产与教学功能的公共实训基地，紧扣经济转型和产业升级实施创新驱动，在加快发展现代职业教育发挥中重要作用。

（四）形成产业驱动高职教育发展新动能的具体策略

《实施方案》提出，经过5—10年左右时间，职业教育基本完成由政府举办为主向政府统筹管理、社会多元办学的格局转变；由追求规模扩张向提高质量转变；由参照普通教育办学模式向企业和社会参与、专业特色鲜明的类型教育转变（以下简称"三个转变"）。可以说，"三个转变"都是具体针对推动社会多元办学，特别是企业参与举办高职教育的问题而提出的，因此，落实《实施方案》，就必须以实现"三个转变"为目标，形成产业驱动高职教育发展新动能。

1. 实现向政府统筹管理、社会多元办学的格局转变

要推动由政府举办为主向政府统筹管理、社会多元办学的格局转变，就必须注重发挥行业、企业作用，通过加强校企合作，深化产教融合，实现职业教育与产业协同创新，推动教育、科技、产业资源集聚和整合，创新产教融合机制体制，促进校地共建、行业指导办学、产教协同等方面合作发展；与此同时，贯彻落实教育与生产劳动相结合的方针，厚植企业承担职业教育责任的文化环境，引导社会各界特别是行业企业积极支持职业教育。这方面，教育主管部门应会同有关部门研究兴办

职业教育的企业的教育费附加减免政策,继续完善激励机制,为社会力量兴办职业教育探索更多的路径,激发行业企业参与职业教育的内生动力,推动多元办学格局形成。

2. 实现向提高质量转变

加快发展现代职业教育是适应经济转型发展的内在要求,这就要求由追求规模扩张向提高质量转变。诺贝尔经济学奖获得者加里·贝克尔指出:"企业学校之间互补成分的多少部分取决于已有的定形知识的多少。新行业技术的培训一般首先在工作中进行,因为企业总是首先认识到这种新技术的价值,但是,随着需求的发展,某些教育就会转移到学校。"[8] 对于高职教育而言,通过服务平台搭建,整合各类优质资源,引导项目、资金、人才倾斜支持职业教育,强化师资队伍和实训基地建设,积极培养"双师型"教师队伍;建设智慧职业教育云平台,基于云计算和大数据,打造集在线学习、移动互联服务、在线管理考核、对接行业产业于一体的信息化平台。启动 1＋X 证书制度试点工作,加快构建适应培训需求、中高职相衔接的职业教育培训体系并加强对培训的协调与指导,为新常态下的产业升级和经济转型注入强大动能,提供有力支撑。

3. 实现向企业社会参与、专业特色鲜明的类型教育转变

建设现代化经济体系对高职教育提出新机调和新挑战。实现由参照普通教育办学模式向企业社会参与、专业特色鲜明的类型教育转变,这是基于当前我国国情的现实选择,是对高职教育发展的规模、结构、效益和强度科学测度后得出的正确结论。可以说,我国高等职业教育从其生发的那个阶段的形态——短期职业大学开始就与产业部门有着天然、密切的联系,具有鲜明的产教融合特征,学生对在校学习与在工作场景中实习的感受与体验存在一定的差距,尤其是有些工作能力及其应变方法只能在真实的工作场景中才能习得。因此,高职教育要牢固树立新发展理念,以促进就业和适应产业发展需求为导向,以实施"中国特色高水平高职学校和专业建设计划"为引领,致力于形成与区域现代产业体系相匹配的高素质技术技能人才体系,服务现代化经济体系建设,推进社会高质量发展。

四、在浙江万亿金融产业发展中绽放高职教育光芒—— 浙江金融职业学院的案例与经验

习近平总书记强调:金融活,经济活;金融稳,经济稳。经济兴,金融兴;经济强,金融强。经济是肌体,金融是血脉,两者共生共荣。浙江金融职业学院(以下简称学校)的前身为中国人民银行直属的国家级重点中专——浙江银行学校,2000 年调整由浙江省管理并升格办学,学校名在金融、情在金融、历史在金融、资源在金融、服务贡献更在金融。近年来,学校抓住浙江万亿金融产业发展战略机遇,扎根浙江大地办学,致力于为中国特色社会主义培养高素质职业化金融人才,可以说,学校既是产业支撑高职教育发展的受惠者,同时也是其强有力的推动者。

(一)依托产业精心打造高水平专业群

学校适应改革开放对金融人才的需求而生,适应浙江推进高等教育大众化的需要升格办学,适应浙江实施"八八战略"、各项工作走在前列的新要求而不断扩大专业门类,已为金融产业发展培养了 60000 余名高素质职业化专门人才。近年来,学校聚焦金融,立足服务,构建起以金融类专业为核心、财会商贸类专业为主体、人文艺术和信息技术协调发展的龙头引领型专业结构,先后开设金融管理、农村金融、国际金融、投资理财、保险、互联网金融等专业,金融类专业学生占在校生人数的 40%。与此同时,学校还通过金融类通识课程、金融模块课程、订

单培养等途径扩大金融教育受益面,满足浙江省各金融单位对高素质职业化专门人才的需求。特别是与金融系统合作建立的银领学院,坚持以订单培养为始点、以校企合作为平台、以工学结合为抓手、以双师团队为依托、以开放办学为特征、以优质银领为目标,十年时间里累计为我省金融机构培养优质银领 10000 余人,较好地满足了浙江金融事业发展的要求。在多年的办学实践中,学校立足大金融、服务大市场,还通过校政行企合作成立了应用型金融人才研究院及小微金融学院、普惠金融学院、邮政金融学院、金通理财学院等特色产业学院,精准服务金融行业需求,毕业生受到用人单位欢迎。据初步统计,在浙江省金融行业人员中,我校的毕业生约占四分之一,有力地支持和支撑了浙江金融业又好又快发展。

(二)面向行业开展高质量培训

党的十九大报告提出,要完善职业教育和培训体系。国务院、浙江省委省政府和教育部一系列文件也要求高等职业院校开展高质量培训。学校早在 20 世纪 80 年代起就广泛面向行业开展函授学历教育,又长期举办金融干部培训班,1997 年经中国人民银行总行批准成立浙江省金融高级人才培训中心。21 纪以来,学校又成立了浙江金苑培训中心,在为各专业培训师资的同时,协同各金融主管部门、各金融监管部门和金融经营机构开展职业培训,先后举办过地市县金融办主任研修班、商业银行行长培训班、金融客户经理培训班、金融业务转型提升研修班等,既有适应从业的岗前培训,又有新业务新产品的学习培训,更有中高层次的研修提高培训,20 多年来,累计培训超过 10 万人次。当年的干部培训班学员大多走上了各金融机构省分行、市分行、县支行等领导岗位,更涌现出一大批基层机构法人代表。近年来开展的高层次人才培训和转型升级培训,为促进浙江省万亿金融产业发展,特别是为温州金融综合改革、丽水农村金融改革、台州小微金融改革、湖州绿色金融改革、衢州绿色金融改革、嘉兴科技金融改革、宁波保险综合改革等国家和浙江省重大金融改革提供了及时的、强有力的人才支持。

(三)为建设浙江金融强省提供智力支持

学校一直是发展浙江地方金融产业的倡导者、研究者和推动者。根据金融类高职教育的特点精准办学和服务定位,学校将地方金融发展理论和政策研究与高等职业教育理论和政策研究作为重点,并成立了相应的研究中心。浙江地方金融发展研究中心自 2006 年成立以来,坚持以"打造浙江金融强省"为宗旨,其编写的 20 余份报告受到中国人民银行、中国银监会、浙江省委省政府领导的批示肯定和有关部门的采用,受到陈敏尔和李强等领导同志的高度赞扬,成为浙江地方金融发展研究的重要智库之一。研究中心主动构建以浙江金融职业学院为基点,浙江省人民政府金融办、中国人民银行杭州中心支行、浙江省银监局、浙江省证监局、浙商银行、浙江省农村信用联社等组成的"1+8+X"合作机制,每年举办学术交流和专题论坛,先后承担国家社科基金项目、教育部人文社科研究项目,以及大量浙江哲学社会科学规划和省科技厅重大攻关项目,出版专著和学术文集 20 余部,承担重大课题 20 余项,发表论文和研究报告 200 余篇,为深化金融供给侧结构性改革、加大对民营企业金融支持、服务浙江万亿金融产业提供强大的智力支持。

(四)利用校友总会凝聚磅礴发展力量

在历史传承和行业积淀过程中,学校毕业的 60000 余名校友大多集中在浙江省金融系统,一些高层次杰出人才开始在北京、上海等总部发展,多数金融机构的领导班子成员均有我校校友,有些金融机构甚至整个班子成员均为"浙金院"的毕业生,以易会满为代表的一大批杰出校友彰显了"5000行长同一母校"品牌,学校被业内誉为金融界"黄埔军校"。为了更好地凝聚校友力量,助力浙江金融事业发展,学校于1995年就成立了法人社团的校友总会,目前已成为5A级社团组织。校友总会以凝聚校友力量、助力母校发展、促进经济繁荣为宗旨,经常性组织学术交流、发展论坛,开展互学互鉴,并通过校友回馈母校、共享母校资源等途径对校友进行习近平新时代中国特色社会主义思想的再教育,进行服务实体经济、防范化解风险的再认识,并通过资源整合,为浙江经济社会发展和金融事业多做贡献。据权威调查结果,从学校毕业的校友充满正能量、岗位适应快、动手能力强、实践水平高、创新创造业绩显著、廉洁自律操守规范、回馈社会情深义重,浙江金融事业能有今天的发展,"浙金院"功不可没。

五、结　语

回顾我国当代职业教育发展史,关于职业教育本质属性的探讨,无论是"老三性"即职业性、生产性、社会性,[9]还是"新三性"即适应性、中介性、产业性,[10]无不深深地刻着产业和职业的烙印。1999年,第二届世界职业教育大会报告指出,旨在培养合格技术员和熟练、半熟练劳动者的技术和职业教育与培训应该是所有国家发展日程中的一个重要组成部分。[11]产教融合、校企合作是高职教育基本办学模式,行业、企业参与的多元办学格局形成能激发高职教育办学活力。我国社会主义市场经济的持续发展和现代产业体系的不断壮大对劳动者的技术技能水平提出了更高的要求。[12]本文从落实《实施方案》的视角,提出构建产业支撑高职教育新机制,意在阐述产业对高职教育发展所具有的丰富的经济和社会意义,以促进产业与高职教育建立科学而紧密的联系机制,以此为基础开展积极而有效的对话、交流与合作。[13]

参考文献

[1] 巴兰坦,海默克.教育社会学——系统的分析:第 6 版[M].熊耕, 王春玲,王乃磊,译.北京:中国人民大学出版社,2011:226.

[2][4] 蔡昉.中国人口与劳动问题报告 No.10——提升人力资本的教育改革[M].北京:社会科学文献出版社,2009:55,228.

[3] 吴邦国.在 2002 年第四次全国职业教育工作会议上的讲话[N].人民日报,2002-7-31.

[5] 福斯特.职业教育与培训:世界银行政策的主要转变[J].教育展望,1993(2):11-17.

[6][8] 贝克尔.人力资本:特别是关于教育的理论与经验分析[M].梁小民,译.北京:北京大学出版社,1987:33,34.

[7] 于志晶,刘海,岳金凤,等.中国制造 2025 与技术技能人才培养[J].职业技术教育,2015(21):10-24.

[9] 叶立群.职业技术教育学[M].福州:福建教育出版社,1995:68.

[10] 周明星.现代职业教育本质属性探析[J].教育与职业,2003(1):27-28.

[11] 国家教育发展研究中心.2000 年中国教育绿皮书[M].北京:教育科学出版社,2000:150.

[12] 李进.统筹推动产教联动发展　落实共同育人[J].中国高教研究,2018(4):62-64.

[13] 陈正江.人力资本需求、制度供给与高职教育发展[J].中国人民大学教育学刊,2019(1):73-81.

(本文发表于《中国高校科技》2019 年第 8 期)

基于学校发展系统的高职院校产教
融合实现路径研究

摘　要：党的十九大报告提出"完善职业教育和培训体系,深化产教融合、校企合作",这为职业教育发展指明了方向。产教融合是一种合目的性的行动,不仅需要载体,而且迫切需要机制。学校发展系统是从整体上来观照学校,从开放性、复杂性、统一性的特征出发,在探索实践中生成产教融合综合体、产教融合有机体和产教融合共生体,为高职院校深化产教融合提供启示与借鉴。

关键词：产教融合；高职院校；发展系统；实现路径

一、问题的提出

党的十九大报告提出"完善职业教育和培训体系,深化产教融合、校企合作",这为高等职业教育发展指明了方向。为贯彻这一要求,2017 年 12 月,国务院办公厅颁布《关于深化产教融合的若干意见》(国办发〔2017〕95 号),要求"深化产教融合,克服人才培养供给侧和产业需求侧在结构、质量、水平上存在的'两张皮'问题,促进教育链、人才链与产业链、创新链有机衔接"。我国近现代职业教育的创始人和奠基者黄炎培先生指出："办职业学校的,须同时和一切教育界、职业界努力地沟通联络。"[1]美国教育家欧内斯特·博耶也曾言:形成各种联系是办好一所大学的关键。[2]作为一个行动者,高职院校的组织特性使其必须注重建设与维护组织内部以及组织间的网络连接,唯有如此,才可能为其带来社会资本和可能的收益。实践证明,作为高职教育办学模式的显著特征之一,产教融合不仅成为高职院校办出水平与争创特色的重要前提,也是其推进校企合作的基础条件。

然而,在高职院校的具体办学实践中,深化产教融合并非易事,其中不仅呼唤载体,而且急需建立机制,有必要以系统性思想为指导,从而生成一种为产教融合提供便利的结构。曾经有研究者借鉴系统性思想,以审视学校内外部的利益相关者,提出了学校发展系统的概念、构建学校发展系统的方法论基础,以及学校发展系统的基本架构。[3]其中,学校发展系统是核心概念,是理论创新的基础,由此指导下的实践是推动实现从“静态学校”向“学校发展系统”的“惊险一跃”。事实上,学校发展系统是随内外需求的变化而不断发展的,系统的发展是在功能不断改进的情况下进行的。如何利用学校发展系统推进高职院校实质性的产教融合,既需要理论研究,也需要实践探索。本文即在探讨高职院校发展系统的基础上,提出基于学校发展系统的高职院校产教融合实现路径并展开理论阐释,为高职院校深化产教融合提供启示与指导。

二、高职院校发展系统:含义与特征

(一)高职院校发展系统的含义

系统是由不同要素构建或集合而成的,以便得到单个要素所不能实现的结果。[4]当前,在快速现代化的进程中,无论哪种类型的组织,都不可避免地被外部政府及各类团体所确立的文化模式与规范影响,同时也会受到组织内部的独特传统与过往经验的影响。从教育生态学的观点来看,学校是一种具有目的性的行动实体,自然也是一种组织。美国学者约翰·S.布鲁贝克指出:“为了生存并产生影响力,大学的组织与职能必须适应人们的需要,大学必须像社会秩序本身一样充满活力和富于弹性。"[5]在现实中,我们常常看到这样的情况:无数的精致局部有可能无法形成有机整体,在这个意义上,学校发展系统是从整体上来观照学校,以此来确定局部的价值及局部与整体之间的关系。学校通过形成系统性观念和整体性架构,并激发系统中各个主体发挥其积极性,以克服学校"有组织的无政府主义"状态。

(二)高职院校发展系统的特征

1.开放性

西伯里指出,在很大程度上,各种高等教育的形式与内容由各个系统以及它周围的社会关系决定。开放办学是高等职业教育的重要特征,这也是深化产教融合的重要基础。在高职院校发展系统中,既有人的要素,又有物的要素与信息要素,这是学校的硬件设施(如教学、实验场所、图书馆、仪器设备等)、师资力量、社会服务等因素综合在一起所导致的涌现性结果。正如美国教育家克拉克·克尔指出的那样,整个体系是特别灵活、分散、有竞争力的,也是富有成效的。新的可以尝试,旧的可以考虑改进,既充满技巧又很方便。[6]

2.复杂性

随着社会系统日益复杂,其所反映出来的复杂性是任何单一研究都难以驾驭的。霍兰认为:"复杂适应系统中主体的适应性造就了复杂性。"[7]只要有人参与,系统就必然具有显著的复杂性。而学校是一种不断发展的、活生生的有机体,学生、教师、校友三者之间相互学习和交往。在不同的环境中,三者各自的行为及其交互行为就显示出复杂性。

3.统一性

高职院校发展系统这种客观关系产生于时间上的承继、代际上的互赖以及功能上的连带,只有用总体哲学观和认识论才可能阐明它们的内在结合与外在联系。美国社会学家爱德华·希尔斯指出,大学的有效性,部分来说取决于它们的集体自觉意识,取决于它们对自身作为这样一个单一的、协调一致的实体的认识:它强制实行一套规范和规则,并制定个人成员必须遵守的标准。[8]高职院校的每一层结构都有可能继续演化成一个上一层的结构,并且每一层结构都实现了某一方面的功能。随着高职院校管理从政府主导向院校自治转变,学校要像一个场域那样持续运转,整合工作就显得很有必要,以避免出现一个结构混乱和功能失调的学校。

三、依托学校发展系统,深化产教融合

传统学校在形态上表现为学校与社会的疏远与隔离。然而,学校毕竟不是一座孤岛,也不可能将自己孤立起来。现代学校是一个始终处于生成过程之中的开放的存在,它与其他系统交换物质、能量和信息,其运作与目标达成的程度,均会受到环境因素的影响。正如上文所述,学校发展系统具有开放性、复杂性、统一性的特征,其在学校发展中发挥着顶层设计、协调沟通、形成合力的重要作用,除适应学校实际发展需要外,同时还能够起到引导与激励的作用,也就是说,通过学校发展系统可将办学理念内化到师生心中,并外化于环境和社会中。学校发展系统为什么与社会发生联系?怎样与社会发生联系?回答这些问题应该建立在对学校内部以及学校与其周围世界如何相互作用理解的基础上。现代学校的特征之一是"结构开放",这主要表现为两个向度的开放,即内部向师生开放,在教与学的活动中向学生发展的可能世界开放;外部向社会开放,在与社会互动中向学校发展的可能世界开放。学校发展系统与社会环境之间存在着耦合效应,在这个过程中,学校既受到其合作者的影响,同时也影响着自己的合作者。因此,学校必须对自己所处区域的环境保持高度的敏感,同内外部环境保持紧密联系和有效互动,这样才能觉察学校发展所

遭遇的问题和可改善的空间。

深化产教融合既是深化教育供给侧结构性改革的重大举措,也是教育体制和治理制度的创新过程。从这个意义上来看,学校发展系统本质上是"有核无界"的,这个核就是人才培养,这个界就是教育界和产业界。作为典型的资源依赖型组织,高职院校办学特别强调学校与社会的结合,这就决定了高职教育必然与现代产业紧密结合。[9]理解了高职教育与现代产业的关系,就在一定程度上打通了中国高等职业教育发展的任督二脉。围绕产教融合、学校构建与环境交互作用的教育伙伴关系,进行必要的调适,形成互动、互助、互利的资源与服务的双向参与合作机制。依托学校发展系统,将教育与产业联结起来,并形成新型互动关系和联动机制,这为高职院校深化产教融合提供了载体和平台,使高职院校以服务国家和区域发展重大战略为目标,推动学校和区域经济社会同步升级、同步发展的良性互动。

四、基于学校发展系统的高职院校产教融合实现路径

浙江金融职业学院从实际出发,充分利用自身优势,积极构建了"行业、校友、集团共生态"开放办学模式,同时逐步形成了以浙江金融职业学院为核心主体,以杭州资信评估公司和浙江众诚资信评估公司两个企业法人与浙江金融职业学院校友总会和浙江省金融教育基金会两个社会团体法人为支持两翼的促进产教融合的学校发展系统架构。依托学校发展系统,学校紧密对接浙江省八大万亿产业,基于金融、会计、商贸等专业集群,积极构建以专业(群)为单元的产教融合开放育人平台,并将产教融合落实到专业(群)层面,构建产教融合综合体、产教融合有机体和产教融合共生体,拓宽了产教融合的视野和路径,推进产教融合不断走向深化。

(一)基于学校发展系统的产教融合综合体

丹尼尔·贝尔在《后工业社会的来临》一书中指出:大学是社会中为数不多的使许多知识模式汇集聚焦的地方,面对如此强大的专业化与差异性,任何由这些功能集合所构成的综合体都有可能产生。[10]产教融合是高等职业教育办出水平与争创特色的重要前提,因此,高职院校必须秉持的办学理念就是整合各类社会资源为学校人才培养服务,并在为行业、企业服务中实现多方共赢。然而,在以往较长一段时间的实践中,高职院校常常简单地将产教融合的任务归结为人才培养服务,为学生实训实习提供资源,为教师实践锻炼提供平台。上述几点固然重要,但绝非产教融合的全部意旨所在,诸如人才培养、科学研究、社会服务等高等教育经典职能无不体现在产教融合之中。因此,从单一功能走向综合功能是高职院校产教融合的必由之路。集高等性和职业性于一体的高等职业院校本身能够使来自职教界与产业界的两类知识模式汇聚,并整合到高职院校发展系统中,进而形成产教融合综合体。这种综合体是一种建立在产教资讯相连、利益相关、收益相互基础之上的综合体,使高职院校产教融合保持可持续性与生命力。

产教融合综合体旨在把在校学生的学历教育与岗位培训结合起来,把行业、企业在职员工的岗位培训与考证考级结合起来,把学校对行业、产业、企业的科研服务结合起来,体现综合体的各种功能。主要体现在以下三个方面:一是人才培养功能。学校通过与企业合作实施订单培养方案,把学历教育与岗前培训有机结合,以就业为导向,实现毕业生顺利就业、对口就业、优质就业目标。二是岗位培训功能。完善职业教育和培训体系,实现全日制教育与非全日制教育并重,学校教育与职业培训并举,这是党的十九大对新时代职业教育提出的新目标和要求,通过产教融合,学校与行业、合作企业共同开展培训工作,充分利用双方的优势资源,力争取得社会效益和经济效益双丰收。三是科学研究功能。利用教师专业资源,有针对性地进行课题研究,提升教师开展科学研究和社会服务的能力。四是考证考级功能。学校引进职业资格和行业从业资格培训与考试,以便更好地推进高职院校培训工作,把职业教育与社会培训有机结合起来。

(二)基于学校发展系统的产教融合有机体

对于教师与学生而言,大学并不是一个表演舞台或控制他们的工作和学习的单位,而是一个充满活力的有机体,他们在这个有机体里工作,不断塑造它的形象。[11]有机体是生物学的隐喻,强调事物内部各组成部分的运作机理以及它们相互作用的过程与运作方式,通常具有动态性。如果说传统的校企协议合作只具有数学效应,会实现$1+1>2$的成效,那么订单培养等合作模式具有物理效应,产生立体功效,而产教融合的企业学院具有化学效应,产生综合功效。建立产教融合有机体的意义,一方面有利于促成学生优质就业,锻炼师资队伍,进而形成双师教学团队;另一方面,行业、企业在员工素质与能力提升,在金融、科技、信息、资源等方面得到了实惠,促进产教融合从松散走向紧密,利于实现产业和教育在人力、目标和运作上的协同发展。

产教融合有机体是指高职院校依托专业,加强与行业、企业的紧密合作机制,其内在机理为:一是有机体各个主体职责明确,学校主要是为实现教学创新做示范,为实现社会效益创品牌,行业、企业主要是为增加经济效益做贡献;二是有机体统一定位目标清晰,学校和行业、企业利用师生力量联合开展业务活动,在教学和业务活动中创造经济效益;三是有机体各个主体功能作用发挥充分,教师依托有机体,把教学与实际工作有机结合了起来,学生在有机体平台上学习业务知识和操作技能,直接参与和熟悉了职场工作,行业、企业员工参与教学,指导学生实训和实习,可以说,产教融合有机体建设的影响远远超出了合作本身,形成了综合立体功效,实现了"教师即专家、学生即员工、实训基地即工场"的目标,真正把以就业为导向、以服务为宗旨、产教融合的发展模式落到实处,具有一定的创新功效和推广价值。

(三)基于学校发展系统的产教融合共生体

学校发展系统的产教融合共生体概念的提出主要源于高职院校以就业为导向的办学定位,以就业为导向要求高职院校在加强和重视就业工作的同时,鼓励和支持学生就业,注重培养学生的创业意识、创业能力,正因为这样,商贸类、计算信息类专业通过学生创业能力的培养,构建学校与学生创业公司的校企合作,不失为校企合作的新路径。在学校发展系统中,不同的专业培养不同服务面向的学生,这些学生毕业后,分布于经济社会发展的各个领域,正是通过他们构建了以专业为单元的产教融合、校企合作机制,让母校和社会紧密相连,这就为促进母校与校友共同发展的形成创造了条件,这种共生体成为产教融合可持续发展的新机制,并在真正意义上体现出产教融合的社会效益。

高等职业教育强调培养学生就业和创业相结合的综合能力,构建以校友为纽带的产教融合体制机制,打造以校友为主体的兼职教师队伍,这既是推进创新创业教育的要求,也是学生成长成才的需要。其好处是:一是有利于解决问题,即把人才培养和文化育人结合起来;二是挑选兼职教师比较容易和方便,学校对校友的品质、技能和特点比较了解,便于遴选和安排组织教学;三是校友与母校、学长与在校学弟学妹感情特殊,易于教学沟通和文化传承,有利于提高教学效果,实现校友与学校在共生体的平台上开展深度产教融合的目标。

五、结语

学校教育的最大效应之一就是从理论过渡到实践。怀特海在 20 世纪初就警告说:大学在机构数量、规模以及组织的内在结构的复杂性的发展上,暴露出某种危险。[12]学校发展系统是一种整体的哲学观与方法论,本文采用开放系统的研究思路,以一种连续统一的架构——通过学校发展系统实现高职院校产教融合的路径——探索学校这种复杂的群落得以持续生存和正常运行的机制,这并不只是一种单纯的学术探索。因为长期以来,高职院校面临产教融而不合、合而不深的问题,而作为教育主体的高职院校仍游离于产业链之外,导致教育滞后于产业需求。

学校是一个自组织系统,它具有一定的自主性,可以设置和控制自己的发展方向,但必须符合系统发展与进化的机制,即不断地适应环境的变化和发展进行变革,这是学校的发展系统能很好地适应当代复杂社会的重要原因,也是符合学校全体成员和相关利益者意愿和要求的,产教融合就是这样一种有利于实现这种利益的制度安排。学校发展系统具有教育功能,能整合教师与学生参与教学、科研、社会服务、文化传承与创新等多元活动。因为合作是组织产生的基础,正是合作使组织获得一种共生机制和持续发展机制。对学校外部而言,建立合作伙伴关系或战略联盟是合作组织建设的主要形式,合作各方在保持原有独立性的前提下,通过协议形式,既能不间断地从合作组织获取资源,又能利用自身优势为合作组织做出贡献。正如希尔斯所言,没有想象力,提供信仰范型并控制行动环境的诸传统的重大变革就不可能实现。[13]通过构建学校发展系统,建立对接产业需求的人才培养模式,并通过持续的研究与实践,推进产教融合走向深化,进一步提升我国高职院校产教融合的适切性和实效性。

参考文献

[1] 田正平,李笑贤.黄炎培教育论著选[M].北京:人民教育出版社,
    2018:前言 5.

[2] 博耶.关于美国教育改革的演讲[M].涂艳国,方彤,译.北京:教育科学出版社,2002:80.

[3] 周建松,陈正江.学校发展系统:理论建构与实践探索[J].高等工程教育研究,2015(3):58-63.

[4] 加德.TRIZ——众创思维与技法[M].罗德明,王灵运,姜建庭,等,译.北京:国防工业出版社,2015:303.

[5] 布鲁贝克.高等教育哲学[M].王承绪,徐辉,郑继伟,等,译.杭州:浙江教育出版社,1987:18.

[6] 克尔.大学之用[M].高铦,高戈,汐汐,译.北京:北京大学出版社,2008:67.

[7] 霍兰.隐秩序:适应性造就复杂性[M].周晓牧,韩晖,译.上海:上海科技教育出版社,2011:19.

[8] 希尔斯.学术的秩序——当代大学论文集[M].李家永,译.北京:商务印书馆,2007:85.

[9] 陈钊,冯净冰.应该在哪里接受职业教育:来自教育回报空间差异的证据[J].世界经济,2015(8):132-149.

[10] 德兰迪.知识社会中的大学[M].黄建如,译.北京:北京大学出版社,2010:66.

[11] 许美德,李军,林静,等.21世纪中国大学肖像:向大众化高等教育的转型[M].桂林:广西师范大学出版社,2015:257.

[12] 怀特海.教育的目的[M].庄莲平,王立中,译注.上海:文汇出版社,2012:121.

[13] 希尔斯.论传统[M].傅铿,吕乐,译.上海:上海人民出版社,2009:244.

（本文发表于《教育与职业》2019年第5期）

高职院校教师学生校友发展共同体构建与探索

摘　要：教师、学生和校友是自然形成的具有复杂性的各类学校所共同具有的最重要的三类主体。在我国高等教育进入大众化乃至普及化背景下，教师、学生和校友这三种相对独立又密切相连的行动者在高校中的地位和作用越来越凸显出来。高职教育的类型特征决定了教师、学生、校友既存在于学校内部，又存在于学校外部，基于此三类主体的发展共同体建设尤显重要。作为一种理想类型，发展共同体既是一种制度，也是一种工具，其本质在于由三者之间的各种互动关系构建而成。本文在理论分析的基础上，以浙江金融职业学院构建教师学生校友发展共同体的探索与实践为个案开展研究，尝试提出高职院校组织与文化研究的一种新的观察视角和分析框架。

关键词：高职院校；学生；教师；校友；发展共同体

一、问题的提出

2017年9月，在教育部举行的新闻发布会上，高等教育司吴岩司长指出，我国高等教育进入大众化末期，正在快速迈向普及化阶段。[1]在高等教育大众化乃至普及化背景下，教师、学生和校友这三种相对独立又密切相连的行动者在高校中的地位和作用越来越凸显出来。

正如哈佛大学前校长德里克·博克所言："校园里的不同群体在问题的争论中扮演了不同的重要角色，他们无一例外地提出了不同的观点。不了解这些群体的情况，包括他们的观点，他们在大学中所起的作用以及他们特有的偏见等,我们是无法充分理解本书讨论的实质和无法评价各方的立场与观点的。"[2]这表明尽管教师、学生、校友对于任何类型的学校而言都是主体,但这些主体的观点和行动并非总是保持一致。也难怪曾任加州大学总校校长的克拉克·克尔感叹"大学对许多人是许多事物,它必定会与自身局部地发生争斗"[3]。

随着我国高等职业教育从外延发展向内涵发展的全面深入,学校的办学模式和办学体制机制再度受到关注。作为我国高等教育的重要类型,其所具有的跨界开放性特征决定了教师、学生、校友既存在于学校内部,又存在于学校外部。基于高职院校发展的视角,学校正是利用自己的教师以及办学资源来培养学生,而学生走出学校即成为校友,其本质在于由三者之间的各种互动关系构建而成。解决高等职业教育提升内涵、提高水平的根本在于学校内生力量的激发,通过内生力量带动外部力量,形成良性循环机制,这才是切实可行的路子,因此,构建教师学生校友发展共同体尤显重要。本文在理论分析的基础上,以浙江金融职业学院构建教师学生校友发展共同体的探索与实践为个案开展研究,尝试提出高职院校组织与文化研究的一种新的观察视角和分析框架。

二、发展共同体:理想类型、理论建构与实践基础

(一)理想类型

德国学者马克斯·韦伯提出理想类型,这个概念指的是在分析社会现象时,将多样性的观察结合而成的一种模式,它是社会科学理论建构中一种方法论上必不可少的工具,可以借鉴这种分析工具作为本文切入研究的方法。事实上,在大学发展史上,组织总是以有机体、集合体、共同体等隐喻出现,如美国教育家亚伯拉罕·弗莱克斯纳曾言:

"真正的大学是一种以崇高的和明确的宗旨以及以精神与目的的统一为特点的有机体。"[4]又如法国哲学家让-保罗·萨特曾指出："我们的目的是要达到一个真正的选定的机构,在那里每个人都将成为人,其中所有的集合体都同样富于人性。"[5]再如克拉克·克尔在《大学之用》开篇即写道："大学开始时是一个单一的共同体——老师和学生的共同体。甚至可以说,它具有灵魂,即某种生机勃勃的核心原则。"[6]以上都是从组织与文化研究的视角论述大学的,而共同体是组织与文化研究的一个重要内容。正如德国社会学家齐美尔所言："当我们谈到'社会'时,我们意识中的互动被固定化为某些可定义的、稳定的结构,如国家和家庭、行会和教堂,以及以共同利益为基础的社会阶级和组织。"[7]学校之于教师、学生和校友是一种理想类型。

(二)理论建构

"一个理想的分析框架必须具有描述、解释、评价和预测功能。"[8]理论是有关事实是怎样和为什么发生的故事。因此,社会科学理论就是有关人类如何行为、互动和组织自身的故事。有学者指出："社会就是由各个个人创造出来的,因此我们对社会秩序的解释就必须建立在对个人如何运行的了解基础上,尤其是建立在了解个人如何与他人发生关系的基础上。"[9]从共同体这个概念的本义出发,其意味着共同的信仰、共同的情感、共同的利益、共同的命运。发展共同体的本质在于其是由教师、学生和校友三者之间的各种关系构建而成,包含两重理论含义,一是作为一种制度,二是作为一种工具。正是上述这些"关系"使得发展共同体作为制度和工具的两个侧面各自因对方而具有了意义,在这里,身份的确定是交往的基础。正如本尼迪克特·安德森指出的那样："当一个民族国家寻求制定一个世界通用的'想象共同体',从而追求正义与进步的普适目标,教育的同构随之而来。"[10]这种分析维度和分析类型的核心就是关系思维或关系逻辑,而这个分析和实践过程通常被视为通往组织传奇的艰难阶梯。

(三)实践基础

在扎实的理论建构基础上,发展共同体建设更需要坚实的实践基础,事实上,对于浙江金融职业学院而言,从学校发展系统到教师、学生、校友发展共同体是一个系统的认识过程和动态的实践过程。美国社会学者兰德尔·柯林斯指出:"社会之存在以及它影响个体的可见行为的方式,都是通过那些不可见的命名、规则以及定位系统来实现的,这些系统是个人进行认同及定向的对象。"[11]现代社会中的高等学校已经成为事实上的法人体系(或称学校发展系统)[12],而并不是一个法人单位,这就为学校创新发展、资源整合、办学凝聚和体制机制建设创造了十分有利的条件。教师、学生、校友发展共同体是学校发展系统的深化,其本质是推动实现教师、学生、校友互动发展与融合发展。"高等教育研究不能陶醉于收集信息的应用研究,而要凭借复杂性、出人意料的信息和长远的观点让行动者惊奇不已",[13]我们力图超越简单地收集和描述事实,尝试从比较的、历史的和结构的角度构建一种最低共同分析维度或最低共同分析类型,下文我们将从理念、个案、经验等实践层面展开分析。

三、高职院校教师学生校友发展共同体理念

美国社会学者兰德尔·柯林斯指出:"各种主导性观念总是锚定于某些特定群体中,而不是存在于随意、漂浮的孤立个体中。"[14]教师、学生、校友都是学校工作相关主体,有不同的岗位职责和工作使命,教师的职责是教书育人、立德树人,学生的职责以学为主,全面发展,校友的使命是立足岗位,创新创业,但他们有一个共同的名字即母校,因母

校而相识、因母校而相知、因母校而相亲。自然有理由为了母校的共同发展而同心同德、同向同行,也只有教师、学生、校友,能够形成一个发展统一体和命运共同体,才能彰显学校的价值和办学治校的根本,如果三者是割裂的,说明学校办学治校是失败的,这就是我们提出教师、学生、校友发展共同体的目的和意义所在。

（一）教师是最为基本的学校建设力量

百年大计、教育为本,教书育人、教师为基,教师是高职院校建设发展中最为基础和基本的力量,既是办学的基本要素条件之一,也是决定学校教书育人水平和办学治校高度的重要力量,没有一支师德高尚、数量适当、素质精良的教师队伍,就很难担当起提高学校办学治校水平的责任和使命,无论是教学、管理、后勤服务和各种保障,都是由教师和教职工来实施和完成的,没有教师,也就无法成为学校,师德、师风、师艺、师能乃是决定学校创新发展的重要因素。教师为基的理念是全心全意依靠全体教师办学,这就要充分发挥教师在发展共同体中的主体作用、基础作用和基本作用。与此同时,发展共同体对教师的要求是融入一个团队、上好一门及以上课程、带好一个及以上班级、形成一项及以上教学成果、开展一项及以上科研和社会服务、做出一项及以上特别贡献。在这个过程中,尊重教师个性、倚重教师德才、注重教师发展。

（二）学生是最为重要的办学主体

学校是一个人才培养的组成,因学生的存在所产生其他各种需求,学生规模、层次对校舍、教学条件、教师队伍的要求,没有学生就不需要学校,这也是学校区分于其他组织的重要特征。因此,把学生比作学校存在和发展之本并不为过,而学生又是川流不息的活生生的主体,学生的成才成长决定着学校的品牌,学生的感情认可决定着学校的力量,学生能否得到个性化的指示和帮助,体现了学校办学的水平,学生主观能动性的培养和发挥,彰显了学校教育教学的水准。学生为本的理念是关爱学生进步、关注学生困难、关心学生就业,这就要充分发挥学生在发展共同体中的主动作用、互动作用和参与作用,与此同时,发展共同体对学生的要求是健康、乐学、上进,在这个过程中,我们秉持"一切为了学生、为了学生一切、为了一切学生"的方针,通过"爱生节"等载体深化学生为本。

(三)校友是学校最为宝贵的富矿

所谓校友,就是在学校学习过、工作过的人员,对此,每一所学校在其章程中都有界定,我们无意在此去讨论这个定义,也不对校友做精确的概念性界定,而是泛指从学校毕业出去的一届一届毕业生。校友们接受了三年乃至更长时间的系统化培养,都有具体的班级编制,都有自己的老师、班主任、辅导员和众多的同学,结成了特殊的情缘,走上工作岗位后,又在不同岗位从业发展或者创新创业,因此,校友的历史就是学校的历史,校友的水平就是学校的层次,校友的发展就是学校的发展。校友为宗的理念是关爱每一位校友,这就要充分发挥校友在发展共同体中的认同作用、主动作用和互动作用,与此同时,发展共同体对校友的要求是传播正能量、传递好声音、传唱母校好。我们的方针是重视成功校友、关心成长校友、巩固老校友、开发新校友,在这个过程中,通过"2300"校友文化活动载体和校庆日、校友文化育人日、校友回母校活动日的节日深化校友为宗的理念。

四、构建教师学生校友发展共同体:浙江金融职业学院的探索与实践

刘献君教授指出,院校研究要"强烈面向问题、强烈面向实践、强烈面向应用"[15]构建教师、学生、校友发展共同体,在理论上十分重要,实

践上的意义更加重大,既表示学校发展的内部资源力量,也关系到学校发展的外部力量,进而实现以真心换真情、以主动促互动的整体效果,必须作为一种战略来研究,并上升到办学治校基本理念上,并通过"三千"工程即教师千万培养工程、学生千日成长工程、校友千花盛开工程加以落实和推进,具体来说:

(一)坚持教师为本,切实重视教师队伍建设

教师的重要性是不言而喻的,为了尊重和加强教师队伍,国家还专门设立了教师节,但问题的关键是要把对教师的关心尊重和培养建设放到重要位置,花大力气、筑大工程,以真项目推动建设。一是要从思想观念上真重视,要确立尊重教师个性,倚重教师德才,注重教师发展的"三重"理念,真正做到优待厚待,时不我待。二是要行动上真实干,要牢固树立全心全意依靠全体教师办学的指导思想,增强对教师培养提高重要性的认识,大力实施教师发展千万培养工程,从各类群体、各个层次教师的需求出发,有针对性地通过国外访学、国内研修、挂职锻炼、实习实践等路径切实加以提高,包括攻读博士学位、取得双师资质、丰富阅历经历等。三是创设载体和机制,如浙江金融职业学院针对各个年龄段教师的需求,在认真调研的基础上,明确提出全面构建"三金"机制,这是激励制度化的实现途径。赛尔兹尼克认为"制度化是有序的、稳定的社会整合模式,制度化关键是忠诚机制的形成"。[16] "三金"机制即中青年教师培养与成长的金翅膀机制,中年教师稳定与发展的金台阶机制,老年教师幸福与安康的金降落伞机制,形成全方位各分类激励格局。四是特别要加强青年教师的快速培养和加大提拔工作力度,努力做到常规发展有渠道、特色发展有通道、快速发展有专道、特殊发展架专线,为此浙江金融职业学院青年事业发展纲要(2016—2025年)(简称"金院青年2025")正在实施,金院青年骨干教师集训班正在分批进行,重青用青,重博(士)引博(士)的氛围正在形成。上述这

一系列举措的目的是引领成长、促进提高、培养感情、积蓄力量、共建共享,让教师备感幸福。

(二)坚持学生为本,认真抓好学生培养工作

学校的天职是人才培养,其他各项职能都是在此基础上派生的,对于高等职业院校而言,这一点更加突出。与此同时,在学校学生又是相对弱势的群体,他们更需要关怀和呵护,所以除了教育培养以外,关怀呵护也是必需的。当然,重视学生,以生为本,既是抽象的,也是具体的。一是要从指导思想上确立一切为了学生、为了一切学生、为了学生一切的思想,自觉构建关爱学生进步、关注学生困难、关心学生的"三关"工作体系,并不断加以推进和完善。二是研究有利于尊重重视学生、关心帮助学生的机制。如浙江金融职业学院于 2008 年在全国首创了"爱生节",确立每年 5 月 23 日(5·23 谐音我爱生)为"爱生日",后又从 2010 年开始确定每年 11 月 23 日为"深化爱生日",旨在以此推动和促进爱生共识,成效比较明显。三是要研究学生培养成长的具体举措,促进学生在校最大增值,浙江金融职业学院从 2007 年开始创造性研判并实施学生千日成长工程,引导学生把从入学到毕业大约 1000 天时间进行精心规划,实现持续成长进步,同时强调一年级金院学子突出学做人,二年级院系学友强调精专业,三年级行业学徒重视会做事,并以千日成长规划、千日成长记录、千日成长实践、千日成长考核、千日成长奖评、千日成长总体等机制,努力促进学生在千日成长理念下天天成长、健康成长、快乐成长、幸福成长、人人成长、持续成长。四是着力围绕就业导向和目标,注重培养和增强就业创业能力,全校上下构建齐抓共管机制,推动学生优质就业、对口就业、顺利就业,并在岗位上健康成长,其目的是推动学生最大增值,激发学生对母校的感情,以强烈的主人翁意识参与学校建设的发展。

(三)坚持以校友为宗,全面激发校友工作正能量

校友是学校建设最重要的力量,校友反映出校友办学水平,如何培养和激发校友的力量,使之成为学校建设和发展的重要主体力量非常重要。一是完整正确认识校友工作,对学校来说,校友是资源需要去积累,校友是力量需要去汇集,校友是品牌需要去建设,校友是财富需要去开发,校友是桥梁需要架构,校友是平台需要搭建,全面完整正确认识校友,才能激发开展校友工作的动力。二是要把关心校友岗位成才发展作为学校坚持不懈的工作重点,如浙江金融职业学院"关爱每一位校友"的理念,对刚毕业走上工作岗位的校友提出"135791"的职业生涯规划目标,即一年熟悉岗位、三年成为骨干、五年成为尖子、七年顺利优岗(实现发展)、九年初成事业、一生平安幸福,并按其跟踪考核,体现了对校友的关怀。三是全面重视校友会工作,要始终做到重视成功校友、关心成长校友、巩固老校友、开发新校友,把校友纳入工作视野,与此同时,要创设载体推动校友会工作。如浙江金融职业学院提出并实施的"2300活动"即千名学子访校友、千名校友回课堂、百名校友上讲台、百名校友话人生、百名教师进企业活动,较好地推进了校友与母校的互动,对校友成长发展也有较大帮助和促进。校友工作的目的是传递情感、激发感情、谋求团结、形成力量。

(四)推进教师、学生、校友发展共同体建设

探索形成了以教师为基、学生为本、校友为字的工作理念和思路,这就为教师、学生、校友发展共同体建设提供了基础和条件,在此基础上,我们要着力做好以下几项工作。一是把教师、学生、校友作为一个整体看,既要做好教师千万培养工程,也要抓好学生千日成长工程,还要打造校友千花盛开工程,让"三千"工程汇成一体,作为办学治校的总理念,做任何决策都把三大主体、"三千"工程作为一个整

体,汇集起磅礴正能量。二是实施愿景计划,找到教师、学生、校友共同关注的兴奋点。这就是母校发展的生长点,教师、学生、校友因母校之缘而结识,我们要继续创造条件使其千里有缘再相会、不断相会、时时可相会,浙江金融职业学院开设的友"缘"描绘,创造性提出"共同描绘校友美好人生、共同描绘母校美好前景、共同描绘祖国美好未来"的愿景,较好地表达了大家的情感。三是要探索形成和积聚培养共同文化,浙江金融职业学院明确校内的每一处文化景观均由校友捐建,明确提出构建以校友为基点的校企合作体制机制和以校友为主体的校外兼职教师队伍等,这就从制度层面逐渐向文化层面过渡,为共同体建设奠定基础。

五、结　语

教师、学生、校友从个体层面上看都与母校相关联,每个群体中都不乏珍珠和金子,是金子总会闪光,但这些珍珠需要通过我们母校的手系成项链,这无数串项链,就能闪耀绚丽灿烂的光芒,这就是教师、学生、校友共同体建设的使命,也应当是基于绿色发展的高职院校办学治校新视角、新理念所在。当前,教师学生校友发展共同体面临着复杂的组织、变化的环境及多元的价值等方面的挑战,为此,应立足于提高高职院校办学治校水平新视角,从以下两个方面着手推进实践:一是把握创新性与制度化的平衡,主要解决在发展共同体构建中的顶层设计与基层创新之间保持张力,实现在整体设计指导下逐步推进;二是把握统一性与多样化的平衡,主要解决在发展共同体构建中鼓励个体卓越与维护群体共识之间保持张力,实现组织忠诚背景下的个体卓越。为此,我们需要研究反思与实践深化,只有在研究中不断反思,在实践中不断深化,才有可能缔造组织传奇,实现基业长青。

参考文献

[1] 教育部召开例行新闻发布会[EB/OL].（2017-09-28）http://www.chinanews.com/gn/2017/09-28/8342539.shtml.

[2] 德里克·博克.走出象牙塔:现代大学的社会责任[M].徐小洲,陈军,译.杭州:浙江教育出版社,2001:13.

[3] 克拉克·克尔.大学之用(第五版)[M].高铦,高戈,汐汐,译.北京:北京大学出版社,2008:5.

[4] 亚伯拉罕·弗莱克斯纳.现代大学论:美英德大学研究[M].徐辉,陈晓菲,译.杭州:浙江教育出版社,2001:6.

[5] 让-保罗·萨特.存在主义是一种人道主义[M].周煦良,汤永宽,译.上海:上海译文出版社,2012:2.

[6] 克拉克·克尔.大学之用(第五版)[M].高铦,高戈,汐汐,译.北京:北京大学出版社,2008:1.

[7] 转引自兰德尔·柯林斯,迈克尔·马科夫斯基.发现社会:西方社会学思想述评(第八版)[M].李霞,译.北京:商务印书馆,2014:250.

[8] 周光礼.大学变革与院校研究[M].北京:北京大学出版社,2017:7.

[9] 兰德尔·柯林斯,迈克尔·马科夫斯基.发现社会:西方社会学思想述评(第八版)[M].李霞,译.北京:商务印书馆,2014:27.

[10] 转引自 Heinz-Dieter Meyer,Brian Rowan. The new institutionalism in Education[M]. Albany:State University of New York Press,2006:126.

[11] 兰德尔·柯林斯,迈克尔·马科夫斯基.发现社会:西方社会学思想述评(第八版)[M].李霞,译.北京:商务印书馆,2014:20.

[12] 周建松,陈正江.学校发展系统:理论建构与实践探索[J].高等工程教育研究,2015(3):54-58.

[13] 乌尔里希·泰希勒.高等教育研究:一个多学科研究的案例[J].

清华大学教育研究,2003(1):1-8.

[14] 兰德尔·柯林斯,迈克尔·马科夫斯基.发现社会:西方社会学思想述评(第八版)[M].李霞,译.北京:商务印书馆,2014:4.

[15] 刘献君.院校研究[M].北京:高等教育出版社,2008:3.

[16] 周光礼.大学变革与院校研究[M].北京:北京大学出版社,2017:138.

(本文发表于《职教论坛》2018 年第 9 期)

高职院校产教科教双融合机制的构建与实践

——基于学校发展系统的视角

摘　要:在深入实施创新驱动发展战略、加快发展壮大现代产业体系的背景下,深化产教融合和科教融合是高职院校推进人才培养供给侧结构性改革的迫切任务,基于学校发展系统构建产教科教双融合机制是支持这项任务的基础性工作。本文从学校发展系统视角出发,探讨高职院校产教科教双融合新机制的构建,并结合浙江金融职业学院的探索与实践进行个案分析,为高职院校深化产教融合与科教融合提供启示与借鉴。

关键词:高职院校;学校发展系统;产教融合;科教融合

一、问题的提出

经过改革开放 40 多年的探索实践,尤其是 21 世纪以来的快速发展,我国高等职业教育(以下简称高职教育)以服务为宗旨、以就业为导向的发展道路已非常明确,深化以产教融合、校企合作、工学结合为核心的办学模式、人才培养模式与教学模式改革逐步深入人心,推进科教融合的工作也日益受到重视。然而,当前我国高职教育产教融合大多还停留在宏观政策和理念层面,具体表现在:一是学校层面的多,专业(系部)层面的少;二是停留在校外教育、学生就业层面的合作多,集中在科技攻关、社会服务层面的合作少;三是企业为学校提供的帮助多,学校为企业提供的服务少;四是人情关系型合作多,长效机制型合作少。针对以上问题,本文从学校发展系统的视角探讨高等职业院校

（以下简称高职院校）产教融合与科教融合，提出基于学校发展系统构建高职院校产教科教双融合机制，以促进产教融合与科教融合的政策和理念落地并转化为高职院校的具体行动。

二、产教融合与科教融合

美国著名教育家欧内斯特·博耶提出将学术分为四种类型，即探究的学术——通过研究来发现新知识，综合的学术——通过课程发展建立学科间的联系来综合知识，应用的学术——用一定的方法将理论与实际联系起来，传播的学术——通过咨询或教学来传授知识。这种分类符合高等学校的现实，因此得到了高等教育界的普遍认同，特别是"应用的学术"和"传播的学术"是开展产教融合与科教融合的理论基础。事实上，产教融合与科教融合一直贯通并且支配着我国高职教育的发展，随着我国创新驱动发展战略、科教兴国战略的深入实施，高职院校产教融合与科教融合也进入深化阶段，从宏观上看，两者都是国家统筹推进教育综合改革的重要制度安排；从微观上看，两者也都是高职院校实现人才培养职能的基本手段。

（一）产教融合

产教融合是指教育与产业融合并以此促进教育和产业联动发展。亚伯拉罕·弗莱克斯纳曾指出，企业之所以需要大学，不仅是因为大学为它们的实验室培养化学家和物理学家，而且还因为大学训练了适用于任何领域的智慧。深化产教融合，目的是通过加快高职教育发展方式转变，不断增强高职院校服务人的发展和经济社会发展的能力。2014年2月26日召开的国务院常务会议中指出，要加快发展与技术进步和生产方式变革以及社会公共服务相适应、产教深度融合的现代职业教育。同年发布的国务院《关于加快发展现代职业教育的决定》要求深化产教融合、校企合作,培养数以亿计的高素质劳动者和技术技能人才。党的十九大报告提出,完善职业教育和培训体系,深化产教融合、校企合作。随后,2017 年 12 月国务院办公厅发布《关于深化产教融合的若干意见》(国办发〔2017〕95 号)(以下简称《意见》),聚焦于产教融合的进一步全面部署,从战略层面为推动产教融合指明了方向。

(二)科教融合

产教融合主要体现的是学校外部产业与教育的关系,而科教融合主要体现的是学校内部科研与教学的关系。科教融合是指科学研究与人才培养的结合。科研在高职院校的发展中起着支撑和引领作用,科教融合首先体现在对教学的反哺上,科研为教学提供新思想、新素材,提高教学质量;其次体现在对教师发展的促进上,使教师在科研的支撑和引领下不断成长;最后体现在院校发展上,科教融合对院校发展意义重大,是院校提升创新发展能力的必由之路。一般而言,地方性大学都是从本土涌现出来的。它们通过满足地方需求获得部分资助,体现地方特色的技术开发活动,一般都是地方性大学的强项。高职院校新技术应用是伴随着产业升级和技术进步对高职教育发展提出的新要求和新方向,更是利用新技术驱动高职教育改革、加大服务区域经济力度、改革人才培养模式的综合性创新实践,在加速高职院校科技成果向产业转化的过程中增强学生应用实践和就业创业能力的培养,在丰富和壮大产业发展中主动作为。

三、基于学校发展系统的高职教育产教科教双融合机制构建

《国家中长期教育改革和发展规划纲要(2010—2020 年》提出:"创新办学体制,建设现代学校制度。"学校作为教育事业的基本单元,是社

会有机体的重要组成部分。学校发展深受社会发展的影响,同时也深刻影响社会发展,学校发展必须经常谋求对社会的适应甚至超越。"生态学是研究生物与环境辩证统一关系的科学,也是一种科学的思维方法。"在生态学隐喻的意义上,学校通过与周围环境的联系、交换,进行自身结构与功能的调整,从而实现自身发展与多样社会需求满足的耦合,进而实现高职院校与所处自然环境、社会环境与价值环境的和谐发展,高职院校发展系统是这种思维方法在高职教育领域的应用。

(一)高职院校发展系统

1. 含义

美国教育学家伯顿·克拉克指出:"系统这个名词有很多用法,意义变化不定,模棱两可,使人感到麻烦,但在任何社会科学中又必须采用这个概念。这就需要扩展边界,把认真从事教育活动的行动者和行动作为系统的组成部分,所有其他实体和集团都在系统之外,成为环境的一部分。"学校发展系统的核心要义是通过系统构建,把学校自身发展和外部支持力量结合起来,找到共生点,形成互动、共赢的良性发展机制。构建学校发展系统是适应教育结构与变革的一种路径,其理想是透过教育组织变革的手段与过程,以期能获致学校发展的目标与结果。作为创新办学体制,建设现代学校制度的一种实践模式和一种理论成果,高职院校发展系统是将高职院校、职业教育集团、校友及行业这些主体置于高职教育领域与社会行业领域之中,由此构建一个以高职院校与外部环境的联系为核心的系统。高职院校发展系统主要包括人力资源与物质资源的配置、学生福利与教师关怀的增长、管理结构与方法的优化、与多方利益相关方之间的合作等多个维度,同时,学校的外部环境也是一个生态系统,外部环境有关各要素可看作系统内的生态因子,凸显了高职院校与外部生态环境共生互动的办学特色。

2. 特征

高职院校发展系统本质上是一种参与式治理结构,这种治理结构具有以下特征:一是空间上的开放性。现代学校的特征之一是"结构开放",这主要表现为内部和外部两个向度的开放,即在内部向师生开放,在教与学的活动中向学生发展的可能世界开放;在外部向社会开放,在与社会互动中向学校发展的可能世界开放。二是时间上的持续性。人才培养是一个有时间规定的教育过程,在这个过程中,通过高职院校发展系统在不同层次深化产教融合与科教融合,全面提升人才培养质量。三是协同上的复杂性。系统的功能由其结构及环境共同决定,多元利益相关者的支持与参与,应用系统思想分析高职教育组织以及其与环境的跨层级、跨部门和跨行业的协作伙伴关系,这正反映了协同上的复杂性。以上特征都会对产教科教融合质量产生很大的影响。

3. 功能

深化产教科教融合是加快教育治理模式转变的必然要求,而产教科教融合能否推进并深化,必须依托高职院校发展系统,高职院校发展系统发挥着以下三个方面的功能。首先,从学校发展系统视角对高职院校产教科教融合进行研究,有助于突破仅从学校角度进行思考的单向度模式。从系统论的视角聚焦学校发展,使高职院校发展与现实世界产生更紧密的联系,这正是产教融合、科教融合所要实现的目标。通过大胆而又审慎地应用系统思想审视学校,拓展高职教育发展的视野,开辟高职院校发展的道路。其次,高职院校发展系统增强了院校资源整合能力,高职院校以培养高素质技术技能人才为己任,经济社会发展对人才和创新的多样化需求,推动高职院校的办学定位和功能发生深刻变化,要求其向内涵式发展转轨,这是落实新发展理念的必然要求,也是推动高职教育实现可持续发展的重要基础。最后,在推进管办评分离和"放管服"改革的过程中,高职院校发展系统引入企业等主体参与办学,积极发挥行业协会和社会第三方作用,促进办学主体多元化、治理结构现代化,有力地提高了高职院校人才培养适用性,在深化办学体制改革中提升高职教育质量。

(二)基于学校发展系统的高职教育产教科教双融合机制构建原则

1. 以人才培养为主题主线

作为一种教育类型,高职教育打破了传统学校的封闭,跨越了企业与学校、工作与学习的界域,产教融合、科教融合充分体现了高职教育跨界的本质和特点。现代职业教育体系的核心主题主线是人才培养,要想把产教融合和科教融合从理念转变为行动,必须找到合适的载体,这就要求高职院校必须打破在学校里办教育的思维定式,形成系统集成,采取跨界行动,架构学校发展系统,通过这一系统来构建产教、科教双融合机制,推动专业设置与产业需求对接、课程内容与职业标准对接、教学过程与生产过程对接、毕业证书与职业资格证书对接,实现经济转型升级各环节和人才培养全过程得以匹配,推进一体化育人。

2. 以产教科教融合为抓手

高职教育与区域经济社会发展紧密结合,助力区域经济转型、产业企业升级。产教融合和科教融合是实现高职教育内涵式发展、提高人才培养质量、支撑科技创新和服务区域行业产业的基本手段,高职教育要提高适应市场能力,提高教育教学的适切性和人才培养质量,必须在构建良好的产教融合体制机制的同时,不断深化科教融合,促进校企协同创新,缩短成果转化链条,加快高职院校创新力向产业竞争力转换,使其真正成为催化产业技术变革、加速创新驱动的重要策源地,增强高职院校对经济发展和产业升级的贡献度。因此,高职院校需要根据国家区域发展战略和产业布局,开发符合国情、国际开放的校企合作培养人才和协同创新模式,把办学和育人的优势转化为创新优势和产业竞争优势,以此实现人才培养职能并推动产教融合、科教融合成为院校转型的"助推器"、促进就业的"稳定器"、人才红利的"催化器"。

3. 以支持制度建设为保障

产教融合与科教融合都承载和体现着高职院校的办学和育人的思想与理念,学校发展系统为我们审视促进建立高职院校产教融合、科教融合长效机制这一命题提供了新的分析框架。然而,产教融合不仅是教育制度,更是经济制度、产业制度的组成部分,职业教育产教融合、校企合作中存在的问题主要是企业主体缺位、行业企业参与不够,反映出经济领域缺少支持产教融合的配套制度。因此,与以往推进校企合作的制度不同,《国务院办公厅关于深化产教融合的若干意见》更关注产教融合协同体系的构建与合作机制的建设,从七个方面三十项举措明确提出产教融合"四位一体"的架构,并强调有效、透明的合作、投资与奉献是行业企业履行社会责任的一种形式。

(三)基于学校发展系统的高职教育产教科教双融合机制构建举措

1. 以学校为单位做好产教科教双融合顶层设计

落实开放合作育人理念,面向产业和区域发展需求创新教育组织形态,实施产教融合与科教融合双轮驱动计划,全面推行现代学徒制和企业新型学徒制。推动学校招生与企业招工相衔接,校企育人"双重主体",学生学徒"双重身份",学校、企业和学生三方权利义务关系明晰。实践性教学课时不少于总课时的50%。并聘请劳动模范和高技能人才兼职授课,开展生产性实践,加强劳动教育,培育工匠精神。

2. 以专业（群）为单元落实产教科教双融合实施运行

明确以专业（群）为基点建立二级管理体制，形成重点专业带动专业群的特色发展之路，鼓励在专业（群）层面上配强管理干部，配置管理人员，设立专门的产教融合、协同创新、社会培训（服务）机构，积极开展开放合作育人平台建设和社会服务创新，并围绕学生优质就业和有效创业提供全方位服务，使产教科教融合落实有抓手。

3. 以发展系统为依托支持产教科教双融合深化开展

我国经济发展进入新常态，工业化、信息化深度融合带来新业态、新技术、新模式等新经济蓬勃发展。新兴产业发展对人才的创新性、实践性需求日渐融入人才培养各个环节，迫切要求学校开门办学，创新教育培养模式、组织形态和服务供给，将教育内容向社会延伸，加快校企协同育人。

四、基于学校发展系统的高职教育产教科教双融合的探索与实践：以浙江金融职业学院为例

上文提出了基于学校发展系统的高职教育产教科教双融合机制的构建原则和主要举措，而如何进一步创新思路、探索实践，推动产教融合从宏观框架走向微观操作，从单一目标走向复合功能，从简单叠加走向综合互动，仍然是摆在各所高职院校面前的紧迫课题。特别是大多数高职院校兴建于 21 世纪后，通常地处城市郊区，受资源条件约束，产教科教融合存在一定的空间障碍，加上人财物等综合资源约束，不仅"走出去"不易，"请进来"也困难。本文运用个案研究方法对浙江金融职业学院推进产教科教双融合的经验进行总结提炼，以便产生可复制可推广的经验。

（一）产教科教双融合的探索与实践历程回顾

1."行业、校友、集团共生态"办学模式

早在 2006 年,在建设国家示范性高职院校过程中,学校就针对高职教育特点积极构建"行业、校友、集团共生态"办学模式(以下简称"共生态"办学模式),在此基础上建立浙江金融职业教育集团、产学合作委员会和发展咨询委员会,依托行业和校友、集团成员力量形成合作育人的总体框架,这种办学模式与产教科教融合在精神与内涵上有着高度的一致。"共生态"办学模式是基于生态学的理念与原理,结合学校办学实践形成的。此模式以"高职院校—外部环境"的互动、共生关系为核心,以自然环境构建为主线,以社会环境与价值环境要素的融入为辅助,重构了以资源为核心的自然环境、以制度为核心的社会环境、以文化为核心的价值环境,营造了良好的办学生态。

2.学校发展系统

产教科教双融合是提升高职院校办学水平和人才培养质量的重要驱动力量,基于"行业、校友、集团共生态"办学模式的探索与实践,2013 年,学校第二次党代会提出构建浙江金融职业学院发展系统,即以一个事业单位法人——浙江金融职业学院为主体,以两个企业法人——杭州资信评估公司、浙江金苑培训中心,两个社会团体法人——浙江金融职业学院校友总会、浙江金融教育基金会为支持成员,在完善"行业、校友、集团共生态"办学模式的基础上,不断优化完善学校发展系统,并构建基于学校发展系统的产教科教双融合机制,有力助推学校人才培养、科学研究和社会服务工作。

3.教师学生校友发展共同体

高职教育的类型特征决定了教师、学生、校友既存在于学校内部,又存在于学校外部,发展共同体基于三者之间的各种互动关系构

建而成，这种利益共同体机制既是一种制度，也是一种工具。学校这些年坚持以教师为基、学生为本、校友为宗的工作理念，探索将学校自身发展和外部支持力量结合起来，并通过"三千工程"即教师千万培养工程、学生千日成长工程、校友千花盛开工程加以落实和推进，为教师学生校友发展共同体提供了理论基础和实践条件，在实践中取得较好成效。

（二）基于学校发展系统推进产教科教双融合体系具体运作

学校落实浙江省十四次党代会提出实施重点高校建设计划和产教融合发展计划，坚持就业立校、合作兴校、服务强校理念，发布学校《关于深入推进产教融合工作的实施意见》，基于学校发展系统，从主体系统——学校层面和支持系统——企业法人和社会团体法人层面构建体系，服务国家战略及浙江省八大"万亿产业"发展战略，吸引社会多元主体参与，促进人才培养供给侧和产业需求侧结构要素全方位融合，培养高素质创新创业人才。

1. 主体系统——学校层面

一是树立主动对接、主动作为的理念，防止等、靠、要，主动发现有为时间、作为空间，以满足经济社会和产业变革的需求和发展；二是根据不同专业群，构建有差别的产教科教融合体制机制，如金融专业群就是基于数字普惠建立产教科教融合综合体，国际贸易专业群基于学创互动建立产教科教融合共生体，会计专业群则是基于真实过程建立产教科教融合有机体；三是产教科教融合中深化教与学的结合、双师教学团队的建设、人才培养与科学研究的协同，争取资源与服务社会的良性运行，从根本上促进人才培养质量和办学治校水平的提高，彰显高等职业教育的不可替代性和旺盛生命力。

2.支持系统——企业法人和社会团体法人层面

两个企业法人和两个社会团体法人在学校深化产教科教双融合既各有侧重,又相互补充。在企业法人层面——杭州资信评估公司和浙江金苑培训中心,前者在科教融合方面着力较多,通过科研平台和载体建设,推行科教融合反哺育人。后者在产教融合方面着力较多,加强产教融合实训环境。在社会团体法人层面——浙江金融职业学院校友总会和浙江金融教育基金会,前者在产教融合方面着力较多,后者在科教融合方面着力较多。

(三)推进产教科教双融合具体载体及运作

1.校内生产性实训基地

学校建有全国唯一的校中行——浙商银行总部客服中心和浙江金融职业学院银行客服实训基地。浙商银行总部客服中心落户学校是建立新型行校合作关系,推进产教融合的创新举措,实训的课时安排、实训场地的功能分布、学生录用等具体方案都是通过产教科教双融合主体联合确定的,对创新人才培养模式具有深远意义,继续加强与行业企业合作,做实、做精、做大,不断扩大学生参与度和受益面,培养优质银行客服人才。

2.协同创新中心

以跨境电商综合服务应用技术协同创新中心、服务万亿金融产业产学研协同创新中心等省级和校级协同创新中心为载体,构建校、政、行、企、会合作办学和协同育人机制,积极助推产教融合工作。以服务万亿金融产业产学研协同创新中心为平台,推进浙江地方金融发展研究院建设。组织普惠金融发展与浙江乡村振兴、金融支持浙江实施"一带一路"倡议、金融发展支持高质量增长与风险防范等课题研究,建立以研究成果为指标,以激励为导向的考核制度,建设以校内教师为主,以校内柔性引进领衔专家为支撑的研究团队。以浙江省跨境电商综合服务应用技术协同创新中心为平台,推进应用技术研发团队建设,支持柔性引进或聘任研发人员进入协同创新团队。

3.技术技能积累和运用

围绕浙江省产业创新服务综合体建设,进一步加强以"专业运用技术协同创新、行业企业员工培训、企业资信评估"等为核心服务的技术技能积累与应用平台建设;大力推进省级和校级协同创新中心建设,支持校企合作开展应用技术协同研发、智库建设,鼓励软件著作权、专利技术等应用技术成果转化;支持相关部门、二级学院联合企业、科研院所围绕产业发展需求开展协同创新,共建共创共享依托大金融产教融合共同体、社会服务有机体、高职金融教育综合体建设技术技能积累和社会服务的省级及以上协同创新中心、国家实验实训基地、省级实验实训基地和校外实习基地、紧密型产学合作基地,推动成果转化和服务社会。

4.校办企业服务能力提升

发挥学校专业和人才优势,探索推广"互联网＋职业培训"线上线下结合的教学方式,建设特色化、专业化职业培训平台和移动客户端,不断提升浙江金苑培训中心对企业职工在岗教育培训、学历进修等服务水平,广泛吸引各级政府和各类行业企业向学校购买服务。推进杭州资信评估公司、浙江众诚资信评估有限公司建设,发挥学校专业优势,全面实施"企业评级服务工程",为机构、企业提供优质评级服务。

5.校友千花盛开工程

坚持以主动换互动,以真心换真情,并将这种理念内化为文化,成为师生共同的实践行为。采取"请进来"与"走出去"方式,以校友为主体建设"六合一"专业教学指导委员会和千人金融大智库。健全并完善以校友为主体,以"学校校友总会、金融教育基金会"为载体,充分运用校友力量推进产教融合工作,鼓励校友参与大创小镇建设,引导校友企业与学校建立紧密型产学合作关系,形成学生在学校学习、进企业实践、获校友指导的创新互动的良好生态。

6. 依托中国高等教育学会职业技术教育分会理事长单位等平台

深化与行业交流合作,加强与省内外同类职业院校共享职业教育资源,共建高端合作项目。依托行业主管部门和行业协会,吸引行业组织参与校企合作办学,建立健全学校行业指导委员会、创新创业教育专家指导委员会等组织及其运行机制,积极推进学校教育工作与行业的有机融合。强化行业协调指导。行业主管部门要加强引导,通过职能转移、授权委托等方式,积极支持行业组织制定深化产教融合工作计划,开展人才需求预测、校企合作对接、教育教学指导、职业技能鉴定等服务。

通过上述体系构建与具体运作,学校实现产教科教双融合五大目标。一是专业建设与产业、行业发展相融合与对接,人才培养不能滞后于产业、行业发展,要研究产业、行业发展前沿,培养技术技能人才;二是培养过程必须跟企业一起来进行,学校开展的建"六合一"专业教学指导委员会、校企合作千花盛开工程、银领学院都是很好的做法;三是采取走出去和引进来的形式,与企业共同打造一系列产教融合平台,建设好校内外实训基地,除满足基本教学需要外,共同打造应用技术型协同创新平台;四是与企业共同建设一支"双师型"教师队伍,聘请具有丰富实践经验和一定理论水平的业界人士作为学校的兼职教师;五是在完成校内外实训的基础上,与企业共同做好实习环节教育,规范教育过程,提升技术技能人才培养质量。

五、结　语

本文将学校发展系统的观念用于研究高职院校深化产教融合、科教融合机制中,是高职教育院校研究的新视角。在个案实践经验的基础上,对浙江金融职业学院产教科教融合实践经验进行总结提炼和归纳提升,以超越单个学校狭隘的经验,发现高职院校产教科教融合发展困惑与瓶颈的普遍意义,为推进高职院校可持续发展提供更为充分的理论与方法支撑,促进高职教育从外延式发展向内涵式发展的转变,以更好面向社会的多元需求,推进新时代中国特色高等职业教育创新发展。

参考文献

[1] 欧内斯特·博耶.关于美国教育改革的演讲[M].涂艳国,方彤,译.北京:教育科学出版社,2002:74-77.

[2] 亚伯拉罕·弗莱克斯纳.现代大学论——美英德大学[M].徐辉,陈晓菲,译.杭州:浙江教育出版社,2002:156,222.

[3] 苏志刚,尹辉.科教产教融合,建设高水平应用型本科师资队伍[J].中国高校科技,2018(11):8-11.

[4] 周光礼,马海泉.科教融合:高等教育理念的变革与创新[J].中国高教研究,2012(8):15-23.

[5] 谢志远,刘燕楠.深化产教融合,推动职业教育技术革命——高职院校新技术应用人才发展战略思考[J].中国高教研究,2018(3):103-107.

[6] 贺祖斌.高等教育生态论[M].桂林:广西师范大学出版社,2005:6.

[7] 伯顿·克拉克,主编.高等教育新论——多学科的研究[M].王承

绪,徐辉,郑继伟,等,译.杭州:浙江教育出版社,2001:7.

[8] 周建松,陈正江.学校发展系统:理论建构与实践探索[J].高等工程教育研究,2014(3):58-63.

[9] 和震.建立现代职业教育治理体系 推动产教融合制度创新[J].中国职业技术教育,2014(21):138-142.

[10] 周建松.以专业(群)为单元,探索建立开放合作育人机制[J].中国高等教育,2010(9):45-46.

[11] 周建松.生态学视阈下的高职院校开放合作办学模式构建——以浙江金融职业学院为例[J].高等教育研究,2009(12):63-68.

[12] 丁斐,于海棠.张謇实业教育思想与美国威斯康星理念比较研究——兼论现代地方大学服务社会功能[J].江苏高教,2011(4):150-152.

[13] 胡玉霞.校企合作推动高校物流管理专业人才培养路径研究[J].贵阳学院学报(社会科学版),2018(6):100-103.

(本文发表于《中国高校科技》2019年第1/2期)

第四章

提升院校治理

高职院校治理体系现代化:理论意涵与实现机制

摘　要:高职院校治理体系现代化既是构建现代职业教育体系的重要基础,也是创新发展高等职业教育的根本保障。高职院校治理体系现代化是一个开放系统、动力机制和学习过程,其关系模式、实现路径及发展趋势均在实践中呈现出独特性。通过理解和把握高职院校治理体系现代化的理论意涵,促进高职院校治理机制臻于完善。

关键词:高职院校;治理体系现代化;理论意涵;实现机制;浙江金融职业学院

党的十八届三中全会把"完善和发展中国特色社会主义制度,推进国家治理体系和治理能力现代化"[1]作为全面深化改革的总目标,这是一种全新的理念,是马克思主义国家理论的重要创新。[2]在推进国家治理体系和治理能力现代化的进程中,无论在宏观的国家层面、中观的地区层面,还是在微观的单位层面,原有的治理体系都遭遇到新的压力与挑战,面临着变革甚至重构的问题。2014 年,《国务院关于加快发展现代职业教育的决定》强调要"创新发展高等职业教育";2015 年,全国人大常委会职业教育法执法检查对加快发展现代职业教育提出新要求。高职院校治理体系和治理能力现代化的进程,不仅在很大程度上反映着构建现代职业教育体系的进程,也反映着高职教育创新发展的进程。然而,当前无论对于高职院校治理体系现代化还是对于高职院校治理能力现代化,相应的理论研究尚未跟进,实践探索也处于初始阶段,亟待深化和拓展。因此,本文在国家治理新理念的指导下,从理论与实践两个向度分别对高职院校治理体系现代化的意涵和机制展开探讨。

一、高职院校治理体系现代化的理论意涵

(一)高职院校治理体系现代化的含义

1. 治理与学校治理

"治理"作为一个概念,在经济学、生态学、政治学、社会学、法学、管理学等学科被广泛运用。全球治理委员会在 1995 年联合国成立 50 周年之际发布《我们的全球之家》的研究报告,对治理做出界定:治理是多种公共的或私人的个人和机构管理其公共事务的诸多方式的总和。它是使相互冲突的或不同利益得以调和并且采取联合行动的持续的过程。[3]依照教育社会学的观点,现代化本身是一种进程,教育是这一进程的重要组成部分及主要推动力量。随着现代化进程的深入,治理逐渐拓展到对教育领域的分析,如联合国教科文组织就曾于 1997 年发布《治理和联合国教科文组织》的文件。

法国社会学家布尔迪厄指出,在高度分化的社会里,社会世界是由大量具有相对自主性的社会小世界构成的,这些社会小世界就是具有自身逻辑和必然性的客观关系的空间,而这些小世界自身特有的逻辑和必然性也不可化约成支配其他场域运作的那些逻辑和必然性。[4]作为一个教育组织,学校自其创设就与治理问题相伴。美国教育家约翰·杜威在《人的问题》中明确指出,学校必须有某种社会方向。[5]学校治理问题的提出及其引起的持续关注,准确地说是由学校中一些简单而微小的变化所带来的结果。正如美国著名教育家克拉克·克尔所言,这些结果很细微,积累得很慢,很温和,因而最终越来越强大。[6]这些结果在作为整体的学校中相互作用与渗透,形成更稳定的结构和方式,并对学校运行产生影响。

2.高职院校治理体系现代化

有研究者指出,教育组织的关键性制约是必须在很大程度上维持公众的信任和信心,简而言之就是合法性。[7]对学校治理现代化开展的理论研究内在地包含了治理体系和治理能力,这是同一治理过程中相辅相成的两个方面。作为一个特定类型的教育组织,高职院校治理体系现代化的本质是什么,又是如何运作的。这里包括三个基本问题:谁治理? 如何治理? 治理得怎样? 这三个问题实际上就是治理体系的三个要素,即治理主体、治理机制和治理效果。治理体系是规范权力运行和维护公共秩序的一系列制度和程序,这种治理体系为人们所欲所求,正是它在实践中被客观建构,又持续不断地发挥各种行动作用,不断受到约束和限制,不断地被结构形塑,又不断地处在结构生成过程之中。

高职院校治理体系现代化既是构建现代职业教育体系的重要基础,也是创新发展高等职业教育的根本保障。对社会现代性的研究,产生了注重研究复杂性的科学,学者们呼吁把普遍主义"置于具体背景中来加以认识"[8]。在这个意义上,高职院校治理体系现代化意在将治理的普遍主义置于高职院校背景中。一方面,高职院校治理体系现代化是一种理想状态。治理的目标在于寻求一个更美好的未来,而探讨和解决其中所涉及的种种问题,对这一目标来说具有至关重要的意义。治理体系体现着价值理性与工具理性的双重属性,是实现治理的手段。高职院校治理体系现代化承载着教育价值,同时具有一定的技术性。另一方面,高职院校治理体系现代化是一个实践过程。高职院校治理体系现代化表现为一个有机的、协调的、整体的和动态的制度运行系统,且这种制度体系和运作方式处于不断调整优化的实践过程之中。通过理解和把握高职院校治理体系要素间的特定逻辑,能够不断地促使治理实现的机制臻于完善。

(二)高职院校治理体系现代化的特征

1.高职院校治理体系现代化是一个开放系统

高等职业教育是我国高等教育的重要类型,更是职业教育的重要层次。高职院校兼具高教性和职教性,从高教性出发,高职院校必须认真履行大学的四大职能,认真把握好人才培养、科学研究和社会服务、文化传承和创新的关系,形成高职院校治理的基本框架;从职教性出发,产教融合是高职院校办学的基本特征,校企合作是高职院校人才培养模式的重要特点。美国学者艾伦·布卢姆指出,真正的开放指的是把那些让我们安于现状的迷惑拒之门外。[9]开放办学意味着要整合和引进各种社会资源,这是推进高职院校特色发展的基本要求,其中就涉及校政、校行、校企、校会等组织间关系及其内外部运作过程,因此,高职院校治理体系是一个开放系统。如何在运行中统筹协调体现高教性的大学理念与大学精神和体现职教性的产教融合与校企合作是高职院校治理体系现代化的关键。同时,如何以治理体系现代化推进探索混合所有制办学、集团化办学和现代学徒制培养,也应纳入这一开放系统来加以统筹解决,才能将已经封闭甚至僵化的组织结构再度开放出来。

2. 高职院校治理体系现代化是一个动力机制

高职院校现存的治理体系还相对落后,具体表现为办学体制机制不能适应经济社会发展需要,学校运行成本过高而效率较低,院校内部基层治理主体的自治程度偏低,师生参与治理的渠道还不够畅通,内外部主要治理群体间的关系还不够协调,动态稳定的治理机制尚未完全确立,凡此种种,都意味着高职院校治理体系面临着诸多挑战,有些院校甚至存在明显的治理困境和局部性的治理危机,亟待重建新的治理体系。这些压力、挑战、冲突、困境和危机也是高职院校治理体系现代化的动力,但最主要的动力来自制度,因为制度具有根本性,是高职院校治理体系现代化最长久的动力机制。

4. 高职院校治理体系现代化是一个学习过程

治理原则是在人类社会生活经验积累中归纳筛选出来的。从发展阶段和环境看,自 20 世纪 80 年代的 30 多年来,特别是高等教育大众化 10 多年来,我国高职院校在专业门类、校园面积和在校生规模等方面均大为扩展,"百个专业""千亩校园"和"万名师生"已经成为不少高职院校发展的真实写照。在普遍经历了规模扩张阶段后,内涵建设正成为高职院校发展的核心议程,如何建立一套规范、科学、高效、有序的制度体系和运作机制,助力和保障以人才培养质量为中心的内涵建设,对高职院校治理体系提出了挑战,这不仅是外在的要求,更是内在的需要。在国家示范性高等职业院校建设计划实施期间,院校领导的能力建设是一项重点任务。在国家示范性高等职业院校建设计划骨干院校建设期间,院校办学体制机制建设是一项重点任务;通过这两个阶段的重点建设,高职院校领导能力得到较大提升,办学体制机制逐步健全完善。

(三)高职院校治理体系现代化的价值

1. 高职院校治理体系现代化是教育现代化的必然要求

自改革开放以来我国的教育现代化过程,是一个包括教育思想、教育体制、教育活动、教育政策和教育文化在内的整体变迁。高职院校治理体系现代化既是教育现代化的必然要求,也是教育现代化的重要表征。美国教育家兰德尔·柯林斯就曾指出,学校教育发展的动力在于不同身份团体间的冲突。[10] 衡量高职院校治理体系现代化的标准包括民主即师生等多元主体的参与、效率即教育组织运行和教学活动开展效率的提高、协调即体系内外的各种制度和秩序的协同等,这对于促进高职院校更好更有效地履行人才培养、科学研究、社会服务和文化传承与创新的职责使命具有重要价值。

2. 高职院校治理体系现代化是构建现代职业教育体系的应有之义

治理体系具有自动维持组织功能的天然作用。"当这种制度取得成功以后,就会为其他同类组织所模仿,而在这个时候,这种制度就成为一种'制度环境',具有了'合法性',从而形成'共享观念'。"[11] 当人们共享相同的价值时,他们趋向于依照他们所期望于其他人行动的方式来行动。高职院校治理体系现代化必须超越关于大学治理传统的学术权力与行政权力的二分法,以公平、透明、责任、高效为原则,在学校的决策、管理、监督等环节进行改革和重构,努力达致追求卓越的目标和注重策略的行动两方面统一,为构建现代职业教育体系奠定坚实基础。

3. 高职院校治理体系现代化是推动高职教育创新发展的必由之路

怀特海曾指出,大学在机构数量、规模以及组织的内在结构的复杂性的发展上,暴露出某种危险。[12] 一方面,高职院校治理体系现代化是对过去 30 多年来我国高职教育发展成功经验的理论总结;另一方面,也是对高职教育在新的发展阶段所面临的各种挑战的主动回应。在这种情势下,拒绝顺应治理现代化的潮流而采取的"鸵鸟政策"是不明智的,不知从何处下手切入治理体系建设同样也是令人惋惜的。高职院校必须依据其发展定位,加快完善发展机制,实现治理体系现代化,建设优质高职院校,推动高职教育创新发展。

二、高职院校治理体系现代化的实现机制

上文从含义、特征和价值三方面分析了高职院校治理体系现代化的理论意涵,使我们关于高职院校治理体系现代化的知识基础更为丰富。在此基础上,运用这些知识来武装相关治理群体,构建高职院校治理体系现代化的实现机制。

(一)高职院校治理体系现代化的关系模式

1.内部关系

按照大学组织的一般机理,这一中心的各个组成部分的聚结,从来不是完全和谐或者很容易地达到稳定的平衡。每一个构成部分都有通过长期的传统形成的和在专门化的机构培育起来的自身的价值模式。正如美国社会学家、教育家爱德华·希尔斯所言,每个组织都有不同程度的决策权,并且它们彼此通过各种关系——权力关系、人际关系、协约关系、共同利益关系、血缘关系以及共同信念等——形成相互联系。[13]从内部看,各个组成部分处于上级与下级的关系、一致的关系、妥协的关系和冲突的关系。按照我国高等学校的领导和组织制度,高等学校实行党委领导下的校长负责制。2010年,中共中央发布了《中国共产党普通高等学校基层组织工作条例》;2014年,中共中央办公厅发布了《关于坚持和完善普通高等学校党委领导下的校长负责制

的实施意见》。这些文件都对构建学校内部的治理体系提供了基本依据，在此前提下，以校长为首的行政团队负责治校，学术委员会行使学术自治，教职工代表大会实施民主决策、民主管理和民主监督，这就形成了党委领导、校长负责、教授治学、民主管理的内部治理关系，并增强组织内部主体的归属感和凝聚力。

2. 外部关系

美国教育家布鲁贝克指出，在大学与周围社会秩序之间的紧张关系中，变革不仅受到大学内部的推动，而且也受到大学外部的推动。[14]随着校企合作办学的深入，与高职院校开展紧密型合作的那些企业会使自己的影响越来越明显并且越来越有效，校外资源融入人才培养全过程，校企之间形成你中有我、我中有你的互利共赢关系，这种关系一直是高职院校获得发展的重要源泉。爱德华·希尔斯指出，大学的复合性给人以强大的集合体的印象，与不同组织之间的联系更是强化了这一点。[15]作为高等教育的一个新的类型，为了生存并产生影响，高职院校的组织和职能必须适应周围人们的需要，在这里，特别强调校政、校行、校企、校会合作办学，也鼓励各学校建立理事会、校董事会等组织，也强调建立校企合作共同体或利益共同体，这里有一个社会参与的问题，必须协调各方关系，使内外之间的沟通与联系充满活力和富有弹性。

3. 系统关系

系统是一个以共有功能、内在统合和自我调控为特征的有机体。学校就是这样一种不断发展的、活生生的有机体。系统观是把世界看作一个相互联系的、自然的、生物的、经济的和政治的，以及信息和评价的系统来进行系列分析的观点，是一种整体哲学观与方法论。系统由各要素构成，而各要素是相互联系的，正是这种联系使系统有可能产生整合效应，避免出现结构混乱和功能失调。爱德华·希尔斯又指出，大学的有效性,部分来说取决于它们的集体自觉意识,取决于它们对自身作为这样一个单一的、协调一致的实体的认识:它强制实行一套规范和规则,并制定个人成员必须遵守的标准。[16]大学是资源依赖性组织,需要持续的经费投入与配置。系统关系分析的一个重要论点是对分析的需要不是时断时续的,而是连续的和不断反复的。而高职院校治理体系现代化中一些现实问题,如促进学校发展或阻止学校衰败,就有赖于对系统关系的认识。

(二)高职院校治理体系现代化的实现路径

1.高职院校治理体系现代化依托于产教融合

英国学者格里·斯托克认为治理意味着参与者最终形成一个自主的网络。即致力于集体行动的组织必须依靠其他组织;为达到目的,各个组织必须控制资源,谈判共同的目标;交换的结果不仅取决于各个参与者的资源,而且也取决于游戏规则以及进行交换的环境。[17]作为一种教育类型,高职教育打破了传统学校的封闭,跨越了产业与教育、企业与学校、工作与学习的界域,产教融合充分体现了这种职业教育跨界的本质和特点。共享的价值形成行为标准,诱致相似的行动,这种持久且稳定的规律性被称为"结构性的",这就要求高职院校必须打破在学校里办教育的思维定式,适应技术进步和生产方式变革以及社会公共服务的需要,形成系统集成,采取跨界行动,推动专业设置与产业需求对接,课程内容与职业标准对接,教学过程与生产过程对接,毕业证书与职业资格证书对接,形成产学研合作机制,服务产业发展。

2.高职院校治理体系现代化建基于校企合作

美国教育家欧内斯特·博耶强调,形成各种联系是办好一所大学的关键。[18]校企合作是高职教育办学模式和人才培养模式的重要特征,合作发展、合作育人、合作就业、合作办学是高职院校办学的重要路径,带有规律性。正因为这样,我们要积极探索多种形式的开放合作办学之路,善于利用各种资源和要素为人才培养和学校事业发展服务,为建设高等职业教育类型特色服务。高职院校治理体系反映着高职院校治理现状和进展,具有现实性。实践中,这种校企合作的制度对特定群体的压力特别敏感,因此,在宏观大格局和大框架下,允许合作方取得相应的利益,行使相应的权力,并在一定范围内参与学校治理。在校企合作过程中,各方参与者的责权利如何保证、如何行使、如何体现,这既涉及资本,又涉及资产,还涉及话语权,如何建立有效的运行机制,这是推进高职院校治理体系现代化的关键所在。

3. 高职院校治理体系现代化服务于人才培养

作为一个教育机构,人才培养是高职院校的核心职能。早在 90 年前,我国教育家黄炎培就提出"设什么科,要看职业界的需要;定什么课程,用什么教材,要问问职业界的意见;就是训练学生,也要体察职业界的习惯;有时聘请教员,还要利用职业界的人才"。[19]就人才培养而言,高职院校要吸收先进的办学理念,改革人才培养模式,只要有利于技术技能人才培养的治理新观念和新实践,都值得重视和探索。有学者指出,在中国很多场域中的组织,会逐渐设立复杂的结构,以使它们至少可以仪式性地遵从外部的要求,同时又可以保护它们自己的核心活动。[20]根据高职院校治理现状,从高职院校实际出发,通过生成性分析,对我们原来并不满意的治理体系进行成功的改进、拓展,从而构建高效、严密的治理体系,发挥其对人才培养的科学指导作用。

(三)高职院校治理体系现代化的发展趋势

1. 从管理到治理

从管理到治理是治理体系现代化的逻辑起点。进入组织成熟后,高职院校取得相对独立的办学自主权,逐渐开始由权威依赖型向自我发展型机构转变。2015年,教育部颁布《职业院校管理水平提升行动计划(2015—2018年)》(教职成〔2015〕7号),推动职业院校以强化教育教学管理为重点,不断提高管理工作规范化、科学化、精细化水平,办学行为更加规范,学校常规管理,特别是学生、课程教学、招生、学籍、实习、安全等重点领域的管理有效加强。随着学校机构规模扩大,各个组成部分正式而分别承担不同的职能,它们之间需要整合。与此同时,随着学校与外部世界联系的增多,关系协调成为重要的工作内容,这不啻为一场治理革命。对这一问题的研究,不仅仅把治理看作是一套规则或是一种活动,而是一个过程,既要克服传统的结构哲学分析的束缚,又不忽略结构作用于行动者且通过行动者体现出来的各种效应。

2. 从治理到共治

从治理到共治是治理体系现代化的关键环节。治理不是一种正式的制度,而是持续的互动。共治是指建立在信任和互利基础上的社会协调网络,其实质是建立在公共利益和价值认同之上的合作,就是各方主体共同参与管理过程和管理活动并达成一种均衡。治理既包括有权迫使人们服从的正式制度和规则,也包括各种人们同意或以为符合其利益的非正式的制度安排。非人格化的规章制度需要以更人性化的程序得以实施,学校治理的权威主要来源于参与者的认同与共识,从而使共治成为可能。共治的本质在于参与,核心是平等,要通过组织促进公共利益最大化,以实现高等学校通过各种活动满足政府、市场和学校发展的共同需要。依法依章程办学是一种理想模式,在现实运行中,各种新情况、新问题会不断产生。为此,在以党组织为主导的多元治理结构中要发挥协商民主的作用,完善党委会、校长办公会、学术委员会、校企合作理事会、专业建设指导委员会、教职工代表大会組織機構及其運作方式，要求制定使學校治理得以執行的更人性化的程序，通過協調各方關係解決共治中的問題。

3. 從共治到善治

從共治到善治是治理體系現代化的重要目標。治理過程的基礎不是控制，而是協調，而學校就是一個協調的實體，而非控制的實體。治理的最終目標應該是善治，對一個組織而言，善治的價值理性在於追求管理效率，善治的工具理性立足於民主管理，是社會發展進步到一定階段的需要和產物。[21]善治就是使公共利益最大化的管理過程和管理活動，其本質特徵就是各方主體處於最佳狀態。實現善治需要形成良好的文化，文化是學校成員共同的心理因素和共享的價值觀念，對置身其中的學生、教師發展具有強大的影響，反映到師生的行為中，並潛移默化地形成強有力的經驗，這對治理的影響是獨特、持久、強大而深刻的。隨著師生、政府、行業、企業、社區等參與院校公共事務的深入和治理觀念的內化，共治不斷趨於向善治發展。

三、高職院校治理體系現代化的探索——以浙江金融職業學院為例

對高職院校這種複雜組織治理體系現代化的討論，並不只是一種單純的學術探索。實際上，對治理機制的最佳觀察來自實踐，實現治理機制的最佳經驗同樣來自實踐。浙江金融職業學院（以下簡稱學院）是全國首批示範性高等職業院校，自升格高職辦學以來就積極開展院校治理體系現代化的探索，並形成了大學精神引領、職教規律辦學與企業理念管理，行業、校友、集團共生態辦學和學校發展系統等新實踐和新經驗。

204

（一）大学精神引领、职教规律办学与企业理念管理

1.大学精神引领

大学精神是在大学的发展过程中，长期积淀而成的稳定的、共同的追求、理想和信念，是大学自身存在和发展中形成的具有独特气质的精神形式和文化成果。学院作为国家首批示范性高职院校，在示范建设期间着力在建筑、景观和环境等物化载体上抓文化建设并构建"诚信文化、金融文化、校友文化"三维文化育人体系，示范建设后确立的"共建共享幸福金院，永创永续金融黄埔"的共同愿景已逐渐形成大学精神并深入人心，成为学院办"特色鲜明、人民满意、师生幸福"高职教育的重要引领。

2.职教规律办学

校企合作、工学结合是职业教育的本质和规律。学院坚持"就业立校、服务强校、合作兴校"的办学方针，围绕"培养什么样的人，怎样培养人"的目标，全面地把职业教育的"产业、行业、企业、职业、实践"五要素概念模型融入人才培养之中，探索形成"办好专业、强化职业、注重学业、重视就业、鼓励创业和成就事业"的"六业贯通"的人才培养理念，将学校办学和专业建设立足在根植产业、依托行业、融入企业、强化职业的关系链之中，并将实践能力的培养贯穿始终，在推进校企合作中实现协同育人，这也正是学院打造特色和提升品牌的关键。

3.企业理念管理

企业理念是指企业在持续经营和长期发展过程中，继承优良传统，适应时代要求而形成的代表企业信念、激发企业活力、推动企业生产经营的团体精神和行为规范。企业管理结构的基础是以市场为导向，特别强调满足需求的过程创新和组织创新，这对高职院校办学有很强的借鉴意义。在学院的治理实践中，适时地将市场思维和企业管

理理念引入,特别是在推进校企合作的过程中,将具体决策的权力释放给相关参与治理的群体,使其得到适当的授权和制度的激励,从而更好地保障人才培养随经济发展方式转变而"动",跟着产业调整升级而"走",围绕企业技能型人才需要而"转",适应市场需求变化而"变"。

(二)行业、校友、集团共生态办学

1. 以行业为依托

行业是指从事国民经济中同性质的生产或其他经济社会的经营单位或者个体的组织结构体系的详细划分。通过行业本身所处的发展阶段及其在国民经济中的地位,往往能够分析影响行业发展的各种因素以及判断对行业的影响力度,预测并应引导行业的未来发展趋势,判断行业投资价值,揭示行业风向,为各组织机构提供投资决策或投资依据。学院办学坚持以服务为宗旨,深度参与由行业主管部门牵头、教育部门保障、职业院校和行业组织、骨干企业共同参与的行业指导办学新机制。2010年起,学院担任全国金融职业教育行业指导委员会副主任委员单位,充分发挥金融职业教育行业指导委员会指导、评价和服务职业教育作用,客观分析与预测行业用人和服务需求,顺应产业发展需要,在服务行业中扩大学校影响,增强办学综合实力。

2. 以校友为纽带

校友是学校发展中最为重要的品牌力量,它是社会支持学校与学校服务社会的最佳结合点,学院重视校友资源开发利用和建设。早在1995年开始就成立了法人性质的校友总会,并在全国设立分会,按照"强化总会、优化市地、深化县域"的原则,加强各级校友会组织建设。在以校友为纽带开展社会服务实践中,学校把校友作为一种资源去积聚,作为一种力量去汇聚,作为一种文化去传承,作为一种人心去凝聚,作为一个平台去搭建,作为一个桥梁去架构,作为一个市场去开发,作

为一个品牌去建设,形成了一大批校企合作社会服务共生体,校友成为与学校开展社会服务的合作伙伴,以校友的力量动员社会的广泛参与。

3. 以职教集团为载体

职业教育集团是提升职业教育吸引力、竞争力与影响力的重要载体。升格高职办学后不久,学院牵头组建浙江金融职教集团,打通学校教育系统、劳动人事系统、企业教育系统,使它们统合成利益共同体,变原有的单边校企合作为多边、多向、集团式合作,实现信息共享和统一管理。由于其教育合作的产品具有层次的丰富性,以职教集团为载体开展社会服务满足企业对服务的多元需求,同时,通过解决单一院校或机构规模过小、实训设施不足、产学脱节等问题,降低职教集团社会服务成本。在此基础上,浙江金融职教集团逐步探索集团化办学的制度体系和运作机制。

(三)学校发展系统

1. 治理构架

学校发展系统的核心要义是把学校自身发展和外部支持力量结合起来,运用系统、组织和制度诸理论,通过探寻学校发展的内外共生点,构建互动共赢的发展机制。[22] 在学院治理体系发展过程中,逐步形成了以一个事业单位法人(浙江金融职业学院)为核心主体,以两个企业法人(杭州资信评估公司和浙江众诚资信评估有限公司)与两个社会团体法人(浙江金融职业学院校友会和浙江省金融教育基金会)为支持两翼的学院发展系统治理架构。

2. 运作机制

学校发展系统的运作依托于法人制度,作为国家拨款兴办的事业单位法人,学院的根本任务是人才培养,其运行机制严格依据章程,遵循教育规律开展教学活动。两个企业法人——杭州资信评估公司和浙江众诚资信评估有限公司是学院投资兴建的经营实体,是开展校企合作的重要平台和社会服务的市场主体,两家公司完全按照市场机制运作,以健全的公司治理保障可持续发展。两个社会团体法人——浙江金融职业学院校友会和浙江省金融教育基金会,前者发挥积聚校友情感、汇聚校友力量和凝聚校友精神的功能,后者发挥帮困助学、奖教励先、奖优促学、助研扶教的功能,均经浙江省民政厅审核批准设立,严格依照社会团体法人运作规范开展活动。

3. 实践成效

学院及其前身浙江银行学校是人才培养的主阵地,办学 40 年来,为社会培养输送了 60000 余名毕业生,其中 5000 余名支行(支公司、营业部)行长(总经理),成为广受赞誉的"金融黄埔"和"行长摇篮"。两个企业法人是学院服务社会的主战场,其中成立于 1992 年 12 月的杭州资信评估公司是浙江省最早专业从事企业信用等级评定的第三方评级机构,浙江众诚资信评估有限公司成立于 2003 年 6 月,经过多年的经营发展,杭州资信、众诚资信已经成为浙江省最具影响力的信用评级机构。两个社会团体法人是学校发展的重要支持力量,成立于 1995 年的浙江银行学校(浙江金融职业学院)校友会是浙江省最早一批核准成立的校友社会团体法人,被浙江省民政厅评为 5A 级社会团体;成立于 1993 年的浙江省金融教育基金会是全国较早的省级金融教育事业发展社会团体法人,被浙江省民政厅评为 5A 级社会团体。

综上,本文从理论与实践两个向度分别探讨了高职院校治理体系现代化的意涵和机制,并结合浙江金融职业学院的探索与实践,尝试为构建与现代职业教育体系和高等职业教育创新发展相适应的高职院校治理体系现代化提供理论启示和实践参照。当然,治理体系现代化究竟以多大程度和多快速度影响和改变着高职院校,这还需要我们综合运用调查、访谈、案例分析等手段开展更为深入的经验研究,进一步解释高职院校治理体系现代化新实践中的经验和教训,并通过持续的理论反思和实践探索提炼高职院校治理体系现代化的真义。

参考文献

[1] 中共中央关于全面深化改革若干重大问题的决定[EB/OL]. ht-tp://cpc. people. com. cn/n/2013/1115/c64094-23559163. html.

[2] 俞可平. 论国家治理现代化[M]. 北京:社会科学文献出版社,2014:1.

[3] The Commission on Global Governance,Our Global Neighbor-hood:The Report of The Commission on Global Governance,Oxford University Press,1995,pp. 2-3.

[4] 布尔迪厄,华康德. 反思社会学导引[M]. 李猛,李康,译. 北京:商务印书馆,2015:122.

[5] 约翰·杜威. 人的问题[M]. 傅统先,邱椿,译. 上海:上海人民出版社,2014:64.

[6] 克拉克·克尔. 大学之用[M]. 高铦,高戈,汐汐,译. 北京:北京大学出版社,2008:34.

[7] 海因兹-迪特·迈尔,布莱恩·罗万. 教育中的新制度主义[J]. 郑砚秋,译. 北京大学教育评论,2007,(1):7-15.

[8] 伊曼钮尔·华勒斯坦,等. 开放社会科学:重建社会科学报告书[M]. 刘锋,译. 北京:生活·读书·新知三联书店,1997:2.

[9] 艾伦·布卢姆. 美国精神的封闭[M]. 战旭英,译. 冯克利,校. 南京:译林出版社,2011:17.

[10] 兰德尔·柯林斯. 教育成层的功能理论与冲突理论[M]//张人杰,主编. 国外教育社会学基本文选. 上海:华东师范大学出版社,2009:35.

[11] 秦惠民,解水青.高职教育对现代大学功能变革的影响——基于国际视角的新制度学解读[J].中国高教研究,2014,(2):18-22.

[12] 怀特海.教育的目的[M].庄莲平,王立中,译注.上海:文汇出版社,2012:121.

[13] 爱德华·希尔斯.中心与边陲[M]//苏国勋,刘小枫,主编.社会理论的诸理论[C].上海:上海三联书店,2005:216.

[14] 约翰·S·布鲁贝克.高等教育哲学[M].王承绪,郑继伟,张维平,等,译.杭州:浙江教育出版社,2002:17.

[15] 爱德华·希尔斯:教师的道与德[M].徐弢,李思凡,姚丹,译.北京:北京大学出版社,2010:11.

[16] 爱德华·希尔斯:学术的秩序——当代大学论文集[M].李家永,译.北京:商务印书馆,2007:85.

[17] 格里·斯托克.作为理论的治理:五个论点[C]//俞可平.治理与善治.北京:社会科学文献出版社,2000:19.

[18] 欧内斯特·博耶.关于美国教育改革的演讲[M].涂艳国,方彤,译.北京:教育科学出版社,2002:80.

[19] 黄炎培.提出大职业教育主义征求同志意见[J].职业与教育,1926(71).

[20] 沃尔特·W·鲍威尔,保罗·J·迪马吉奥,主编.组织分析的新制度主义[M].姚伟,译.上海:上海人民出版社,2008:3.

[21] 眭依凡.论大学的善治[J].江苏高教,2014(6):15-26.

[22] 周建松,陈正江.学校发展系统:理论建构与实践探索[J].高等工程教育研究,2015(3):55-59.

（本文发表于《现代教育管理》2018年第6期）

210

学校发展系统:理论建构与实践探索

摘　要:学校发展系统是教育系统的一个载体和缩影。本文在系统层面探讨学校发展,提出学校发展系统的概念,并通过对其特征、结构与功能的分析,形成一般性的理论,在此基础上,结合浙江金融职业学院的探索与实践,从支持力量成员、系统的扩大和制度与文化等多个维度对学校发展系统做全面的考察和阐述。

关键词:学校;系统;学校发展系统;理论;实践

引　言

作为组织教育活动的主要机构,学校的出现和改善是人类文化史上的伟绩。[1]像许多政治学者考察国家[2]、经济学者考察企业[3],社会学者考察家庭[4]一样,许多教育学者也都考察过学校[5]。从最一般意义上看,学校与国家、企业、家庭等组织几乎是相同的,均是既包括人的要素,又包括物的要素和信息要素,并且其本身演化与发展过程还要受到内外部环境影响的系统。社会科学的核心问题是解释社会系统的活动。[6]大多数研究者在更广阔的国际经济、政治、文化背景上论述教育及学校的作用及有关问题,对学校的规模、结构及学校与社会其他部分的关系进行了深入的分析,这些有启发性的文献对学校内部要素(教师、学生、课程)、外部要素(市场、政府、社区)及其过程的管理等论述则相对较少,尚未在学校发展系统层面形成一般性的理论。实践表明,学校发展是一个长期的、复杂的和非线性的过程,这个过程反映出来的复杂性决定了学校具有多种演化的可能性,传统的还原论方法难以揭示学校发展的内在规律和独特机制。"我们正身处其中的巨变,其规模前所未见。这是我们首次尝试记录改革的脚步,分析其影响,以及提出解决方案。"[7]学校及其发展的复杂性需要新的方法论。随着系统理论的研究进展和人们对教育系统所蕴含的复杂性认识的不断深入,国内外许多学者正尝试用系统理论以及探究方式来研究教育系统中的复杂性问题。[8]学校发展系统的研究将帮助我们解释许多以前无法说明的问题,并对学校原来并不满意的方面进行成功的改进与拓展。

一、系统与系统思想

"系统"一词来源于古希腊语 systemα,意为部分组成的整体。系统存在于世间万物,是人类迄今为止认识的最重要的概念之一。一般系统论创始人贝塔兰菲在《一般系统论:基础、发展和应用》中把系统定义为"处于特定相互关系中的诸要素的集合"。[9]拉兹洛将系统定义为"由共有结构和功能的一组事物形成的具有复杂性的实体"。[10]系统要素及要素之间的关联方式的总和,称为"系统结构"。帕斯卡指出,所有的事物既是结果又是原因,既是受到作用者又是施加作用者,既是通过中介而存在的又是直接存在的,我认为不认识整体就不可能认识部分,同样说,不特别地认识各个部分也不可能认识整体。系统结构通常是一种层次或网格结构,表现为信息流、工作任务流、资源分配流等结构的动态集合。系统与环境在相互联系与相互作用过程中的能力,称为"系统功能"。[11]复杂系统和复杂性科学的兴起和发展,逐渐揭示出世界的演变是非线性的,而且常常伴随着新事物的生成,系统功能由系统结构以及环境共同决定。

系统思想的滥觞可以追溯到 20 世纪 20 年代,其诞生于人类应付日益增加的"有组织的复杂性"的尝试。[12]伯顿·克拉克指出:"系统这个名词有很多用法,意义变化不定,模棱两可,使人感到麻烦,但在任何社会科学中又必须采用这个概念。这就需要扩展边界,把认真从事教育活动的行动者和行动作为系统的组成部分,所有其他实体和集团都在系统之外,成为环境的一部分。"[13]建立在系统思维基础上的关于复杂性的整合的科学为我们提供了最好的认识世界的工具,通过它人们有可能形成对事物的一种整体透视图景。作为承载系统思想的方法,系统论应运而生,其不仅是一种理论,更是一种思想的变革,展现出一种复杂性思维方式,其主要特征为非线性思维、整体思维、关系思维和过程思维等。系统论赋予我们一种透视眼光,可以用这种眼光来看人和自然,这是一种根据系统的性质和关系,把现有的发现有机地组织起来的模型。[14]

二、学校发展系统

作为教育事业的基本单元,学校是社会的有机体。英国里丁大学教授伯纳德在其著作《英国教育史》中指出:"事实上,学校乃是社会发展的策源地。"[15]变革和发展都是环境逼出来的,这是系统发展和进化的机制。[16]20 世纪 80 年代以来,随着组织和管理科学的进步,人们逐渐意识到,如要提高学校教育质量,必须审慎而大胆地应用系统思想审视学校发展,通过发现复杂系统中导致学校发展不可持续的因素,将学校效能和学校改进结合起来,达到重整学校系统的目的。

(一)学校系统的要素

包括课程、教学、学习、评价、组织机构、教育政策、专业发展和学校外的事实,所有这些协同组成了一个统一的整体。学校区别与其他社会系统的特点是人的培养,其是一个支持教师工作和学生学习生活的校园环境、硬件设施(教学和实验场所、图书、仪器和设备等)、知识应用(科研水平和服务质量)等要素综合所导致的涌现性结果。从联系的观点和整体的观点来看,将目光集中于一个学校使我们有可能把它作为一个内部相互关联的有机整体来研究,在这个系统中呈现出一些普遍性的状态,是自然形成的有组织复杂性的各种有机体所共同具有的,这可以视为生态学"有机体"的隐喻,主要包括人力资源与物质资源的配置、学生福利与教师关怀的增长、管理结构与方法的优化、与多方利益相关方之间的合作等,这种框架应具有理性基础的稳定性。

(二)学校系统的特征

一是复杂性。学校中的主体在不同的时间和不同的条件下,其行为可能是不同的,这就使得由其参与的系统具有明显的复杂性。从学校内部来看,教师、学生都以其特有的方式生存着,其内含着对人生、对个人事业和学校发展的理解,体现在其行为方式中。从学校外部来看,必须充分考虑动态环境,特别是非连续变化环境对学校系统宏观结构和微观行为的影响。二是适应性。学校的主体——教师与学生具有很高的智能性,其认知与决策行为本身就是一个通过与其他主体以及环境之间的交互,不断进行演化学习,又通过学习进而改变自身行为的适应性过程。学校发展与环境间存在着耦合,既有内部的影响变量,也有外界的影响变量,存在着内部和外部效应。三是开放性。传统学校体现出一种最典型的特征是经院式的封闭,表现为学校与社会的疏远与隔离。现代学校的特征之一是结构开放,这主要表现为两个向度的开放,即内部向师生开放,在教与学的活动中向学生发展的可能世界开放;外部向社会开放,在与社会互动中向学校发展的可能世界开放。四是差异性。由于每所学校的办学基础和文化特性不同,由此引致的学校发展会各有差异,学校发展的差异体现在学校的性质、规模、办学思路、教育目标、资源环境和社区环境等,离开学校的现实基础来设计发展系统无疑是纸上谈兵。因此,各所学校在合理定位自身发展格局与主动创造共生的发展资源的基础上,还需要合理地选择自主发展的策略,形成符合转型性变革需要的发展机制。

(三)构建学校发展系统的意义

一是适应教育现代化的需要。从教育现代化与可持续性的角度出发思考教育问题,在 1996 年由联合国可持续发展委员会发起的"关于教育、启发公众和为可行性而进行培养"的国际项目工作中特别指出:"教育是未来的力量,因为它是实现变革的最强有力的工具之一。我们要接受的一个最困难的挑战将是改变我们的思维方式,使之能够面对形成我们世界的特点的日益增长的复杂性、变化的迅速性和不可预见性。"[17]顺应教育现代化的潮流,必须将学校发展系统置于发展战略的中心,运用系统性思维指导人们将拥有的知识和能力转化为发展的动力。二是学校治理现代化的需要。当前,大多数学校办学顶层设计的系统性不够,办学随着热点转换,每次转换完成后,之前的进展很快就被忘记,或视而不见,彼此之间的关联未能得到应有的关注及整体的评估。通过构建学校发展系统,有助于学校建立有目标的战略,实施有效率的管理,改善教与学活动,并保持竞争力。三是院校改革发展的需要。单个学校发展的经验和困惑是学校发展系统研究的起点,随着研究的深入,应充分注意到没有一所学校能够适当地代表整个区域乃至全国学校的复杂情况。对于这一个别如何反映或代表整体的难题,可以借鉴费孝通先生的方法,他的解决途径是选择合适的研究类型,并且深信"通过类型比较法是有可能从个别逐步接近整体的"。[18]通过研究突破单个学校狭隘的经验,发现单个学校发展困惑的普遍意义,为学校发展提供咨询,促进院校改革发展,以更好地面向社会的多元需求,办出有特色的教育。

三、构建学校发展系统的思考与实践

(一)构建学校发展系统的方法论基础

从教育研究的方法发展趋势来看,单一的研究方法不足以揭示和解释教育现象的复杂性。像学校发展系统这样重大的、热点的、敏感的教育议题,对其开展有效研究同样是复杂的,因此,必须有足够的理论依据,否则难以对构建学校发展系统提供有力的支撑。摆在我们面前的有两项主要的任务:一是将学校发展系统理论化,说明学校发展系统的稳定性;二是用学校发展系统解释学校长期的发展,并说明学校发展系统的变化。构建学校发展系统的方法必须有如下特点:一是该方法要考虑复杂系统的多自主主体;二是该方法要考虑复杂系统多个层次间相互作用与涌现现象;三是该方法要考虑复杂系统演化的多种可能性;四是该方法要充分考虑动态环境,特别是非连续变化环境对复杂系统宏观结构和微观行为的影响。[19]基于浙江金融职业学院的探索与实践,笔者尝试对学校以及学校情况随时间推移产生的变化做概括性的描述,用具体的经验来替代抽象的概念,并通过预测和推演过程不断完善我们思考问题的方法。

一是倡导系统文化,强化内外协调。观念的形成在价值观形成中发挥重大作用,只有建立起一个系统文化并不断地内化这个理念,才能建立可持续发展的学校。法国社会学家皮埃尔·布迪厄提出的"场"的概念。[20]由此引申出的"学校场"具有高度的自足性和自主性,我们称之为"静态的学校"。当然,没有人有意做出让系统不可持续的决策。每个人都做出了自己认为最好的决策,但他们都处于同一个严重分立隔离的系统。[21]每一所学校都由多种多样的利益主体构成。学校发展系统建立学校发展的方向感,激发教师与学生对学校发展愿景的认同与承诺。如果学校真的发生变革的话,这些利益不同的个人和团体对学校的教育目标的理解和参与学校的行动也必须能协调一致起来,要提升学校的战略价值,必须倡导系统文化,强化学校发展系统的内部与外部协调。

二是建立系统框架,整合分析层次。当学校逐渐披上了现代机构的外衣,部门越来越多,层级也越来越多,却呈现出"有组织的无政府主义"的状态。[22]学校领导力,不仅体现在学校领导身上,而且也表现在学校所有利益相关者的共同努力上。在学校中,困扰人们工作的模式通常是这样的:由于工作紧张的压力,使人们都不愿花时间寻求综合完善的解决方案,对"应急之道"与"权宜之计"的依赖逐渐加深。[23]学校发展系统的复杂性决定了对其研究也是复杂的,具有很多层面,但它不是机械的。什么样的组织会出现,以及它们如何演化,这两方面均受到制度框架的根本性影响,反过来,它们也影响制度框架的演化,对系统的分析需要选择某个分析层次作为研究的重点。[24]就解决问题而言,根据系统组成部分的行动恰当地解释系统行为,与仅仅停留在系统水平的解释相比,更具稳定性与概括性。通过整合分析层次,建立系统框架。

三是激发系统活力,改进学校治理。《国家中长期教育改革和发展规划纲要(2010—2020年)》提出"创新办学体制,建设现代学校制度"。"活力"是一个常用词语,其最基本的意义为"旺盛的生命力"。人们把目的和手段勉强划分时,活动的价值决定于它能否完成目的的要求,作为手段的活动就往往成为苦役。在学校这样一个学习型组织中,探索与推行知识管理,管理只是手段,其目标在于提升知识的创造性价值。而人是这些关系主体。要达到系统有效运作,推动学校发展,很大程度上取决于人们自由的主体作用的发挥。我们的任务,正是做出这样的改进,通过激发系统中主体主动性的发挥,在个人、组织、人际互动层面,营造一种开放、宽容、探索、合作的教学创新氛围,形成人与人之间对话、合作性、发展性文化,引导学校发展系统向合理的方向进化,以创新现代学校治理回应当下教育改革,为学校发展提供战略支撑。

(二)学校发展系统的基本构架

1.学校支持力量成员

教师、学生和校友是其中最重要的三类主体,充分发挥组织成员的创造性,使整个组织成员都全身心投入并有能力不断学习,打造可持续发展的学校。这需要学校统一规划,建立学习型组织,同时将具体决策的权力释放给相关主体,而参与其中的人都需要得到适当的制度的激励。

一是教师。教师是推动学校发展的主力,因为他们的素质、参与的活动以及产生的力量引领着学校发展。约翰·杜威指出:"教育科学来源于教育工作者们的心脑和手中的可靠知识。这些知识的应用使教育比以往更明智、更人道和更带有真正的教育性。"[25] 1966 年,联合国教科文组织与国际劳工组织在《关于教师地位的建议》中提出:应当把教师职业作为专门职业来看待。[26] 2014 年教师节前夕,习近平总书记与北京师范大学师生座谈时对教师提出"四有"要求,即做有理想信念、有道德情操、有扎实知识、有仁爱之心的好老师。师德是立教之魂,爱心是为师之本,学习是从教之基。只有品德高尚而学问广博,教师才能安排妥适环境,引导学生好好地通过生活改造经验。而要想让人们出色工作就必须给予足够的激励,我们应该给教师足够的资源开展相关工作,在行动中更应重视教师角色认同和教师道德担当;同时也应对他们所做的工作给予足够的尊重,实施绩效评价与自主发展的良性互动的发展性教师评价,由关注教师群体到教师个体,由关注专业发展的"外部"环境和对社会专业地位的认可转到关注"内部"专业素质提高的过程,使教师在工作过程中获得专业胜任感和角色满足感。同时,健全以教师为主体的教职工代表大会等组织建设,保障教职工参与学校的民主管理和民主监督。

二是学生。现代学校效能研究的中心已经转向学校教育的成果——学生进步方面,以此来回应社会对学校教育的批评——以过去的知识,去教导现在的学生,希望他们能适应未来的生活。内尔·诺丁斯指出,如果一所学校要有一个主要的目标,用这个主要的目标建立和协调其他目标,那么,这个目标应该是培养学生成为健康的、有能力的、有道德的人。这是一个伟大的任务,其他所有任务都应为其服务。[27]学生是学校教育的受众,1998 年 10 月,联合国教科文组织发表的《21 世纪的高等教育:展望和行动世界宣言》指出:"国家和高等学校的管理者应把学生及其需要作为关心的重点,并应将它们视为高等教育改革的主要的和复杂的参与者。"[28]这就需要以学生作为教育的出发点,即把学生看作自身发展的主体,把发展的主动权交给学生,这就需要问教于生、问计于生、问需于生。学校的任何人、任何地方、任何政策、任何一个具体的实践行为以及任何课程项目都必须传达给学生这样一种信念,即学生认为自己是有能力、有责任、有价值的人。[29]

三是校友。"校友"是一个内容十分丰富的概念,通常包括学历校友、非学历校友和准校友三个群体。本文的校友主要指学历校友,是接受学校教育并获得该校学历的毕业生。经过一个阶段的学校教育后,学生走向社会,成为职业人,身上承载的是人生价值、经济价值和社会价值,通常对母校怀有感激之情。校友是学校的一笔宝贵财富,他们传承学校精神、扩大学校影响、增强学校合力,是促进学校发展的重要支持力量成员。从支持力量成员层面来看,校友也是学校的主人,以校友会形式出现的组织结构将整合更多的社会资源投入教育,推动建设现代学校制度。因此,加强校友数据库建设,完善校友会组织体系和功能建设,形成更加自觉和积极的发展支持力量;凝聚和调动广大校友爱校荣校强校的主体意识,形成事业发展的支持力量。同时对在校大学生校友意识和情结进行培育,并在大学生职业生涯教育中发挥校友资源的优势作用,借助校友力量提升人才培养质量,使学校发展的过程充盈着人性化和人情味。

(三)学校发展系统的扩大

学校发展系统其核心要义是通过系统构建,把学校自身发展和外部支持力量结合起来,找到共生点,形成互动、共赢的良性发展机制。从学校发展系统扩大的角度,必须处理好多个参与责任主体的关系,健全董事会、基金会等多种形式的组织结构、治理结构和决策模式,发挥客座兼职教授等主体的重要作用,共同为推进人才培养和学校发展提供坚实的保障。

一是董事会。学校董事会是借鉴公司董事会而来的,它是学校自主办学的保障和约束组织,学校董事会的组建和运行是我国教育体制改革的重要成果之一,成为现代学校运行机制的重要组成部分。在我国,学校董事会目前主要发挥着产学研之间的联系与协调作用,但从根本上讲,学校董事会更重要的任务是按照办学体制和办学规律为学校发展提出战略规划,参与学校教育决策和管理,发挥咨询和监督的作用。从完善学校治理结构和提升学校治理能力的要求出发,建立学校、行业、企业、社区等共同参与的学校董事会,可以保持学校与政府、社会之间的稳定有效的联系,保证办学资金持久流入和社会需求的有效反馈。

二是基金会。教育基金会指资助教育公益事业的非政府、非营利的社会公益组织,旨在对国家机关、企事业单位,国内外社会团体和个人自愿捐赠的资金和物资进行筹集、管理和使用;资助困难学生完成学业,救助贫困教师,奖励优秀教师和学生;负责将基金用于扶持薄弱学校和改善办学条件,资助符合教育发展规划和目标的教育教学改革、教育科研、师资培训等项目;通过媒体宣传,积极推动社会各界关心支持教育,奖励尊师重教的先进单位和个人;积极沟通教育机构和政府之间、教育机构与社会各界之间、教育者与受教育者之间的联系,提供多方面的服务。因此,教育基金会坚持公开透明的原则,充分发挥自身灵活高效的特点,配合政府开展形式多样的助学助教项目,起到拾遗补阙的作用。

三是兼职教授。国务院《关于加快发展现代职业教育的决定》中提出政府要支持学校按照有关规定自主聘请兼职教师。兼职教授是指具有较深学术造诣的知名学者或在社会上有影响的知名人士接受其他学校的聘请,业余时间兼职做其他学校的教授。兼职教授通常承担课程教学、指导学生实习与实践、协助培养青年教师和为学校提供教学科研信息等任务。聘请兼职教授是学校充分利用国内外优质教学资源,扩大学校国内外影响,促进学校发展的一种重要途径。完善企业工程技术人员、高技能人才到职业院校担任专兼职教师的相关政策,兼职教师任教情况应作为其业绩考核评价的重要内容。

(四)学校发展系统制度与文化

教育是最能体现"以人为本"的事业,是满足人的物质需要和精神需要的基本手段,也是实现人的解放和发展的重要途径。在构建学校发展系统过程中,尤其强调制度与文化等因素。学校发展系统是手段,但不是一个简单的、机械的管理工具,需要建立在制度的基础上。塞尔兹尼克指出,把新思想制度化的企图有时会导致组织和它的根本目的或承诺相互冲突。[30]制度是人们将复杂问题简单化处理的依托与规范。学校制度的形成必须植根于历史渊源,从传统中吸取养分,润泽于现实环境,从师生中发掘理念,体现学校发展愿景。在此基础上对办学宗旨、培养目标、校风教风学风等方面进行整体设计,并以规则形式保障其执行。制度承载着丰富的学校文化,而学校文化通常是隐性的,它对学校发展的推动是持久、强大而深刻的。作为一种无形的力量存在,文化是学校成员共同的心理因素,对置身其中的学生、教师发展具有强大的影响,反映到师生的行为中,并潜移默化地形成强有力的经验,乃至对已毕业的校友和学生家长也会产生无形的影响,是增强学校吸引力和品位,培育可持续发展的动力源。通过将学校发展系统理念外化为学校的制度,内化为学校的文化,形成富有内涵、特色鲜明、和谐统一的学校精神,使学校的文化得以张扬,推动学校发展。

四、结　语

学校发展深受社会发展的影响同时也深刻影响社会发展,学校发展必须经常谋求对社会的适应甚至超越。面对社会日益复杂的需求,有了学校发展系统的概念工具,我们能为学校发展做些什么?构建学校发展系统是适应教育结构与变革的一种路径,其理想是透过教育组织变革的手段与过程,以期能获致学校发展的目标与结果。阐释一种正在形成过程中还没有完全成形的系统并非易事,我们面临的正是这种情况,现实中的学校发展远比我们所说的学校发展系统的概念要复杂得多。我们从系统论的视角聚焦学校发展系统,这种理论探讨的目的不是逻辑上的自洽和形式上的美观,而是努力缩小规范性教育理论与现代学校教育实践之间的距离,使学校发展系统与现实世界产生更紧密地联系,使对学校发展系统问题的认识更明确,并在学校发展实践中加以检验、不断改进。

参考文献

[1][15][25]约翰·杜威.民主主义与教育[M].王承绪,译.北京:人民教育出版社,2006:35,20.

[2]曼瑟·奥尔森.国家的兴衰:经济增长、滞胀和社会僵化[M].李增

刚，译.上海:上海人民出版社,2007:5.

[3] 威廉姆森,温特.企业的性质:起源、演变和发展[M].姚海鑫,邢源源,译.北京:商务印书馆,2007:2.

[4] 恩格斯.家庭、私有制和国家的起源[M].北京:人民出版社,1972:6.

[5] 约翰·杜威.学校与社会·明日之学校[M].赵祥麟,任钟印,吴志宏,译.北京:人民教育出版社,2005:5.

[6][16][24] 詹姆斯·科尔曼.社会理论的基础[M].邓方,译.北京:社会科学文献出版社,2008:1,183,5.

[7] 弗兰克·纽曼,莱拉·科特瑞亚,杰米·斯葛瑞.高等教育的未来:浮言、现实与市场风险[M].李沁,译.北京:北京大学出版社,2012:2-3.

[8][21][23] 彼得·圣吉.第五项修炼:学习型组织的艺术与实践[M].张成林,译.北京:中信出版社,2009:369,370,358.

[9] 贝塔兰菲.一般系统论:基础·发展·应用[M].秋同,袁嘉新,译.北京:社会科学文献出版社,1987:3.

[10] E·拉兹洛.一般系统论的起源及其当前表述[M]//系统哲学讲演集.闵家胤,译.中国社会科学出版社,1991:10.

[11] 吴广谋.系统原理与方法[M].南京:东南大学出版社,2005:101.

[12] P·切克兰德.系统论的思想与实践[M].左晓斯,史然,译.北京:华夏出版社,1990:3.

[13] 伯顿·克拉克.高等教育新论——多学科的研究[M].王承绪,徐辉,郑继伟,等,译.杭州:浙江教育出版社,2001:7.

[14] E·拉兹洛.用系统论的观点看世界[M].闵家胤,译.北京:中国社会科学出版社,1985:15.

[17] 埃德加·莫兰.复杂性理论与教育问题[M].陈一壮,译.北京:北京大学出版社,2004:1.

[18] 费孝通.人的研究在中国[M]//费孝通选集.福州:海峡文艺出版

社,1996:368.

[19] 盛昭翰,张军,杜建国.社会科学计算实验理论与应用[M].上海:上海三联书店,2009:1.

[20] 皮埃尔·布迪厄.自我分析纲要[M].刘晖,译.北京:中国人民大学出版社,2012:90.

[22] 刘献君,主编.教育研究方法高级讲座[M].武汉:华中科技大学出版社,2010:226.

[26] UNESCO & LLO. Recommendation Concerning the Status of Teacher[R]. Adopted by the special Intergovernmental Conference on the Status of Teachers,Paris,1966-10-05.

[27] 内尔·诺丁斯.学会关心:教育的另一种模式[M].于天龙,译.北京:教育科学出版社,2011:17.

[28] 眭依凡.大学的使命与责任[M].北京:教育科学出版社,2007:182.

[29] 路易斯·斯托尔,迪安·芬克.未来的学校:变革的目标与路径[M].柳国辉,译.北京:北京大学出版社,2010:218.

[30] 内尔·诺丁斯.幸福与教育[M].龙宝新,译.北京:教育科学出版社,2009:227.

(本文发表于《高等工程教育研究》2015 年第 3 期)

关于高等职业院校治理体系建设的思考

摘　　要:高等职业院校作为我国高等教育的新类型,治理体系建设是当前一个十分紧迫的课题。构建好我国高等职业院校的治理体系,需要厘清若干基本关系,从而可以制定出具体的机制和制度。文章对构建高职院校治理体系提出了合理化建议:坚持和完善党委领导下的校长负责制不动摇,坚持推进开放合作办学体制机制不懈怠,加强学校各项规章制度建设不落后,培育具有鲜明特色、积极向上的高职教育文化不松懈。

关键词:治理体系;高职院校;创新发展

"推进治理体系和治理能力现代化,是党的十八届三中全会确定的全面深化改革的重要目标,治理体系和治理能力现代化是高等教育现代化的应有之义,既是高等教育现代化的要求,也是高等教育现代化的重要组成部分。"对高等职业教育战线而言,学习贯彻这一重要思想同样面临着艰巨而复杂的任务。按照建设中国特色社会主义高等职业教育的要求,贯彻落实好为中国特色社会主义培养合格建设者和可靠接班人的重任,从国情和高等职业教育实际出发,构建高等职业院校治理体系和运行机制,以推动学校创新发展。

一、高等职业院校治理体系建设是当前一个十分紧迫的课题

由于高等职业教育发展起步迟,规模也相对较小,而且兼有高教性和职教性,所以治理体系建设滞后、不科学、不完善等问题在许多时

候容易被忽视。从高等职业教育生存环境和发展阶段看,加强治理体系和能力建设已经到了非常紧迫的地步。

第一,国家治理体系和治理能力现代化对高职院校治理体系建设提出了新要求。完善和发展中国特色社会主义制度,推进国家治理体系和治理能力现代化,是一个宏观大背景。在这一背景下,如何构建中国特色社会主义大学制度,提高高等学校的治理能力和治理水平,促进高等学校更好更有效地履行人才培养、科学研究、社会服务和文化传承与创新的职责与使命,是当下各级各类学校需研究和关注的重大问题,也是 2014 年以来教育行政部门工作的重点。

第二,这几年教育部相继出台了关于教职工代表大会、关于学术委员会、关于高等学校章程等一系列规范性指引文件,并都以教育部令的形式正式对外发布,更为重要的是,中共中央发布了《中国共产党普通高等学校基层组织工作条例》、中共中央办公厅发布了《关于坚持和完善普通高等学校党委领导下的校长负责制的实施意见》,上述文件都对构建学校层面的治理体系提供了基本依据,也对学校如何构建治理机制提出了基本要求,可以说,宏观大体制、大环境对高校治理体系建设的要求十分明确。

第三,高等职业教育发展新阶段对高等职业院校治理体系建设提出了新呼唤。我国高等职业教育迅猛发展,校均规模不断扩大,专业和学科门类也在大大拓展。在这样的总规模和校均规模条件下,学校如何治理就成为进入内涵发展后极为重要的课题,"千亩校园"需要建立规范有序的管理体系,"万名学子"需要构建有利于健康成长的培养制度,"内涵发展,提高质量"需要高职院校建设科学有效运行的机制。为此,我们必须深刻认识高等职业院校治理体系建设的迫切性和重要性。

第四,高等职业教育运行中的各种新情况也需要得到系统梳理。我国高等职业教育从 20 世纪 80 年代初期的短期职业大学起步,经历了曲折的发展道路。世纪之交,国家做出高等教育大众化的决策后,对如何定位高等职业教育也未十分精准,参照专科学校是一个大致的模式。2006年,教育部提出高等职业教育是高等教育的一个类型,曾产生很大的影响。2010年后,在《国家中长期教育改革和发展规划纲要(2010—2020年)》的框架下,教育部又引导高等职业院校把自己看作职业教育的一个层次。特别是2014年全国职业教育会议召开前后,习近平、李克强等中央领导同志对职业教育给予了许多关心,其中也表达了许多新的重要想法,这给职业教育发展提出了许多命题,需要我们认真加以梳理。

二、推进高等职业院校治理体系建设需要厘清若干重大关系

"教育治理只有获取法治的支持,实现制度的完善,完成结构的构筑和发挥主体的能动,才能突破教育治理体系现代化的困境,进而朝着教育治理体系的现代化图景迈进。"推进高等职业院校的治理体系建设,必须厘清若干基本关系,在此基础上方可研究具体机制和制度。

(一)大学精神引领、职教规律办学与企业理念管理的关系

高等职业教育既具高教性,又具职教性,还具跨界性,也就是说发展职业教育就是发展经济、重视民生,这对我们构建治理体系提出了要求。(1)按照高教属性的要求,高等职业院校要形成现代大学制度的基本框架,认真履行大学的四大职能,认真把握好人才培养、科学研究和社会服务、文化传承和创新的关系,尤其是把文化传承作为一项重要的使命。(2)按照职教属性的要求,高等职业院校必须研究职业教育的基本特征,其中产教融合、校企合作是构建办学模式的基本要求,工学结合、知行合一是人才培养模式的重要特征。(3)按照跨界性特征的要求,高等职业院校不仅具有作为教育的事业特征,还有作为企业活

动的要素。高等职业院校不仅是事业属性的法人,也根据发展需要投资或发起投资而成为企业法人(如校办企业)、社团法人(如校友会、基金会),还要成立一些产学研组织,成为一个综合体,如何建设好管理机制需要我们认真思考。

(二)党委领导、校长负责、民主管理与社会参与的关系

当前,我国高等学校实行党委领导下的校长负责制,具体拓展为党委领导、校长负责、教授治学、民主管理。党的领导是中国特色社会主义的重要特征,党委领导下的校长负责制是中国特色社会主义大学的根本领导制度,党委管党建、管发展、管育人、管文化、管干部、管人才是基本职责。坚持和完善党委领导下的校长负责制。校长作为行政主要负责人,在党委领导下依法行使行政管理职责。校长对内是最高指挥官,对外是最高代表者,对全校教学、科研、行政等工作负主要职责、行使主要权力。这就形成了党委领导与校长负责的关系。如何正确处理学术权力和行政权力的关系,是高等学校必须思考的一个重要问题。按照大学治理的一般机制,教授以学术委员会的名义行使学术权力,校长为首的行政团队负责治校,代表教职工利益的教职工代表大会实施民主决策、民主管理和民主监督,这就形成了校长负责与教授治学和民主管理的关系。校政、校行、校企、校会合作是高等职业教育的重要特征,也是一个重要的工作要求。参与者的责权利如何保证、如何行使、如何体现,涉及资本、涉及资产、涉及话语权。如何建立有效的运行机制,是推进高等职业教育特色发展和有效治理的关键所在。

(三)自治、共治、善治诸目标之间的关系

从治理机制角度看,高等职业院校同其他组织一样,必须解决好治理中的自治、共治和善治问题。(1)自治是基础。高等职业院校作

为法人组织,必须建立自己的章程,并以章程为依据,依法自主治理,以此确立各利益主体、各种组织以及学校与上级主管部门之间的关系。(2)共治是智慧。依法依章程办事是一种理想模式,而在现实运行中,各种新情况新问题会不断产生,这就必须通过协调和协商来解决,即解决问题的有效方法就是共治。为此,应建立党委会及其议事规则,校长办公会及其议事规则,学术委员会及其议事规则,校企合作理事会、专业建设指导委员会、教职工代表大会及其议事规则。(3)善治是目标。"治理的最终目标应该是善治,它是社会发展进步到一定阶段的需要和产物。"对一个组织而言,善治的价值理性在于追求管理效率,善治的工具理性立足于民主管理。实现善治需要建筑在优良的文化基础上。学校的"一训三风"(即校训、教风、学风和校风)具有传承性,对学校的建设和发展十分重要。当然,高等职业院校治理需要研究的问题还很多,但以上三组关系是基本的,处理好了,我们的工作就有了保障。

三、对构建高等职业院校治理体系的建议

(一)坚持和完善党委领导下的校长负责制不动摇

习近平总书记曾经指出,高校肩负着学习研究宣传马克思主义,培养中国特色社会主义事业建设者和接班人的重大任务,加强党对高校的领导,加强和改进高校党的建设,是办好中国特色社会主义大学的根本要求。办好中国特色社会主义大学,要坚持立德树人,把培育和践行社会主义核心价值观融入教书育人全过程;要强化思想引领,牢牢把握高校意识形态工作领导权;要坚持和完善党委领导下的校长负责制,不断改革和完善学校体制机制;要全面推进党的建设各项工作,有效发挥基层党组织的战斗堡垒作用和共产党员的先锋模范作用。

习近平总书记的指示,明确了办好中国特色社会主义大学在学校领导体制和治理体系建设上的根本要求,即坚持和加强党委领导,坚持党委领导下的校长负责制,坚持充分发挥基层党组织和共产党的作用。高等职业院校作为中国特色社会主义大学的重要类型,必须贯彻好这一要求,并以此作为学校制定章程、推进制度建设、落实内涵建设各项任务的大前提。

(二)坚持推进开放合作办学体制机制不懈怠

产教融合、校企合作是职业教育办学的重要形式,校政、校行、校企、校会等合作是职业教育办学的重要载体,合作发展、合作育人、合作就业、合作办学是职业教育办学的重要路径。简单地说,开门办学,开放办学,整合和引进各种社会资源办学是推进高等职业教学特色发展的基本要求。正因为这样,我们要积极探索多种形式的开放合作办学之路,善于利用各种资源和要素为人才培养和学校事业发展服务,为建设高等职业教育类型特色服务。在大格局框架下,允许合作方取得相应的利益,行使相应的权力,并在一定范围内参与学校治理。

(三)加强学校章程及各项规章制度建设不落后

一个好章程、一批好制度、一脉好文化,是高等职业院校治理体系建设的三项基本要件,我们必须高度重视,切实加强。制度建设十分重要,涉及方方面面,需要与时俱进。制度建设要着重建立和维护好党的领导制度、教职工代表大会民主管理制度、学术委员会和教授治学制度;要努力做到全覆盖,涉及人事、财务、物资,围绕学术、教学、科研、社会服务、后勤保障等方方面面加以展开;要明确责权利,建立健全奖惩体系,并把制度制订、执行和监督分开,形成有效的监督体系,确保制度建设落到实处。

（四）培育具有鲜明特色、积极向上的高职教育文化不松懈

文化建设是高等职业院校内涵建设的重要内容。学校首先必须从校训、校风、教风、学风抓起，把"倡导什么、弘扬什么、鼓励什么"写清楚、讲清楚、做清楚。学校要围绕物质文化、精神文化、制度文化和行为文化来建立全方位文化建设机制，推进文化育人，形成以文化人的良好氛围。

参考文献

[1] 别敦荣.治理体系和治理能力现代化与高等教育现代化的关系[J].中国高教研究,2015(1):30.

[2] 张建.教育治理体系的现代化:标准、困境及路径[J].教育发展研究,2014(9):31.

[3] 眭依凡.论大学的善治[J].江苏高教,2014(6):17.

（本文与吴国平合作，发表于《教育与职业》2016 年第 16 期）

基于共同体理念的高职院校治理机制构建与实践

摘　要：治理作为一种集体行动，其基本要义是多元主体参与。高职院校是否存在共同体？如何基于共同体理念实现共同治理？这种治理机制的基本内涵是什么？本文从对上述三个问题的回答切入分析，提出共同体是一种理念、制度和文化，基于共同体理念的共同治理表现为利益分享、权利分置和责任分担。对于高职院校而言，内部治理机制的构建主要体现在教师、学生、校友与学校的关系上，外部治理机制的构建主要体现在学校与外部合作办学、合作育人、合作教学和合作服务上。基于共同体理念的高职院校治理机制构建既调整优化了内部主体权责关系，也解决了社会参与院校治理不够问题。结合浙江金融职业学院的探索与实践，阐述基于教师、学生、校友发展共同体的高职院校内部治理机制和基于产教科教双融合发展系统的外部治理机制。

关键词：共同体；共同治理；高职院校；内部治理机制；外部治理机制；浙江金融职业学院

一、问题的提出

1995 年，全球治理委员会发表题为《我们的全球伙伴关系》报告，将治理定义为是各种公共的或私人的个人和机构管理其共同事务的诸多方式的总和。[1]此后，治理越来越受到人们的重视并成为公共政策研究领域的热门主题。2013 年，《中共中央关于全面深化改革若干重大问题的决定》提出全面深化改革的总目标是完善和发展中国特色社会主义制度,推进国家治理体系和治理能力现代化。[2]由此带动了包括教育领域在内的关于治理问题研究的进一步升温,教育治理和院校治理成为研究者和政策制定者的重要话语。

院校治理是研究教育治理的重要观察切面,尤其是在大学这样一种"有组织的无政府状态"的组织里。大学治理这个词首次出现在1976年由詹姆斯·马奇和约翰·奥尔森合著的《组织中的二重性与选择》一书中,其内容主要涉及大学组织中的决策。[3]高职院校办学需要多元主体参与,既包括学校内部的师生,也包括学校外部的企业。高职院校是否存在共同体?又是如何基于共同体理念实现共同治理的?上述问题正是本文研究的起点,为此,本文在阐述共同体与共同治理的基础上,重点研究共同体和高职院校内部和外部治理机制生成及运作的互动关系,为构建高职院校内外部治理机制提供参照。

二、共同体与共同治理

(一)共同体

早在120年前,法国社会学家涂尔干就提出机械团结和社会团结概念。[4]而德国社会学家斐迪南·滕尼斯最早将共同体概念引入社会学研究中,他在《共同体与社会》一书中指出"共同体是建立在有关人员的本能的中意或者习惯制约的适应或者思想有关的共同的记忆之上的"。"共同体是一种持久的和真正的共同生活。"[5]并强调共同体是个体生命与集体生命的结合。正如爱因斯坦所言,一个人之所以为"人",以及他的存在之所以有意义,并不在于他是一个个体,而在于他是伟大人类共同体中的一分子,从出生到死亡,共同体都将主导他的物质生活和精神生活。[6]因此,共同体具有以下三重含义:

1. 共同体是一种理念

共同体以共同的理念为基础。作为有目的的协作与行动实体,大学的精义,就是人们在行动上既协调一致又自由自在,在生活上既多姿多彩又被整体性的理念所鼓舞,同时各门学科之间既相互合作又各自独立。[7]杜威指出:"每一个群体都是一种生活共同体:因为他们有共同目标,每个成员的活动也因为知道其他成员在做什么而受影响,所以构成了社群。"[8]一所学校是否具有凝聚力,关键是看这所学校是否具有共同的理念。如果没有集体意识,仅仅依靠自发秩序,容易导致出现一所结构混乱和功能失调的学校。共同体理念的形成使群体能够理解其他群体的思想,这成为他们开展对话和共同行动的第一步。

2. 共同体是一种制度

共同体以共同的制度为支撑。涂尔干指出:"理念是不能通过立法的形式就变成现实的:它们必须由那些担负着实现理念职责的人去理解、去珍视、去追求。"[9]英国学者雷蒙·威廉斯更加直截了当,他提出:"积极的相互责任观念是共同体的另一说法。"[10]学校"不仅为其成员提供知识,还要为他们提供控制尤其是自我控制标准所必需的完整的理性"。[11]这种"必需的完整的理性"即是制度,它规范着主体的行为,而在交互协同运作网络中,有了共同制度,才有可能采取共同行动,实现共同目标。

3. 共同体是一种文化

共同体以共同的文化为指导。学校是基于或者围绕文化而形成的教育机构。按照组织类型的划分,帕森斯将学校归为"模式维持组织"类型,这类组织具有"文化""教育"和"揭示"的功能。[12]关于这种功能,萨特有一个恰当的说法,即"我们的目的是要达到一个真正的选定的机构,在那里每个人(person)都将成为人(man),其中所有的集合体(collectivities)都同样富于人性"。[13]

（二）共同治理

治理是一种组织行为，其基本要义是多元主体参与，共同体理念推动着这种主体参与，因此，共同体是共同治理（以下简称共治）的逻辑起点。共治是指建立在信任和互利基础上的社会协调网络，其本质是各方主体建立在公共利益和价值认同上的合作，共同参与管理过程并达成一种均衡，以期达到对内增进凝聚力和共识、对外创造影响力和共赢的效果。共同治理包括内部治理和外部治理两方面，一方面，内部治理要调整优化内部主体权责关系；另一方面，外部治理要解决社会参与院校治理不够的问题。正如 2015 年联合国教科文组织在《反思教育：向"全球共同利益"的理念转变？》报告中所建议的那样，将知识和教育视为共同利益，应召集观点各异的众多利益攸关方，分享各自的研究成果，阐明指导政策的规范性原则，确保增强教育的包容性。[14] 共治的主要意涵是：

1. 利益分配

共治是一个多元利益主体的持续参与和互动博弈的过程，其追求的是找到多方参与主体在利益诉求与价值取向上的结合点，并把各个主体所在的不同环境和所拥有的不同资源结合起来。正如诺贝尔经济学奖获得者埃莉诺·奥斯特罗姆所言："没有合适的自主组织的集体行动理论，人们既不能预见或解释在什么时候单靠自身的组织不能解决公共问题，也不能确定在协助解决某一特定问题时，何种干预策略可能是有效的。"[15] 在这个意义上，制度化的分权和管理上的分权不仅必要，而且重要，需要突破本位观念的制约和体制机制的藩篱，从而使共治成为可能。

2. 权利分享

共同体是文化信念的团结作用与建构过程，共治的权威主要来源于参与者的认同与共识,这种权威在实践中并不总是以正式的制度形式呈现,而是表现为权力分享。美国社会学家兰德尔·柯林斯强调:"社会互动首先是通过情感和集体欢腾来寻求团结感;文化是更为地方性和片段化的,因为人们关注他们自己群体的共享象征符号时,文化就在我们的意识中进进出出地闪现。"[16] 又如克拉克所指出的那样:"一个组织传奇可以有很多种形式,可以通过各种格言、传统和风气而表现出来。它可能由一些长期以来一直坚持不懈的做法或一个机构角色的一些独一无二之责任组成,或者甚至由它在学生、教师和校友头脑里和心目中的形象中所扮演的角色而构成。传奇可以带来一种浪漫甚至神秘的感觉,这可以使一个冷冰冰的组织变成一个为人所爱的社会机构,它可以赢得其成员的忠诚,甚至可以界定其麾下各共同体的身份。"[17]

3. 责任分担

教育生活的最主要意义,不是直接的物质利益,而是形成人的责任意识和行为担当。美国教育家 E. 博耶尔也在《基础学校:学习的共同体》一书中指出:"我们试想提出一个名为'基础学校'的新型学习场所的提案。所谓'基础学校'与其说是一种设施,毋宁说是一种思考方式。"[18] 爱因斯坦说,一个人对共同体的价值主要取决于他的情感、思想和行动能够在多大程度上促成共同体中其他人的生存条件。[19] 正如俄罗斯作家帕斯捷尔纳克所说的那样:"目的与追求、任务与功勋、新的压抑、新的严厉管束和新的考验,他们是这个世界为人的个性、荣誉和骄傲,为人的勤劳与坚韧所设置的。"[20]

三、基于共同体理念的高职院校内部治理机制构建

关于共同体的研究并不单单以利益出发,它所关注的是能够将个体维系起来的社会纽带,即涂尔干所说的具有道德特性的集体意识或

共同意识。[21]又如弗莱克斯纳所指的"真正的大学"是"一种以崇高的和明确的宗旨以及以精神与目的的统一为特点的有机体"。[22]美国教育学家伯顿·克拉克指出,在20世纪70年代,关于组织的理论工作开始考虑高等教育的各种机构。怎样在院校内部和院校之间划分工作;形形色色的信息怎样产生和维系;权力怎样分配。这些都是关于内部治理的典型问题。[23]在学校这个有机体中,教师、学生、校友是三类最重要的主体,三者在学校内部治理中发挥着重要的作用。

(一)教师是最主要的依靠主体

美国教育家、加州大学前总校长克拉克·克尔在《大学之用》一书开篇即写道:"大学开始时是一个单一的共同体——老师和学生的共同体。甚至可以说,它具有灵魂,即某种生机勃勃的核心原则。"[24]这个灵魂就是文化,它反映了一所学校的思想观念和知识结构。百年大计、教育为本,教书育人、教师为基,教师是高职院校建设发展中最为基础和基本的力量,既是办学的基本要素条件之一,也是决定学校教书育人水平和办学治校高度的重要力量,没有一支师德高尚、数量适当、素质精良的教师队伍,就很难担当起提高学校办学治校水平的责任和使命,无论是教学、管理、后勤服务和各种保障,都是由教师和教职工来实施和完成的,没有教师,也就不成为学校,师德、师风、师艺、师能乃决定学校创新发展的重要因素。

(二)学生是最重要的服务对象

学校是一个人才培养的组织,因学生的存在所产生其他各种需求,学生规模、层次对校舍、教学条件、教师队伍的要求,没有学生就不需要学校,这也是学校区分于其他组织的重要特征。因此,把学生比作学校存在和发展之本并不为过,而学生又是川流不息的活生生的主体,学生的成才成长决定着学校的品牌,学生的感情认可决定着学校的力量,学生能否得到个性化的指示和帮助,体现了学校办学水平,学生主观能动性的培养和发挥,彰显了学校教育教学的水准。

(三)校友是最宝贵的支持力量

校友与母校之间一脉相承的文化渊源有着千丝万缕的联系,使母校精神在校友身上得以传承、延续,同时通过返校联谊和学术交流等多种形式的互动,不断地创新和发展着母校精神和文化。校友在社会上所取得的成就和获得的社会认同,直接影响着母校的形象。校友群体已形成学校凝聚资源、传承文脉、扩大交流、促进发展的重要力量。校友是一种资源,要加以关注和开发,以此来推进学校的可持续发展。一批批走出校门跨入社会的校友,在不同时期、不同行业、不同地区,以不同方式,对社会产生影响,与母校和社会发生着或隐或显、或多或少、或直接或间接的联系。

四、基于共同体理念的高职院校外部治理机制构建

美国教育家,加州大学总校前校长克拉克·克尔曾言,在大学与周围社会秩序之间的紧张关系中,这一重大变革(使高等教育从美国生活的外围变为中心)不仅受到大学内部的推动,而且也受到大学外部的推动。[25]产教科教双融合发展系统要求我们运用协作"合理性""来了解这个世界的巨大的相互依赖的性质"。[26]

(一)产教融合发展系统

1.教育链与产业链的融合

法国学者让-皮埃尔·戈丹在《何谓治理》一书中指出,治理是一种联邦制度的辅助性和企业文化的亲密结合,促进了机构、企业和协会

之间的谈判式合作的多样化。[27]早在 90 年前,黄炎培先生就提出"设什么科,要看职业界的需要;定什么课程,用什么教材,要问问职业界的意见;就是训练学生,也要体察职业界的习惯;有时聘请教员,还要利用职业界的人才"。[28]高职院校的办学定位是面向市场、服务发展、就业导向。首先,基于共同面向市场的要求,学校内部培养人才,通过产教融合发展系统这一桥梁和纽带以适应外部需求。其次,服务发展既体现在内部,即包括教师、学生、校友在内的人的全面发展,也体现在外部即高职院校助推经济社会发展特别是区域经济社会发展。最后,高职教育以就业导向,这表现为高职院校培养人才并向外部社会提供人力资本,从而促进学生顺利就业、对口就业、优质就业。而要完成高职院校这些办学定位所设定的目标,必须构筑产教融合发展系统。

2. 人才链与创新链的结合

正如人民教育家陶行知所言,我们主张"社会即学校",是因为在"学校即社会"的主张下,学校里的东西太少,不如反过来主张"社会即学校",教育的材料、教育的方法、教育的工具、教育的环境都可以大大增加。学生、先生也可以多起来,因为在这样办法下,不论校内校外,都可以做师生。"学校即社会"一切都减少,校外有经验的农夫,就没有人愿意去领教;校内有价值的活动,外人也不能受益。[29]作为培养高素质技术技能人才的高职院校,其面向的职业世界更加纷繁复杂,从高职院校与外部关系来看,其与行业企业有着共同利益和诉求,使构建共同体成为可能。[30]

高职院校在开展产教融合方面具有独特的优势,要与地方政府和企业进行广泛沟通与交流,充分了解产业政策、产业布局、发展规划,也要对区域内的人才市场和企业需求持续跟踪,深入了解区域人才需求状况,分析论证应当优先发展的学科和专业。深化体制机制改革,加快培养技术技能人才,借鉴澳大利亚 TAFE 教育系统的经验,建设政府主导、校企互动、社会参与、市场运作的产教融合平台,进一步加强毕业生与企业之间的沟通,提高双方对人才供需的匹配效率。

(二)科教融合发展系统

1. 技能积累助力人才培养

职业教育和经济社会发展的联系最紧密、贡献最直接、见效最快捷。当前,中国经济发展到了关键转型期,除了需要拔尖创新人才,更需要一线的技术技能人才;社会发展进入攻坚期和深水期,能就业、就好业,是改善民生和社会保障最基本的途径,职业教育在保障和改善民生方面具有长效性、兜底的作用,具备发挥基本保障的能力。与此同时,加强合作的必要性日益凸显,建立科教融合网络、联盟、发展系统逐渐形成共识。因此,要强化职业教育的技术技能积累,制定多方参与的支持政策,推动政府、学校、行业、企业联动,促进技术技能的积累与创新。推动职业院校与行业企业共建技术工艺和产品开发中心、实验实训平台、技能大师工作室等,成为国家技术技能积累与创新的重要载体。高职院校的科学技术服务通过人才培养过程得以实现,培养的学生满足社会需求,提高青年在社会上的就业能力,应是学校追求和努力的方向。2015年5月,国家开展首届职业教育活动周,以"支撑中国制造成就出彩人生"为主题,在这个意义上,服务需求与就业导向是一致的。

2. 技术服务反哺人才培养

高职院校科教融合发展系统,其内涵是提供技术应用型和高技能型人才培养与培训,提供技术创新、推广和服务,实施先进文化的传播和辐射。社会服务能力是高职院校办学实力的重要标志,在全面深化改革和高职创新发展的大背景下,科教融合发展系统在高职院校治理体系和治理能力现代化中扮演着重要的角色。科教融合要求高职院校找准自己的定位,将其优质丰富的科学研究资源转化为人才培养优势,建立自己的核心竞争力。[31]各高职院校普遍做到师资建设与社会服务能力提升相辅相成,有机结合。科学技术服务要注重研究的方向性、产出的稳定性、发展的持续性,以提高实践能力为突破口的师资建设不仅确保高职院校专业人才的培养质量,还提升其服务社会的能力。高职院校要主动与产业界结合,建立教师到企业实践制度,采用挂职交流、访问工程师等形式有计划地安排教师利用业余时间和假期到企事业单位实践锻炼,参与行业企业一线的生产实践,了解行业企业的需求动态,提升教师的社会服务能力。通过服务社会,高校才可能寻找具有真实意义的科研课题,才可能了解社会对人才培养的基本需求,也才可能培养适应社会需求的人才。同时,破解人才、资金、渠道、影响力、管理方式和组织形式等问题,培育科技服务能力,拿出用得上、靠得住的解决方案,提升服务的有效性。

五、浙江金融职业学院的探索与实践

在对共同体理念及其与高职院校治理的关系分析的基础上,我们迫切需要解决的实践问题恰恰是,把这种共同体理念应用于高职院校内部治理机制实践,而这是可以由个案研究来实现的。刘献君教授指出院校研究要"强烈面向问题、强烈面向实践、强烈面向应用"。[32]我们通过浙江金融职业学院这个更为细节性的个案来观察事物,并且能够令人信服地揭示社会现象更为广泛的切面。

(一)内部治理机制:教师、学生、校友发展共同体

教师、学生和校友是自然形成的各类学校所共同具有的最重要的三类主体。在我国高等教育进入大众化乃至普及化的背景下,教师、学生和校友这三种相对独立又密切相连的行动者在高校中的地

位、作用及其复杂性越来越凸显出来。高职教育的类型特征决定了教师、学生、校友既存在于学校内部,又存在于学校外部,发展共同体基于三者之间的各种互动关系构建而成,其既是一种制度,也是一种工具。实现高职院校发展系统功能有赖于那些具有生机勃勃的核心原则的贯彻,这是高职院校发展系统的灵魂。学校的发展更多地依靠的是主体间的相互作用,而不只是个体的行为。在这个复杂的系统中,物质、能量和信息等结合在一起循环往复,无数的相互作用,通过了解外界环境的变化不断调整自身,以便通过模拟环境,对学校发展结果做出预期。

1. 以教师为基

教师是推动学校发展的主力,因为他们的素质、参与的活动以及产生的力量引领着学校发展。约翰·杜威曾指出:"教育科学来源于教育工作者们的心脑和手中的可靠知识。这些知识的应用使教育比以往更明智、更人道和更带有真正的教育性。"[33]教师为基的理念是全心全意依靠全体教师办学,这就要充分发挥教师在发展共同体中的主体作用、基础作用和基本作用。与此同时,发展共同体对教师的要求是融入一个团队、办好一门及以上课程、带好一个及以上班级、形成一项及以上教学成果、开展一项及以上科研和社会服务、做出一项及以上特别贡献。在这个过程中,尊重教师个性,倚重教师德才,注重教师发展。

2. 以学生为本

现代学校效能研究的中心已经转向学校教育的成果——学生进步方面,以此来回应社会对学校教育的批评——以过去的知识,去教导现在的学生,希望他们能适应未来的生活。学生为本的理念是关爱学生进步、关注学生困难、关心学生就业,这就要充分发挥学生在发展共同体中的主动作用、互动作用和参与作用,与此同时,发展共同体对学生的要求是健康、乐学、上进,在这个过程中,我们秉持"一切为了学生、为了学生一切、为了一切学生"的方针,通过"爱生节"等载体深化学生为本。

3. 以校友为宗

经过一个阶段的学校教育后,学生走向社会,成为职业人,身上承载的是人生价值、经济价值和社会价值,通常对母校怀有感激之情。校友是学校的一笔宝贵财富,他们传承学校精神、扩大学校影响、增强学校合力,是促进学校发展的重要支持力量成员。结合学校办学实践,培育形成一个"以行业为依托,以校友为纽带,以职教集团为载体"的"行业、校友、集团"共生态的高职院校办学模式,实现办学模式创新。学校自 2007 年广泛开展以"千名学生访校友,千名校友回课堂,百名校友上讲坛,百名校友话人生,百名教师进企业"为主题的"2300"校友文化育人活动,目前已坚持了 12 年。理念上重视,机制上完善,文化上凝聚,以主动换互动,以真心换真情,进一步密切与校友的联系,充分发挥校友的纽带作用,推动母校与校友良性互动发展,提升校友文化育人内涵,校友力量极大地促进了学生顺利就业、对口就业和优质就业。

(二)外部治理机制:产教科教双融合发展系统

学校办学 43 年来,特别是举办高职后,一直秉持开放办学思路,不断整合和优化资源,着力打造双轮驱动、产教科教双融合的发展系统。学校独资的经营实体——杭州资信评估公司和控股的浙江众诚资信评估有限公司及浙江金苑培训中心是产教科教双融合的主要载体。

1. 产教融合发展系统

一是行业教学指导委员会,行业指导办学、产教协同、强化行业指导办学,提升专业服务产业能力。全面建立起由行业主管部门牵头、教育部门保障、职业院校和行业组织、骨干企业共同参与的行业指导办学新机制，成立金融职业教育行业指导委员会，充分发挥行业主管部门指导、评价和服务职业教育作用。二是职教集团。对接区域战略性新兴产业发展，以专业为纽带，组建由高职院校牵头，相关企业、行业协会、培训机构、中职学校等多元主体参加的职业教育集团或联盟。深化育人模式改革，稳步推进职普融通试点工作，探索建立中职、高职、应用型本科相衔接的职业教育一体化人才成长通道，加快培养紧缺的技术技能人才。实现了学校教学过程与企业生产过程、学校科研与企业技术研发、学生的专业能力与岗位职业能力的全面对接。具体到实际操作层面，即以学校发展理事会助推产教融合，以专业建设指导委员会助推校企合作。

2. 科教融合发展系统

打造协同创新中心平台，实现科研的校企深度融合，就要有科研团队的校企融合、科研支持条件的校企融合和科研过程的融合。首先要建立校企融合的科研团队，组成的核心研究团队除来自高职院校的研究与服务专家、骨干外，还要积极吸收政府有关部门、行业、核心企业的专家和技术骨干。其次要实现校企融合的科研支持条件，建立学校实验室等科研条件与企业技术设备条件的共享机制。最后要实现科研过程的校企融合，即校企专家和人员共同参与过程研究，通过持续积累，不断深入、扩大影响，形成科教融合发展系统的优势与品牌。学校完善了"一二三三"办学功能定位，开展了构建多层次、立体化社会服务体系的创新实践，即以优质的全日制高等职业教育为主体，形成招生广受欢迎、出口比较顺畅、学生素质精良的高职教育体系；以多层次、立体化的职业（岗位）培训为一翼，以高效益、全方位的企业信用等级评估为另一翼；打造服务金融行业的三个中心——金融职业人才培训中心、技能人才考证考级资格认证中心、金融学术信息交流中心；建设成中国高等职业教育的三个重要基地——金融类职业教育的资源建设基地、财经类职业教育的师资培训基地、高等职业教育理论与政策研究基地，不断提高学校科教融合发展能力，引领高职教育改革创新。

六、结　语

正如美国教育家伯顿·克拉克指出的那样，寻找大学如何改变它们运作方式的最好办法，是从底层到上层和从内部到外部进行研究。[34]本文采用"个案研究方法"（case study approach）通过界定治理实践过程中真正起作用的因素，来帮助这些实践者战胜治理过程中遇到的挑战，基于共同体形成了共同治理的理念、体系和机制，发挥协商民主作用，获得最大公约数，画出最大同心圆，提供最佳实践（best practices）范例，但"考虑到这个权力世界的全新性、多中心性、不确定性和模糊性，这种经验主义是否足够呢？"[35]事实上，对于学校而言，在这个人们倾注大部分心力的较小世界中，基于共同体理念构建高职院校治理机制将是一个长期的过程，对意义和团结感的探索还在继续。我们需要了解学校内部的生活和外部的环境，而这些并没有在表面上清晰地展现出来。随着研究的进一步深化，我们所关注的问题即复杂的组织、变化的环境、多元的价值将逐渐浮现，为此，我们需要从以下两个方面着手解决：一是基于共同体理念治理的创新性与制度化，其中存在着整体设计与逐步推进的问题，主要解决在发展共同体构建中的顶层设计与基层创新之间保持平衡；二是基于共同体理念治理的统一性与多样化，其中涉及组织忠诚与个体卓越的问题，主要解决在发展共同体构建中鼓励个体卓越与维护群体共识之间保持张力。

参考文献

[1] 俞可平,主编.治理与善治[M].北京:社会科学文献出版社,
2000:23.

[2] 中共中央关于全面深化改革若干重大问题的决定[EB/OL].ht-
tp://cpc.people.com.cn/n/2013/1115/c64094-23559163.html.

[3] [27] [45] 让-皮埃尔·戈丹.何谓治理[M].钟震宇,译.北京:社会
科学文献出版社,2010:15,97,16.

[4] [21] 埃米尔·涂尔干.社会分工论[M].渠东,译.北京:生活·读
书·新知三联书店,2000:6,2.

[5] 斐迪南·滕尼斯.共同体与社会[M].林荣远,译.北京:商务印书
馆,1999:3.

[6] [19] 爱因斯坦.我的世界观[M].北京:中信出版社,2018:14.

[7] 卡尔·雅斯贝尔斯.大学之理念[M].邱立波,译.上海:上海人民
出版社,2007:127.

[8] [33] 约翰·杜威.民主主义与教育[M].王承绪,译.北京:人民教
育出版社,2006:20.

[9] 埃米尔·涂尔干.教育思想的演进[M].李康,译.渠敬东,校.北
京:商务印书馆,2016:17.

[10] 雷蒙·威廉斯.文化与社会[M].高晓阳,译.北京:商务印书馆,
2018:463.

[11] 杨东平,主编.大学二十讲[M].天津:天津人民出版社,2009:266.

[12] 威勃特·E·摩尔.组织个性[M]//赖特·米尔斯,塔尔科特·帕
森斯,等.社会学与社会组织.何维凌,黄晓京,译.杭州:浙江人民
出版社,1986:38.

[13] 让-保罗·萨特.存在主义是一种人道主义[M].周煦良,汤永宽,
译.上海:上海译文出版社,2012:2.

[14] 联合国教科文组织.反思教育:向"全球共同利益"的理念转变? [M].联合国教科文组织总部中文科,译.北京:教育科学出版社, 2017:3.

[15] 埃莉诺·奥斯特罗姆.公共事物的治理之道——集体行动制度的 演进[M].余逊达,陈旭东,译.上海:上海三联书店,2000:4.

[16][30] 兰德尔·柯林斯,迈克尔·马科夫斯基.发现社会:西方社会 学思想述评(第八版)[M].李霞,译.北京:商务印书馆,2014: 447,4.

[17] 詹姆斯·杜德斯达,弗瑞斯·沃马克.美国公立大学的未来[M]. 刘济良,译.王定华,校.北京:北京大学出版社,2006:56.

[18] E.博耶尔.基础学校:学习的共同体[M].北京:北京师范大学出 版社,2006:1.

[20] 帕斯捷尔纳克.人与事[M].乌尔汗,译.上海:上海译文出版社, 2015:103.

[22][24] 克拉克·克尔.大学之用(第五版)[M].高铦,高戈,汐汐, 译.北京:北京大学出版社,2008:3,1.

[23] 伯顿·克拉克主编.高等教育新论——多学科的研究[M].王承 绪,徐辉,郑继伟,等,译.杭州:浙江教育出版社,1998:13,170.

[25] 克拉克·克尔.高等教育不能回避历史:21世纪的问题[M].王承 绪,译.杭州:浙江教育出版社,2001:17.

[26] 博尔丁.世界作为一个总体的系统[M]//E.拉兹洛.用系统论的 观点看世界.闵家胤,译.北京:中国社会科学出版社,1985:15.

[28] 黄炎培.提出大职业教育主义征求同志意见[J].教育与职业, 1926(71).

[29] 中央教育科学研究所,编.陶行知教育文选[M].北京:教育科学 出版社,1981:116.

[30] 王振洪.校企利益共同体的价值取向及其实现路径[M].中国高

教研,2014(2):78-80.

[31] 周湘林,马海泉.探索科教融合下的大学学术及学术共同体[J].
中国高校科技,2017(10):4-6.

[32] 刘献君.院校研究[M].北京:高等教育出版社,2008:3.

[34] 伯顿·克拉克.大学的持续变革——创业型大学新案例和新概念
[M].王承绪,译.北京:人民教育出版社,2008:3.

[35] 乌尔里希·泰希勒.高等教育研究:一个多学科研究的案例[J].
清华大学教育研究,2003(1):6-18.

(本文发表于《高等工程教育研究》2019年第5期)

第五章

深化政策研究

改革开放以来我国高等职业教育发展政策的演进

摘　要: 改革开放以来,我国高等职业教育从无到有,从有到优,从优到高,成为高等教育和职业教育两大体系中发展最快的领域,并逐步形成了具有鲜明历史特征与深刻的制度烙印,其中,政策是塑造高等职业教育类型特色和推动高等职业教育发展的重要力量。本文基于政策变迁的视角,对改革开放40年来中国高等职业教育政策变迁进行系统的梳理与考察,提出现代化导向和政府与市场共同推进是政策变迁的主导逻辑,同时政策变迁的样态也呈现多元化,塑造了高等职业教育的历史特征和制度特色。

关键词: 改革开放;高等职业教育;政策变迁;现代化;转型

教育家克拉克·克尔曾言:"现实扎根在历史逻辑之中。"[1]改革开放以来,我国高等职业教育在适切的政治经济制度支持下,创造性地探索出以校企合作为基础的办学模式和以实践能力为核心的人才培养模式,逐步建立起主动回应经济社会发展需求的机制,高等职业教育创造性地回应了我国高等教育和职业教育的双重发展需求,极大地推动了我国高等教育大众化进程并引领了职业教育整体质量提升,成为高等教育体系和职业技术教育体系中发展最快并相对独立的部分,实现了从无到有,从有到优,从优到高的快速发展,取得了历史性成就,实现了历史性突破,为改革开放历史背景下中国特色教育生成与发展提供了一个重要案例。在这个过程中,政策是塑造高等职业教育类型特色和推动高等职业教育发展的重要力量,并逐步形成了鲜明的历史特征和深刻的制度烙印。因此,本文基于政策变迁的视角,对改革开放 40 年来中国高等职业教育政策文本进行系统的梳理与考察,以更好理解和解释我国高等职业教育发展的历史背景与现实逻辑。

一、我国高等职业教育的政策过程

中国的高等职业教育是改革开放后在我国本土产生与发展起来的。1977 年 8 月,刚刚复出的邓小平同志主持召开了科学与教育工作座谈会,指出教育是实现四个现代化的支撑,实现这一要求,就必须进一步调整教育体制和结构,决定恢复高考,当时还没有高等职业教育。20 世纪 80 年代,国家提出在普及九年义务教育的同时,大力发展多层次、多形式的职业教育,相对独立的高等职业教育系统在我国出现了。90 年代实行的"三改一补"方针,即对现有的高等专科学校、短期职业大学和独立设置的成人高校进行改革、改组和改制,以少量重点中专举办高职班作为补充,成为我国高等职业教育得以延续的重要路径。及至 90 年代末,国家推行高等教育大众化政策,1999 年,经国务院授权,高等职业教育办学管理权下放省级人民政府,各地采取积极措施推动区域高职教育发展,大批建立职业技术学院。[2]

2006 年,教育部、财政部启动实施"国家示范性高等职业院校建设计划",通过示范带动加快高等职业教育改革与发展,提高高等职业教育质量,增强高等职业院校服务经济社会发展的能力。2014 年,国务院发布《关于加快发展现代职业教育的决定》(国发〔2014〕19 号)指出专科层次高等职业教育是建设现代职业教育体系承上启下的关键,致力于培养数以亿计的高素质劳动者和技术技能人才,要发挥高等职业教育在优化高等教育结构中的重要作用。正是在这样一种政策导向下,中国高等职业教育实现了从无到有,从有到优,从优到高的历史发展。在 1998 年,全国普通高等学校 1022 所,其中高等专科学校和职业技术学院 432 所,在校生 117.41 万;到 2019 年底全国共有高职院校 1423 所,在校生 1100 余万,校均规模 6662 人。[3]

在这一历史发展过程中,党中央、国务院高度重视高等职业教育,加强了对高等职业教育工作的领导和支持,研究解决高等职业教育发展中的重大问题,制定推动高等职业教育改革发展的大政方针,政策是驱动我国高等职业教育发展的最重要力量之一。先后发布了《中共中央关于教育体制改革的决定》《关于大力推进职业教育改革与发展的决定》《国务院关于大力发展职业技术教育的决定》《中国教育改革和发展纲要》《面向 21 世纪教育振兴行动计划》《中共中央、国务院关于深化教育改革全面推进素质教育的决定》《国务院关于大力推进职业教育改革与发展的决定》《2003—2007 年教育振兴行动计划》《国务院关于大力发展职业教育的决定》和《国家中长期教育改革和发展规划纲要(2010—2020 年)》,国务院《关于加快发展现代职业教育的决定》(国发〔2014〕19 号),教育部、国家发展和改革委、财政部、人力资源和社会保障部、农业部、国务院扶贫办等六部委《现代职业教育体系建设规划(2014—2020 年)》等一系列指导职业教育发展的重要政策文件,进一步确立了职业教育的战略地位,明确了职业教育改革发展的指导思想、目标和思路。

二、我国高等职业教育政策变迁的逻辑

综观改革开放 40 年以来我国高等职业教育的发展历程,大致划分为恢复探索和健全完善两个阶段。在这个过程中,我国高等职业教育在不断探索实践和吸收借鉴的基础上,逐步形成自身具有历史渊源、制度因素和时代特征的类型特色,在我国高等教育和职业教育发展中发挥了重要作用。如美国社会学家兰德尔·柯林斯所言:"社会学一直以来的一项重大任务就是描述一个特定的社会(通常是我们自己的社会)的情形以及解释导致我们目前社会状况的各种社会变迁的原因。"[4]

事物的历史运动和发展有其本质和规律,不是杂乱无章或毫无根据的,我们通过对历史的考察探寻事物发展的逻辑,而探寻我国高等职业教育的政策变迁历程,就是一个了解其发展逻辑的过程,其中,经济与社会因素是影响高等职业教育政策变迁的结构性因素,即经济与社会两个分析维度,在本文中具体体现为改革开放 40 年来我国社会发展的现代化导向和经济发展的政府与市场共同推进模式。对于高等职业教育而言,现代化导向则意味着绩效与自主权,而政府与市场共同推进模式意味着学校要根据政策和市场的引导来开展办学。

(一)现代化导向

1. 高等职业教育法制建设

从法制建设角度来看,国家颁布的法律是制度现代化在高等职业教育中的体现。1996 年 5 月 15 日,全国人大常委会通过《中华人民共和国职业教育法》，随后以中华人民共和国主席令第六十九号公布，并自 1996 年 9 月 1 日起实施。《中华人民共和国职业教育法》分总则、职业教育体系、职业教育的实施、职业教育的保障条件、附则等 5 章共 40 条。该法确立了职业教育的法律地位，明确了职业教育的根本任务、办学体制和管理体制，提出了发展职业教育的方法和途径，规定了政府、社会、企业、学校和个人的义务和权利，制定了职业学校的设置标准和准入条件等一系列措施。《中华人民共和国职业教育法》的颁布和实施，标志着我国职业教育走上了制度化、法制化的轨道。规定国务院教育行政部门负责职业教育工作的统筹规划、综合协调、宏观管理。《中华人民共和国职业教育法》的颁布实施标志着我国职业教育发展进入法制化的轨道。2015 年，全国人大常委会将开展职业教育法执法检查列为第一项执法检查任务，在全国范围检查职业教育法实施情况。与此同时，受全国人大常委会委托，地方人大常委会也在本区域内开展职业教育法执法检查，通过执法检查，深入了解职业教育法实施情况，抓住关键问题，提出解决对策，确保职业教育法正确有效实施。

2.高等职业教育体系建设

高等职业教育是我国高等教育体系的重要组成部分，也是我国职业教育体系的重要组成部分。1985 年，《中共中央关于教育体制改革的决定》提出逐步建立起一个从初级到高级、行业配套、结构合理又能与普通教育相互沟通的职业技术教育体系。1994 年，《国务院关于〈中国教育改革和发展纲要〉的实施意见》（国发〔1994〕39 号）提出逐步形成初等、中等、高等职业教育和普通教育共同发展、相互衔接、比例合理的教育系列。2002 年，《国务院关于大力推进职业教育改革与发展的决定》（国发〔2002〕16 号）提出力争在"十五"期间初步建立起适应社会主义市场经济体制，与市场需求和劳动就业紧密结合，建立起结构合理、灵活开放、特色鲜明、自主发展的现代职业教育体系。这是第一次提出"现代职业教育体系"。2010 年,《国家中长期教育改革和发展规划纲要(2010—2020 年)》提出到 2020 年,形成适应经济发展方式转变和产业结构调整要求、体现终身教育理念、中等和高等职业教育协调发展的现代职业教育体系。2014 年,《国务院关于加快发展现代职业教育的决定》(国发〔2014〕19 号)提出到 2020 年,形成适应发展需求、产教深度融合、中职高职衔接、职业教育与普通教育相互沟通,体现终身教育理念,具有中国特色、世界水平的现代职业教育体系。随后,教育部等六部门印发《现代职业教育体系建设规划(2014—2020 年)》(教发〔2014〕6 号),在现代职业教育体系框架基础上,对中国特色现代职业教育体系做出规划。从分散独立到自成体系,40 年来的高职教育体系建设在政策层面彰显现代化导向这一应有之义。

3. 高等职业教育基础能力建设

任何一种教育类型的现代化水平与其基础能力建设都是休戚相关的。与基础教育和高等教育相比,高等职业教育的基础能力相对薄弱。与此同时,高等职业教育存在着发展不平衡、不充分的短板,尤其是中西部地区高等职业教育办学经费投入不足,严重制约了高等职业教育基础能力的提升。2006 年《教育部、财政部关于实施国家示范性高等职业院校建设计划 加快高等职业教育改革与发展的意见》(教高〔2006〕14 号)和 2014 年《财政部 教育部关于建立完善以改革和绩效为导向的生均拨款制度 加快发展现代高等职业教育的意见》(财教〔2014〕352 号)的发布实施,高等职业院校严格依照办学标准,实施高等职业教育基础能力建设项目,改善基本办学条件,建设职业技能实训基地,开发优质教学资源,提高教师素质,提升高等职业院校办学基础能力和人才培养水平,高职院校基础能力显著提高。[5]

4. 高等职业教育内涵式发展

内涵式发展是以事物的内部因素作为动力和资源的发展模式,表现为事物内在属性的发展,如结构协调、要素优化、质量提升、水平提高、实力增强等。[6]在内涵式发展阶段,当职业教育整体得到发展并出现多层次、多类型的职业教育,而原有的体制、机制等不能适应这种发展要求时,就需要与时俱进,发展现代职业教育。从本质上来说,内涵式发展是实现我国高等职业教育现代化的必由之路。21世纪,高等职业教育快速发展。2000年《教育部关于加强高职高专教育人才培养工作的意见》(教高〔2000〕2号)提出了我国高职高专教育的办学指导思想、人才培养工作重点和工作思路,是今后一段时期内我国高职高专教育人才培养工作的指导性文件。特别指出了高职高专教育人才培养模式的基本特征是以培养高等技术应用型专门人才为根本任务;以适应社会需要为目标、以培养技术应用能力为主线设计学生的知识、能力、素质结构和培养方案,毕业生应具有基础理论知识、技术应用能力强、知识面较宽、素质高等特点。在经历规模扩张发展阶段后,高职院校普遍将发展重心放到内涵建设上来。2006年《教育部关于全面提高高等职业教育教学质量的若干意见》(教高〔2006〕16号)从素质教育、专业改革与建设、课程建设与改革、人才培养模式改革、实训实习基地建设、专兼结合的专业教学团队建设、教学质量保障体系等方面对高等职业教育内涵建设做出详尽的要求,推动高等职业院校主要依靠内在活力的激发和潜力的挖掘来深化内涵建设,提高办学质量。

(二)政府与市场共同推进

政府与市场共同推进模式是指充分发挥市场机制与政府作用,引导社会力量参与办学,使高职教育适应社会主义市场经济体制,与市场需求和劳动就业紧密结合的过程,这一过程体现在管理体制、办学机制、招生就业、社会服务等方面。

1. 管理体制省级统筹

世纪之交,党中央、国务院做出了重大的战略决策,即推进高等教育大众化,其中以大力发展高等职业教育作为最重要的标志。1999年1月,教育部和国家计委联合印发《试行按新的管理模式和运行机制举办高等职业技术教育的实施意见》明确提出,高等职业教育由以下机构实施:短期职业大学、职业技术学院、具有高等学历教育资格的民办高校、普通高等专科学校、本科院校内设立的高等职业教育机构(二级学院)、经教育部批准的极少数国家级重点中等专业学校、办学条件达到国家规定合格标准的成人高校等。1999年6月13日发布的《中共中央国务院关于深化教育改革,全面推进素质教育的决定》指出,高等职业教育是高等教育的重要组成部分。经国务院授权,把发展高等职业教育和大部分高等专科教育的权力以及责任交给省级人民政府,省级人民政府依法管理职业技术学院(或职业学院)和高等专科学校。1999年,高等职业教育办学管理权下放省级人民政府,地方政府要加强统筹规划,采取积极措施推动区域高等职业教育发展。在高职教育发展过程中,政府的职能是保基本、促公平,着力营造制度环境、制定发展规划、改善基本办学条件、加强规范管理和监督指导,此后20年,各级政府政策是朝着推动高等职业教育从直接管理向宏观引导转变方向前进的。如,2009年经浙江省人民代表大会常务委员会批准,《宁波市职业教育校企合作促进条例》于3月1日起施行,就是这种转变的一个典型案例。再如,中央财政设置职业教育专项资金、奖励等方式支持市场需求大、机制灵活、效益突出的实训基地建设,也释放出政策与市场共同引导推进的信号。

2. 政府与市场引导办学机制转型

《中华人民共和国高等教育法》第七条规定,国家按照社会主义现代化建设和发展社会主义市场经济的需要,根据不同类型、不同层次高等学校的实际,推进高等教育体制改革和高等教育教学改革,优化高等教育结构和资源配置,提高高等教育的质量和效益。《中华人民共和国职业教育法》第三条规定,职业教育是国家教育事业的重要组成部分,是促进经济、社会发展和劳动就业的重要途径。国家发展职业教育,推进职业教育改革,提高职业教育质量,建立、健全适应社会主义市场经济和社会进步需要的职业教育制度。在 20 世纪 90 年代末,我国高等职业教育的办学机制也逐渐向政府与市场引导的模式转型,这意味着充分发挥市场在资源配置中的决定作用,并发挥政府的重要作用,扩大高职院校办学自主权,推动学校面向社会需求办学,增强高等职业教育体系适应市场经济的能力。高等职业教育要打破部门界限和学校类型界限,积极发挥市场机制的作用,整合和充分利用现有各种职业教育资源,面向市场开放办学,适应经济结构调整、技术进步和劳动力市场变化,及时调整专业设置,增强专业适应性,充分调动社会力量,吸引更多资源向高等职业教育汇聚,不断推动产教结合、产教融合和校企合作,促进行业企业深度参与高等职业教育办学,不断提高办学效益,并积极探索发挥市场作用和社会参与的高等职业教育评估方式。

3. 以促进就业为导向

早在 100 年前,我国近现代职业教育先驱黄炎培先生就提出职业教育要使"无业者有业,有业者乐业"。温家宝同志指出,职业教育是面向人人的,职业教育的目的就是就业。[7]教育部关于以就业为导向深化高等职业教育改革的若干意见(教高〔2004〕1 号)提出高等职业院校要主动适应经济和社会发展需要,以就业为导向确定办学目标,找准学校在区域经济和行业发展中的位置,加大人才培养模式的改革力度,坚持培养面向生产、建设、管理、服务第一线需要的"下得去、留得住、用得上",实践能力强,具有良好职业道德的高技能人才。以促进就业为导向旨在推动高等职业教育从计划培养向市场驱动转变,从传统的升学导向向就业导向转变。"就提高经济增长质量而言,在劳动力方面有教育与培训的要求,以提高专业化人力资本的积累水平。"[8]为此,高等职业教育要与社会需求紧密对接,积极发展面向新兴产业和现代服务业的专业,适应经济和社会发展以及劳动力市场需求,并根据行业人力资源需求预测和就业状况定期调整优化专业设置,以扩大就业规模,提高就业质量。

4. 以服务发展为宗旨

服务经济社会发展和人的全面发展,是高等职业教育的根本任务。为培养服务区域经济社会发展的技术技能人才,高等职业教育必须推动专业设置与产业需求对接,课程内容与职业标准对接,教学过程与生产过程对接,毕业证书与职业资格证书对接,职业教育与终身学习对接。针对区域经济社会发展的要求,灵活调整和设置专业,重点服务企业特别是中小微企业的技术研发和产品升级,与行业企业共同推进形成技术技能积累创新机制,以改进服务发展方式和增强服务发展能力为抓手,强化协同创新,推动高职院校与行业企业共建技术工艺和产品开发中心、实验实训平台、技能大师工作室等建设,使其成为区域技术技能积累与创新的重要载体,通过多层次人才培养体系和技术推广体系,主动参与企业技术创新,积极推动技术成果扩散,为科技型小微企业创业提供人才、科技服务。提升高职院校服务区域经济社会发展的能力,实现区域经济社会与高等职业教育和谐发展。

三、我国高等职业教育政策变迁的样态

(一)政策是推动高等职业教育改革与发展的重要力量

就高职教育的发展而言,有外延式发展和内涵式发展两种对立统一的模式。外延式发展是以事物的外部因素作为动力和资源的发展模式,主要表现为投资的扩大、规模的膨胀和数量的增长等;职业教育在外延式发展阶段,主要依靠外在力量推动,尤其是更多地依靠政策的推动,这是我国职业教育发展过程中的一种普遍现象。[9]规范和指导职业教育发展的方案是一项重要的公共政策,它确定国家一定时期发展职业教育的任务、方针和措施,其表现形式包括法律、行政法规和规章、规划、党的文件和国家领导人的口头或书面指示等。如 1996 年颁布实施的《中华人民共和国职业教育法》是规范职业教育发展的基本法律,《国务院关于大力发展职业技术教育的决定》等属于行政法规,《中共中央关于教育体制改革的决定》等属于党的文件,《国家中长期教育改革和发展规划纲要(2010—2020 年)》属于规划,2002 年时任国务院总理朱镕基在第四次全国职业教育工作会议上的讲话、2005 年时任国务院总理温家宝在第五次全国职业教育工作会议上的讲话和 2014 年习近平总书记对职业教育的指示等都属于国家领导人的指示,这些形式都反映出职业教育发展的政策意图和导向,对我国高等职业教育发展产生深刻影响。

(二)高等职业教育政策发布呈现多元化形式

在我国高职教育政策变迁过程中,主要表现为以下几种形式:一是通过领导人的行为,如批示、讲话、出席相关活动、视察、考察、调研、题词等,通过这些形式将国家意志转化为政策,从而得以贯彻执行,这方面的典型例子如习近平总书记于 2014 年 6 月 23 日关于职业教育的重要指示。二是政府决策部署,包括中央政府和地方政府的决策部署,主要体现为规划、教育发展综合规划和专项规划。如 2014 年 2 月 26 日李克强总理主持召开国务院常务会议部署加快发展现代职业教育,而各省(直辖市、自治区)以及省以下地方政府的决策部署则更为巨大。三是人大的立法与执法检查:1996 年《中华人民共和国职业教育法》颁布实施。2015 年全国人大常委会启动职业教育法执法检查,与此同时,受全国人大常委会委托,地方人大常委会开展职业教育法执法检查,如浙江省等。四是政协专题协商。2014 年 6 月 3 日,全国政协在京召开"深化产教融合、校企合作,加快现代职业教育体系建设"专题协商会。五是管理体制的渠道。自 2002 年始,国务院先后三次对职业教育管理体制进行了调整,明确"在国务院领导下分级管理、地方为主、政府统筹、社会参与"的管理体制,要求并成立了由教育部牵头的"职业教育工作部际联席会议"制度,政策通过这些管理体制加以落实。六是表彰职业教育工作先进单位与先进个人,如 2014 年,国家设置职业教育国家级教学成果奖,此外,诸如中华职业教育社组织的相关活动等都成为政策发布的方式。

(三)高等职业教育政策发布载体为各项会议

改革开放以来,从 1986 年第一次全国职业技术教育工作会议开始,到 2014 年先后召开了六次全国职业教育工作会议,国家领导人通常都到会做报告或发表讲话。例如在 1986 年召开的第一次全国职业技术教育工作会议上,时任中共中央政治局委员、中央书记处书记、国务院副总理兼国家教育委员会主任李鹏出席闭幕大会并做重要讲话;在 1991 年召开的第二次全国职业技术教育工作会议召开上,时任国务委员李铁映做题为《大力发展职业技术教育,促进我国经济建设和社会发展》的工作报告;在 1996 年召开的第三次全国职业教育工作会议上,时任国务院副总理李岚清做题为《努力开创职业教育工作新局面》的讲话;在 2002 年召开的第四次全国职业教育工作会议上,时任国务院总理朱镕基做题为《职业教育要在新形势下取得更大发展》的讲话;在 2006 年召开的第五次全国职业教育工作会议上,时任国务院总理温家宝做题为《大力发展中国特色的职业教育》的讲话;在 2014 年召开的第六次全国职业教育工作会议上,李克强总理接见全国职业教育工作会议代表并讲话,时任中共中央政治局委员、国务院副总理刘延东和国务委员、国务院副总理马凯出席会议并讲话。

(四)高等职业教育政策表现形式为各类文件

如上文所述,事实上,在每次全国职业教育工作会议召开同时或者召开前后,通常都会以国务院名义发布文件,这在进入 21 世纪后的几次全国职业教育工作会议中体现得更加显著,2002 年召开第四次全国职业教育工作会议,发布《国务院关于大力推进职业教育改革与发展的决定》(国发〔2002〕16 号);2005 年召开第五次全国职业教育工作会议,发布《国务院关于大力发展职业教育的决定》(国发〔2005〕35号);2014 年召开第六次全国职业教育工作会议,发布《国务院关于加快发展现代职业教育的决定》(国发〔2014〕19 号)。在上述情况下,会议成为推动高职教育政策出台的重要载体。

(五)高等职业教育政策推进的方式为各种计划

《国家中长期教育改革和发展规划纲要(2010—2020 年)》提出,把职业教育纳入经济社会发展和产业发展规划,促使职业教育规模、专业设置与经济社会发展需求相适应。教育体制的结构正在发生变化,这些变化包括地方区域对学校获得财政资源的重要性逐渐增长、职业和技术学习得以扩展、为提高创造性和独立性而对新的教学手段产生需求等,自上而下的政策能产生紧迫感以及随之而来的荣誉感与责任感,如 2006 年,教育部、财政部启动实施"国家示范性高等职业院校建设计划",综观高等职业教育发展的政策脉络,可以发现示范计划是加快高等职业教育改革与发展的重大举措,也正是全面提高高等职业教育教学质量的重要抓手。[10]如《现代职业教育体系建设规划(2014—2020 年)》内容包括规划背景、总体要求、体系的基本架构、体系建设的重点任务、体系建设的制度保障和机制创新、保障实施等方面 32 项,并列出了每项内容的完成单位和时限。再如 2015 年,教育部发布《高等职业教育创新发展行动计划(2015—2018 年)》和《职业院校管理水平提升行动计划(2015—2018 年)》,与相应的投入和支持相联系的是制定有项目一览表,其中包括工作任务、负责单位、时间进度等要素,力图使政策实际地"嵌入"整个高职教育发展中。

实践之树常青,实践提出的问题往往是综合的,这要求我们扎根中国大地办中国特色教育,通过彰显高等职业教育的类型特色和时代贡献来推动政策持续供给,在实践中科学设计、合理确定高等职业教育发展的规模、结构、效益和强度,采取政府推动与引导社会力量参与、顶层设计与支持地方先行先试、扶优扶强与提升整体保障水平、教学改革与提升院校治理能力等结合的方式,持续提升发展质量,建设中国特色、世界水准的高等职业教育,而未来中国特色高等职业教育的建构与生成过程又将伴随着新一轮的政策变迁。

参考文献

[1] 克拉克·克尔. 大学之用(第五版)[M].北京:北京大学出版社,2008:4.

[2] 罗伯特·海涅曼,等. 政策分析师的世界:理性、价值观念和政治(第三版)[M].北京:北京大学出版社,2011:18.

[3] 2019 年全国教育事业发展统计公报[EB/OL]. (2019-12-31)(2019-12-31). http://www. moe. gov. cn/jyb_sjzl/sjzl_fztjgb/201912/t20191231_343508. html.

[4] 兰德尔·柯林斯,迈克尔·马科夫斯基. 发现社会:西方社会学思想述评(第八版)[M].北京:商务印书馆,2014:106.

[5] 王继平,主编. 中国教育改革大系·职业教育卷[M].武汉:湖北教育出版社,2016:45.

［6］乔万敏,邢亮.论大学内涵式发展.教育研究[J].2009(11):97-100.

［7］《温家宝谈教育》编写组.温家宝谈教育[M].北京:人民出版社,2014.

［8］珍妮·H.巴兰坦,弗洛伊德·M.海默克.教育社会学——系统的
分析(第6版)[M].北京:中国人民大学出版社,2011.

［9］申家龙.社会学视野下的职业教育——内涵与特征[J].职业技术
教育,2003(16):15-18.

［10］马树超,郭扬,等.中国高等职业教育历史的抉择[M].北京:高等
教育出版社,2009:215.

（本文发表于《教育学术月刊》2019年第12期）

我国高等职业教育政策的演进

——基于1996—2016年三个重大事件的分析

摘　要：20世纪90年代中期以来，随着我国教育体制改革的深入推进，高等职业教育中许多带有历史特征的制度和政策因素发生着深刻的变化。本文将高职教育发展置于政策演进的语境和事件中，通过1996—2016年间对高职教育发展产生重大影响的三个事件——《中华人民共和国职业教育法》颁布实施、国家示范性高职院校建设和习近平总书记关于职业教育的批示的分析，尝试在经验研究层面阐释政策演进与高职教育发展的互动关系，从合法性建构、制度建设、权威价值引导等三方面赋予高职教育发展以完整的价值和意义，从而为当前创新发展高职教育提供启示。

关键词：高职教育；1996—2016年；政策演进；事件

一、问题的提出

作为人力资本投资的重要渠道和形式，教育是"通过增加人的资源影响未来货币与心理收入的活动"。[1]根据教育研究辞典（Encyclopedia of Educational Research）对于职业教育的解释为："凡教育活动而为一种谋生之准备者，皆可名之为职业教育。"[2]因此，职业教育通过学生知识与技能的提高推动社会进步，在这个意义上，职业教育既是教育改革的战略性问题，又是重大的经济和民生问题。

我国职业教育有一个长的过去，但高等职业教育（以下简称高职教育）只有一个相对短的历史。改革开放后，特别是20世纪90年代中期以来,随着我国教育体制改革的深入推进,高职教育中许多带有历史特征的制度和政策因素发生了深刻的变化。1996年《中华人民共和国职业教育法》颁布实施后,高职教育取得了长足的发展,人们对高职教育从误解到不了解、不甚了解再到有所了解、逐步有深入的理解,目前我国已建立起世界上规模最大的高职教育体系。这对高职教育发展既是一种沉重的压力,同时又是一种强大的动力。国家将这些压力与动力整合后所形成的教育体制变革和教育政策演进共同构成了高职教育发展的社会背景,可以说,高职教育的发展在很大程度上是适应体制变革与政策演进过程的结果。

作为一种桥梁,政策对高职教育发展具有意义和产生作用,这体现为一种与变革密切相连的政策演进,高职教育对政策变化的过程与动态的形势十分敏感。政策是一种"变量",为了使基础研究具有更大的政策相关性,非常有必要找到一些"变量",这种"变量"随着政策而变化,同时也带来我们所探讨的教育成果的变化。[3] 如果我们知道政策以何种方式影响高职教育发展,而这种通常在各种事件中得以呈现,我们就能够将各种社会影响因素考虑进来,对这些事件的意义进行更为准确地评估,提高高职教育吸引力和改进高职教育质量才有可能。如何从纷繁复杂的政策过程中找到实质性的问题纽带,是件很不容易的事情。同时,有效的政策并不必然有效作用于实践,也不必然有相应的理论支撑。基于此,笔者通过将高职教育发展置于政策演进讨论的语境中,从分析特定的事件入手,以《中华人民共和国职业教育法》颁布实施、国家示范性高职院校建设和习近平总书记关于职业教育的批示为观测点和分析的具体文本,阐释政策演进与高职教育发展的互动关系,提出合法性获得、制度建设、权威价值引导等政策作用高职教育发展的机理,尝试在经验研究层面赋予高职教育发展以完整的价值和意义,从而为当前创新发展高职教育提供启示。

二、高职教育政策演进中的三个重大事件

现实中的很多问题,也是历史问题。因此,历史学年鉴学派强调今昔之间的相互作用,毫不犹豫地认为当代事件能昭示历史上迄今未引起的种种联系。[4]法国历史学家保罗·韦纳称一系列事件为"情节"或"情境"。在一个相对较长的历史时段中,"事件犹如一声爆炸,成了注意的焦点"。[5]我们从这种研究方法中获得启发,即将高职教育发展看作充斥着各种事件的一个历史过程,其中若干个重大事件反映了政策演进的脉络。通过观察和解释这些重大事件蕴含的政策意涵,可以找到高职教育发展的关键性线索,有助于我们深化对高职教育政策演进的理解。

(一)《中华人民共和国职业教育法》颁布实施

1996年5月15日,全国人大常委会通过《中华人民共和国职业教育法》,随后以中华人民共和国主席令第六十九号公布,并自1996年9月1日起实施。《中华人民共和国职业教育法》分总则、职业教育体系、职业教育的实施、职业教育的保障条件、附则等5章共40条。该法确立了职业教育的法律地位,明确了职业教育的根本任务、办学体制和管理体制,提出了发展职业教育的方法和途径,规定了政府、社会、企业、学校和个人的义务和权利,制定了职业学校的设置标准和准入条件等。《中华人民共和国职业教育法》的颁布和实施,标志着我国职业教育走上了制度化、法制化的轨道。规定国务院教育行政部门负责职业教育工作的统筹规划、综合协调、宏观管理。

20世纪90年代,我国进入工业化、城镇化快速发展的阶段,职业教育是工业化、城镇化的重要推力。在这种背景下,《中华人民共和国职业教育法》的颁布和实施对高职教育的发展起到了积极的促进作

用。首先,职业教育法律地位得以确立,即明确职业教育是国家教育事业的重要组成部分,是促进经济、社会发展和劳动就业的重要途径,这使人们将职业教育与他们职业前途甚至是人生命运联系起来。其次,《中华人民共和国职业教育法》通过对各级政府进行赋权和问责,给社会公众释放大力发展和加快发展职业教育的积极信号。21世纪以来,先后发布《国务院关于大力推进职业教育改革与发展的决定》(国发〔2002〕16号)、《国务院关于大力发展职业教育的决定》(国发〔2005〕35号)、《国务院关于加快发展现代职业教育的决定》(国发〔2014〕19号)等文件,并于2004年建立由教育部牵头,国家发展和改革委员会、财政部、人力资源和社会保障部、农业部、国务院扶贫办等部委成员单位参加的职业教育工作部际联席会议制度,推进职业教育发展。最后,为确保《中华人民共和国职业教育法》贯彻实施,2015年,全国人民代表大会常务委员会由张德江委员长担任组长开展职业教育法执法检查,社会公众对职业教育的态度受到这些行动的引导,从而增强了人们对发展高职教育的信心。当前,在加快发展现代职业教育的主题,《中华人民共和国职业教育法》修订工作已列入十二届全国人大常委会立法规划,2015年12月,十二届全国人大常委会第十八次会议审议《教育法律一揽子修正案(草案)》,《职业教育法(修正案)》未获通过,这表明职业教育的重要性与复杂性。而相关配套法律法规如《职业教育校企合作条例》等正在抓紧制定。

(二)国家示范性高职院校建设计划

1999年,我国高等职业教育办学管理权下放省级人民政府,国务院要求地方政府要加强统筹规划,采取积极措施推动区域高等职业教育发展。为提高职业教育质量和吸引力,摆脱职业教育是低等教育、劣质教育的社会标签。2005年,国务院提出实施职业教育示范性院校建设计划,在整合资源、深化改革、创新机制的基础上,重点建设高水平的培养高素质技能型人才的 1000 所示范性中等职业学校和 100 所示范性高等职业院校。通过加强示范性职业院校建设,大力提升这些学校培养高素质技能型人才的能力,促进他们在深化改革、创新体制和机制中起到示范作用,带动全国职业院校办出特色,提高水平。

一石激起千层浪,2006 年,教育部、财政部联合启动"国家示范性高等职业院校建设计划",重点支持建设 100 所高水平示范性高职院校。2010 年,为贯彻《国家中长期教育改革和发展规划纲要(2012—2020 年)》,教育部、财政部决定继续推进"计划"二期工程,新增 100 所骨干高职建设院校。同年,教育部、人力资源和社会保障部、财政部颁布《关于实施国家中等职业教育改革发展示范学校建设计划的意见》(教职成〔2010〕9 号),2010—2013 年组织实施国家中等职业教育改革发展示范学校建设计划,从而形成了以国家示范院校为引领、省级重点建设院校为带动的高职与中职协同发展的格局。与此同时,自 2005 年起,教育部先后与天津市人民政府等 10 个省、自治区、直辖市共建国家职业教育综合改革试验区。其中天津市国家职业教育综合改革试验区于 2010 年升格为国家职业教育改革创新示范区。国家职业教育综合改革试验区以大力发展中等职业教育为战略突破口,以职业教育体制改革和制度创新为先导,积极探索职业教育发展的新路子。

(三)习近平总书记关于职业教育的批示

2014 年 6 月 23 日,中共中央总书记习近平专门对职业教育工作做出了重要批示。他强调,职业教育是国民教育体系和人力资源开发的重要组成部分,是广大青年打开通往成功成才大门的重要途径,肩负着培养多样化人才、传承技术技能、促进就业创业的重要职责,必须高度重视、加快发展。他指出要树立正确人才观,培育和践行社会主义核心价值观,着力提高人才培养质量,弘扬劳动光荣、技能宝贵、创造伟大的时代风尚,营造人人皆可成才、人人尽展其才的良好环境,努力培养数以亿计的高素质劳动者和技术技能人才。要牢牢把握服务发展、促进就业的办学方向,深化体制机制改革,创新各层次各类型职业教育模式,坚持产教融合、校企合作,坚持工学结合、知行合一,引导社会各界特别是行业企业积极支持职业教育,努力建设中国特色职业教育体系。要加大对农村地区、民族地区、贫困地区职业教育支持力度,努力让每个人都有人生出彩的机会。他要求各级党委和政府要把加快发展现代职业教育摆在更加突出的位置,更好地支持和帮助职业教育发展,为实现"两个一百年"奋斗目标和中华民族伟大复兴的中国梦提供坚实人才保障。

"一种观念如果得到受人尊敬的人或组织的赞同,它具有的积极效果就会如同这些人或组织自己提出的一样。"[6]由于受地位、态度等因素的影响,公众对职业教育的社会心理不尽相同。习近平总书记提出,弘扬劳动光荣、技能宝贵、创造伟大的时代风尚,努力让每个人都有人生出彩的机会。在高等教育大众化和职业教育普及化的背景下,人人皆可成才和人人尽展其才是一个重要理念,尽管带有理想主义的色彩,但其中包含着深刻的教育公平思想,更体现了尊重人才、尊重劳动、尊重技能和尊重创造的人性化的人才观,这极大增强了社会公众对高职教育的信心。

三、高职教育政策演进的逻辑

通过对高职教育发展三个重大事件的回顾,为我们分析这些政策在不同的发展阶段呈现的差异以及研究高职教育发展究竟在多大程度上是受这些政策因素的影响奠定了基础。法国社会学家雷蒙·阿隆认为:"重大事件要用重大的原因来解释,而事件的细节则是与结构的情况不可分割的。"[7]这里的结构包括客观的社会结构和主观的心理结构,前者是复杂的,后者是敏感的。只有深刻理解事件的结构及其过程,才可能把握高职教育政策演进的逻辑。而这种政策作用于高职教育过程是通过合法性建构、制度推动和权威价值引导三种途径得以实现的。

(一)合法性建构

长期以来,我国社会中存在"学而优则仕"的文化传统和"重学问轻技术"的思维模式,产生这种差异的社会因素有时掩盖了它们最明显的后果,使得职业教育在社会中处于不利的境地。因此,合法性建构对高职教育的发展就显得格外重要,因为合法性的获得有利于凝聚社会共识。"社会公众通过一定的利益表达机制反映其利益需求,为国家公共权力主体的价值分配提供依据。"[8]《中华人民共和国职业教育法》的颁布和实施为高职教育发展提供了法律依据,合法性的建构是使规范从结构深入到人心的一种过程,在这个过程中,人们可以亲身体验到法律对高职教育现代转型的深刻影响,这种影响不只是对社会和知识基础的"解构",而是一种反思与重建。正如美国社会学家爱德华·希尔斯所言,所有行动都在某种方面以未来事件以及行动的未来后果为取向,这是不可避免的。[9]从这种国家意志中,高职教育取得了发展外部尊严的希望。[10]

(二)制度推动

在现代社会中,政府不仅是一国经济社会发展所需资源的主要提供者,也是经济社会发展依赖制度的主要提供者。随着制度在社会发展中作用的日益凸显,作为其发生作用途径和工具的制度供给也愈发重要。这种对制度的重新关注,是现代社会制度转型与实践探索不断积累的结果。美国社会学家詹姆斯·科尔曼提出:"制度蕴含利益。规范蕴含的利益不能形成规范,也不能确保规范必然形成。但利益为规范提供了基础,即接受外在影响的人们产生了对规范的需求。"[11]制度具有权威性的价值,政府的关注点通常聚焦于制度及其所产生的绩效上。对制度问题的探讨涉及高职教育发展的内容、过程和方式,诸如高职教育与政府、企业、媒体和民众之间的复杂关系。因为我国高职教育发展还沿袭着政府推动型的模式,随着我国经济转型和产业升级的加快,为适应不断扩大和变化着的社会职能,高职院校成为更大、更复杂和更分散的组织,现实问题也使高职院校认识到不能仅仅依靠内部的资源来支撑其办学,只有借助政府制度推动快速建立校企合作网络才能逐步将其教育特点表征出来。

(三)权威价值引导

政策在本质上是通过探讨价值的含义,协调、优化和信奉价值的行为基础,帮助决策者进行价值观的选择。法国社会学家布尔迪厄指出,对一个群体的权力——这个群体即将作为一个群体而被引入存在——不可分割的,是通过对其强加看法与分类的共同准则,并且由此把一种关于其认同的唯一看法与关于其统一体的共同看法强加于其上而创造群体的权力。[12] 在职业教育与普通教育分流的情况下,高职教育的功能定位与公众对其的认知之间存在着巨大偏差。职业教育与普通教育的这种分流,其特征与其说是同质性,不如说是交流、缠绕、碰撞、渗透并保留着事物的多样性。人们往往认同普通教育,而轻视职业教育,并且这种厚此薄彼的观念也体现在教育选择行为的差异中,人们从接受职业教育的机会当中看到了一种选择的结果。美国学者布鲁贝克就曾指出,自由教育的势利倾向最突出地表现在对待职业教育的态度上。他继而问道:为什么一种狭窄的、专门化的教育其地位就低于一种广博的教育? 在 20 世纪仍然有些人继续坚持古老的文化与职业二元论。[13]

正如法国社会学家布尔迪厄所言:"确切地说,象征性支配的独特之处恰恰在于下面这一事实,即它在那些服从于这种象征性支配的人当中塑造出一种态度,这种态度对通常的自由与强制的二分法提出了挑战。"[14]在这个过程中,传递者通过生成信息源传递信息,施加社会影响,由于有了社会舆论的支持,进而达到润物细无声的效果。而广大公众通过自身选择体验、了解权威制度、公共媒介宣传,甚至是领导人的讲话与活动等方式了解职业教育,并将这种精神感受与情绪氛围传导和渗透到了社会生活的各个领域。通过对职业教育社会心理"陈规陋习"进行反思与批判,努力实现"移风易俗",当然,这种价值转变相当困难,需要依靠内心信念与公共权威的合力驱动。

四、初步的推论与研究的深化

上述讨论将高职教育的政策演进与高职教育发展置于同一个坐标系中,这个坐标的横轴标示的是时间,纵轴标示的是一些重大事件。本文尝试以此为分析框架开展一个连贯一致的论证,这就涉及我们赋予《中华人民共和国职业教育法》、国家示范性高等职业院校建设和最高领导人关于职业教育批示等这些重大事件所具有决定性的政策意蕴,也即本文初步的推论。

(一)初步的推论

1.总体中的事件具有重要意义

政策演进总是与时势相关的,由于存在历史条件和环境的差异,政策对特定公众的压力特别敏感。法国学者乔治·迪比在《创造历史》中指出,这些关键时期,政治结构和物质结构的运动对思想系统产生了反作用,从而使冲突更加尖锐。[15]现实中,党和国家高度重视职业教育,但职业教育却处于教育体系的边缘。这种悖论与困境迫切需要人们在理解和阐明中折射出的国家和公众对职业教育的期待与焦虑,探寻高职教育政策过程及其内在机理。而"每一次言语行动,并且更一般地讲,每一次行动,都是一种事件的结合,即彼此独立的因果系列之间的一种遭遇"。[16]通过历史分析把握特定事件的特殊作用,这些重大事件的辐射力和影响力都很强,从中折射出高职教育政策的演进。此外,媒体对国外的高职教育理念和办学模式的宣传如德国的双元制、美国的社区学院、澳大利亚的 TAFE、新加坡的教学工厂对职业院校和公众产生很大影响,从而能将思想资源转化为时代潮流。在加快发展现代职业教育背景下,观察和阐释这些重大事件为我们深化对高职教育政策和高职教育发展的认识和理解尤显重要。

2. 政策演进与变革密切相连

作为职业教育秩序要素的权威,重要的并不在于是否被人格化,而在于它是否建立了一套社会机制。[17]从本质上讲,政策是一种社会机制,当然,这种社会机制既包括政策,同时也包括法律法规和诸多的非正式规范,而它们的演进则体现在历史之中。尤其在国家经济转型和产业升级中所处的特定阶段,高职教育因其特殊的社会职能而获得加快发展的优先权,说明这种政策演进是有一定的现实依据和理论基础的。这些重大事件造成了高职教育新旧模式的"断裂",从中折射出高职教育政策的演进和变迁,而对这些意义的解释又影响到我们从当前高职教育的发展中获得的意识。在这个变革的年代,与变革密切相连的政策使其与高职教育所获得的资源和承担的使命相协调,从而在政策演进与高职教育发展之间保持一种内在的张力,进一步提升高职教育对政策反应和响应的灵敏度和敏感性,为高职教育现代转型研究提供新的视角。

3. 政策演进影响社会心理

德国哲学家亚瑟·叔本华曾说,任何真理在获得公认前均经过三个阶段:起先它被嘲笑,然后它被反对,最后它被认为不证自明。高职教育发展既包括政策、法律法规和诸多的非正式规范的社会机制,也包括支撑这些机制运行的社会环境和社会心理。现代职业教育制度的建立过程就是职业教育特色的重塑过程,同时也是职业教育社会心理的重建过程。法国社会学家埃米尔·涂尔干指出,教育思想史和社会民德(mores)研究其实有着密切的关系。[18]通过对重大事件的描述和分析,认识高职教育发展政策演进这一主题上存在着哪些社会心理,描述其在不同的社会发展阶段和不同的社会阶层中的嬗变,理解和解释人们之所以认同(或接受)或排斥(或抵制)高职教育,探寻创造高职教育被接受的社会心理条件,将职业教育认同置于国民教育体系的语境中加以探讨。如在 2015 年第 43 届世界技能大赛上,杭州技师学院的杨金龙获得了汽车喷漆项目的金牌,杨金龙目前是浙江省第一个也是唯一的特级技师,享受教授级高工待遇,并获得了百万元的奖金,这种事件有助于引导大众走出认识陈规并逐步形成对高职教育的社会认同。

(二)研究的深化

政策演进与高职教育发展间存在着紧密的互动关系,这一假设已经提出,然而尚未做出充分的证明,或只是片段式的证明。因此,本文提出的观点尚需经受系统的理论论证与实践检验,还需要更深入的理论探讨和经验研究支撑,诸如分析高职教育的政策过程与结构,测度政策的体系与指标,因为清晰的理论方法使我们能够从逻辑上考量它的关键变量和因果关系,考察它的范围、一致性和成效,还可以验证其主要命题是否经得起经验证明,以期摆脱研究者的前设和预设结论与案例特征选择和描述的互证倾向。

1.政策演进历史的拓展

美国学者约翰逊指出,急剧的社会变迁,有可能提高人们自觉地反复思考社会形式的程度。[19]进一步的研究将对高职教育的政策演进研究向改革开放中期甚至初期做进一步的推展，并将这一立论内核——政策在职业教育现代转型居于指导性的地位——确立为高职教育发展的基础作用力。当然，政策演进过程中包含着众多的行动者和利益相关者，这可能导致高职教育发展也存在不可预知的情形，因此，需要开展深刻的理论阐述以及本土定向的实证研究，增强理论和实践解释力。从这个意义上看，当前具有明确指向的创新发展高职教育政策的出台不仅是必要的，而且是重要的。

2. 政策开启模式的探讨

旧的价值规范体系已经失却原有效用，但新的价值规范体系尚未完全建立。因为这种社会心理具有稳定性和连续性，引导改变和更新旧的职业教育价值信念面临着重重困难。政策通常有两种开启模式，用比较形象的话来描述，其中一种是按钮模式，一种是旋钮模式，前一种模式直接，后一种模式稳妥，易于被人们接受。因此，本研究通过对重大事件折射高职教育政策演进的讨论，对我们理解社会上普遍存在的对高职教育的各种歧视和偏见现象有用，并为降低这些歧视和偏见的消极影响具有重要启示，从而达致高职教育政策规范性与正当性的统一，为高职教育发展营造良好的社会氛围。

美国学者萨巴蒂尔指出，任何政策、制度安排都是由具体的行动者在一定的政策和制度环境中实施的，行动者与政策和制度环境的结构性制约之间有着复杂的互动关系。[20]本文通过对 1996—2016 年我国高职教育发展中的三个重大事件的描述，揭示政策演进的普遍性和特殊性。在此，我们可以想象一下，如果历史过程中存在这三个事件顺序打乱甚至完全颠倒的情形，又将会出现一种怎样的结果？当然，这已然不再可能。对于我国高职教育发展和政策演进，公众会做出认可，时间会做出判断，实践会做出检验。

参考文献

[1] 加里·S.贝克尔.人力资本:关于教育的理论和实证分析[M].梁小民,译.北京:北京大学出版社,1987:1.

[2] 周谈辉.中国职业教育发展史[M].台北:三民出版社,1985:1.

[3] 佛兰德·S.柯伯斯.教育政策[M]//[美]斯图亚特·那格尔,编著.政策研究百科全书.林明,等,译.北京:科学技术文献出版社,1990:457.

[4] [5] [15] 保罗·利科.法国史学对史学理论的贡献[M].王建华,译.上海:上海社会科学院出版社,1992:37,90,92.

[6] 霍夫兰德,亚尼斯,凯利.劝说与态度改变[M]//周晓虹,主编.现代社会心理学名著菁华.北京:社会科学文献出版社,2007:221-235.

[7] 雷蒙·阿隆.社会学主要思潮[M].葛智强,胡秉诚,王沪宁,译.上海:上海译文出版社,2013:220.

[8] 王春福.有限理性利益人与公共政策[M].北京:中国社会科学出版社,2008:45.

[9] 爱德华·希尔斯.论传统[M].傅铿,吕乐,译.上海:上海人民出版社,2009:354.

[10] 刘兰明.论职业教育的尊严[J].中国高教研究,2015(2).

[11] 詹姆斯·S.科尔曼.社会理论的基础[M].邓方,译.北京:社会科学文献出版社,1997:294.

[12] [14] [16] 布尔迪厄.言语意味着什么[M].褚思真,刘晖,译.北京:商务印书馆,2005:116,27,6.

[13] 约翰·S.布鲁贝克.高等教育哲学[M].王承绪,郑继伟,张维平,译.杭州:浙江教育出版社,2002:87-89.

[17] 朱芝洲,蔡文兰.失序与重建:我国社会转型中的职业教育秩序研究[M].杭州:浙江大学出版社,2015:67.

［18］埃米尔·涂尔干.教育思想的演进［M］.李康,译.渠敬东,校.北京:商务印书馆,2016:31.

［19］张人杰,主编.国外教育社会学基本文选［M］.上海:华东师范大学出版社,2009:188.

［20］萨巴蒂尔,编.政策过程理论［M］.彭宗超,等,译.北京:生活·读书·新知三联书店,2004:249.

(本文发表于《中国人民大学教育学刊》2016 年第 4 期)

计划引领与项目驱动：我国高职教育
发展政策的制度逻辑

——基于"示范计划"和"双高计划"的分析

摘 要：21世纪以来，在我国高等职业教育发展进程中，2006年启动实施的国家示范性高等职业院校建设计划和2019年启动实施的中国特色高水平高职学校和专业建设计划是两个重大的标志性建设工程。无论是"示范计划"，还是"双高计划"，都在一定程度上反映出我国高职教育发展政策的制度逻辑，这种政策的主基调是通过计划引领与项目驱动来推动高职教育发展，其运作逻辑是问题导向与绩效管理，其现实诉求则是中国语境与示范引领。

关键词：高职教育；"示范计划"；"双高计划"；制度逻辑

一、问题的提出

在我国高等职业教育过往40年的发展历程中，经历了很多大事，完成了许多任务，取得了一系列标志性成果。特别是进入21世纪后，在国家实施高等教育大众化和加快发展职业教育的双重政策推动下，持续出台的政策措施推动着高职教育实现了历史性的发展，取得了历史性的成就。其中，2006年启动实施的国家示范性高等职业院校建设计划和2019年启动实施的中国特色高水平高职学校和专业建设计划，无疑是最吸引人眼球的两个重要政策。由前者启动的国家示范性高等职业院校建设计划（以下简称"示范计划"）拉开了我国高职院校长达十年的示范建设大幕，而由后者启动的中国特色高水平高职学校和专业建设计划(以下简称"双高计划")必将在推动新时代高职教育实现高质量发展方面发挥重要作用。

当前,随着《国家职业教育改革实施方案》的颁布和实施,我国高职教育迎来了新一轮政策供给,"双高计划"就是其中最具有代表性的政策举措。而对于高职教育的政策制定者、研究者、实践者而言,要科学地把握教育政策及其演进,就必须理解这些教育政策所嵌入的社会背景及其背后蕴含的制度逻辑,这对于我们更好地理解高职教育在中国的兴起与兴盛,无疑有着重要的启发价值和提示意义。基于此,本文对我国高职教育发展进程中的两个重大工程——"示范计划"和"双高计划"开展分析的基础上,总结我国高职教育发展政策演进的制度逻辑和现实诉求,为推进高职教育的高质量发展提供研究支撑。

二、"示范计划"的政策导向、建设内容与实施成效

示范计划是我国新时期新阶段高等职业教育的改革工程和质量工程,[1]由此掀起周期长达 10 年的高职教育的大发展、大改革和大提高。

(一)"示范计划"的政策导向

"示范计划"的政策导向核心即"这次建设的示范性高职院校,绝不仅仅是投资建设的示范,更应该是发展的示范、改革的示范和管理的示范"。[2]

1. 发展的示范

示范院校作为其中的佼佼者,更应责无旁贷地为建设中国特色的高职教育积极探索,深入实践。在这个过程中,示范院校不仅要在发展模式上起到带动作用,而且还需要不断深化办学理念,进一步明确办学定位,做立德树人的示范、校企合作的示范、工学结合的示范。正如

时任教育部高等教育司司长张尧学在示范建设首批 28 所院校建设方案讨论会上强调的,关键是要"端正办学思想、明确培养目标"[3]。

2. 改革的示范

改革主要体现在推进教学建设和教学改革、加强重点专业领域建设、增强社会服务能力、创建共享型专业教学资源库等方面,通过改革,示范院校成为"校企合作""工学结合"人才培养模式改革的先行者,特别是要以就业为导向,大力推进"双证书"制度,改革教学体系、教学内容和教学方法,增强学生就业竞争力,提升就业率和就业质量。示范院校在自身能力建设的基础上,还要致力于提升高职教育的社会认可度和吸引力,在带动区域、行业发展的同时,实施对口支援和东西协作,引领高职教育质量整体提高。

3. 管理的示范

国家为示范院校建设投入了大量专项资金,客观上要求示范院校要注重提高资金使用绩效,高质量地完成建设方案和建设任务书中的各项建设任务,这体现在办学治校的各个方面,从招生到培养、从教学到就业等各个环节加强管理,增强依法治校意识,完善管理制度,提高管理理念、能力和信息化水平,加快推进学校治理体系建设与治理能力提升,以管理促改革、以管理促发展、以管理出绩效。

(二)"示范计划"的建设重点

具体而言,"示范计划"的建设重点一是以人才培养模式改革为主线,培养千百万"高素质技能型专门人才";二是以专业建设为龙头,打造校企合作、工学结合平台;三是以"双师"建设为抓手,优化师资队伍建设;四是积极为社会提供技术开发与服务,大力开展职业技能培训,增强社会服务能力;五是通过"示范计划"提高示范院校基本建设和教学基础设施建设水平,带动提高我国高职院校的整体水平。

（三）"示范计划"的实施成效及改进

"综观高等职业教育发展的政策脉络,可以发现示范计划是加快高等职业教育改革与发展的重大举措,也正是全面提高高等职业教育教学质量的重要抓手。"[4]与示范计划实施前相比,高职院校办学的制度环境进一步优化,随着单独招生制度的试点与推广,高职院校的生源数量与质量得到保证,政府引导、企业参与、校本管理的校企合作办学体制机制助力工学结合人才培养模式改革,使高职院校毕业生摆脱就业率和就业质量不高的困境,教师开展教学改革、项目建设和教学资源开发的能力显著提升,高职院校对区域经济社会发展的支撑作用明显增强。[5]正如示范建设决策亲历者张尧学所说:"计划是件相当大的事情,项目立项,对于高等职业教育来说,是件振奋人心的大好事。"[6]经过了三批示范校和三批骨干校长达十年的一个完整周期的建设,众多高职院校已经受过考验,积累了较为丰富的项目建设经验,这无疑成为推动高职教育可持续发展的强劲动力,也为新时代高职教育"双高建设"奠定坚实的基础。

当然,我们也应该清醒地认识到,高职教育质量提升是一个长期的过程,在示范计划实施完成后,高职教育的人才培养目标定位仍需进一步厘清,校企合作机制仍需进一步完善,高质量培训工作仍需进一步深化,这就要求通过新的计划来落实这些任务,进而推进高职教育高质量发展,由此,"双高计划"应运而生。

三、"双高计划"的战略导向、基本原则与实现路径

（一）"双高计划"的战略导向

坚持以习近平新时代中国特色社会主义思想为指导,把高等职业

教育摆在教育改革创新和经济社会发展更加重要的位置。贯彻落实新发展理念,完善职业教育和培训体系,深化产教融合、校企合作。扩大优质高等职业教育供给,提升高等职业教育的吸引力和影响力,引领职业教育"下好一盘大棋",并致力于把职业教育改革发展的"龙头"舞起来。[7]

(二)"双高计划"的基本原则

坚持中国特色。坚持中国共产党领导,立足国情、教情、省情,遵循职业教育规律和技术技能人才成长规律,借鉴世界先进经验,发展中国特色、世界水平的现代职业教育,支持壮大经济发展新动能。

坚持产教融合。促进高职教育与产业联动发展,引导行业企业用人单位深度参与人才培养,构建校企合作长效机制,提升高职学校服务行业企业社会的技术附加值,支撑现代产业体系发展壮大。

坚持扶优扶强。以点带面,支持具有较好发展基础和条件的高水平高职学校与专业群率先发展,探索积累可以复制的改革经验和成型做法,引领职业教育发展方向、带动职业教育现代化。

坚持持续推进。问题导向完善顶层设计,着力破除制约校企深度合作的体制机制障碍,以开放促改革,以改革促发展,健全德技并修、工学结合的育人机制,完善提高职业教育整体质量的制度体系。

坚持省级统筹。以地方投入支持建设作为重要基础和前提,发挥中央财政绩效奖补作用,围绕区域(行业)发展急需的专业群建设,推动区域内高职学校和专业结构的整体优化,多元投入增加优质资源供给。

(三)"双高计划"的实现路径

通过实施"双高计划",建设一大批"当地离不开""业内都认同""国际可交流"的高职院校。[8]其实现路径具体可概括为"1加强""4打造"和"5提升",即加强党的建设,这是出发点;打造技术技能人才培养高地、技术技能创新服务平台、高水平专业群、高水平双师队伍,这是重点任务;提升校企合作水平、服务发展水平、学校治理水平、信息化水平、国际化水平,这是工作举措。

四、"示范计划"和"双高计划"的制度逻辑及其现实诉求

在我国高职教育发展过程中,计划和项目都是重要的制度枢纽,其主导着政府与高职院校、高职院校之间以及高职院校内部的结构关联,从中央到地方、从政府到高职院校,由此统合形成上下之间动员、中介与反馈等一系列动态机制。计划和项目作为这种动态机制的实施载体,为推进"示范计划"和"双高计划"搭建了运作平台。作为教育公共品,计划和项目都是实现"自上而下"资源配置的载体,其所反映的政策目标是通过对改革措施做出计划性的制度安排,使项目建设的运作机制更加规范。通过计划与项目,政府外在激励与高职院校内生动力得以聚合,从而达成整合高职教育资源,推动高职院校发展的目标。在这个过程中,"示范计划"和"双高计划"制度逻辑较为清晰地展现出来。

(一)"示范计划"和"双高计划"的运作逻辑

1.问题导向

进入 21 世纪后,我国高职教育领域先后实施过 21 世纪教改项目、示范校建设、骨干校建设、优质校建设等政策,在这些政策中,问题导向体现得非常明显。如示范建设就是要着力解决高职教育强化特色、加快改革、提高质量三方面的重点问题。就在"示范计划"启动实施的当月,2006 年 11 月 16 日,教育部发布《关于全面提高高等职业教育教学质量的若干意见》(教高〔2006〕16 号),两个文件相继出台,显示出国家

深化高职教育改革,提高高职教育质量的政策意图。正如时任教育部部长周济在示范性高职院校建设计划视频会议上的讲话中所指出的"今后一段时期,我国高等职业教育的主要任务是加强内涵建设,提高教育质量"。[9]要完成这样一个战略任务,需要从两方面加以推进。一方面,要指导全国所有的高职院校在面上办出特色,提高质量;另一方面,要重点建设 100 所示范院校,发挥这些院校在发展、改革和管理中的引领作用,可以说,这两者是相互作用、辩证统一的关系。

2. 绩效管理

与专项化财政资金支出相配合的是对建设的目标管理与绩效考核。2007 年 6 月,教育部、财政部发布《关于国家示范性高等职业院校建设计划管理暂行办法》(教高〔2007〕12 号),对示范计划和院校建设做了进一步的规范,这一政策文本与教高〔2006〕14 号、教高〔2006〕16号文件等,形成了实施"示范计划"的政策体系。而"双高计划"在遴选环节,每轮启动前发布通知明确申报要求,遴选结束后发布通知公布遴选结果,建设期内发布通知通报建设绩效。年度评价项目建设绩效,依据周期绩效评价结果,调整项目建设单位。在建设环节,成立项目建设咨询专家委员会,建立信息采集与绩效管理系统和信息公开公示网络平台,并充分发挥地方和学校及第三方评价作用,全面提升绩效管理水平。

(二)"示范计划"和"双高计划"的现实诉求

中国高等职业教育是本土的教育问题,必须要用本土的视野去观察。尽管我国实现了由计划经济体制向市场经济体制转变,但计划依然是一种主导的管理思维和管理手段,其中存在的"一个关键的假定就是通过减少管理过程中规划项目的创新性和环境的不确定性与执行机构的管理能力之间的差距,计划者可以在设计阶段显著地提高规划发展计划的实施水平"。[10]在我国现实国情条件下,各级政府是各类推动经济社会发展项目的最重要的供给主体,随着政府职能逐渐向提供公共服务的转变,计划逐渐成为政府公共服务体制的重要载体,以计划推进高职教育改革和发展也是实现这种公共服务的重要手段。无论是"示范计划"还是"双高计划",两者的独特之处在于其所采用的手段和组织将高职院校基础能力提升的诸多行动加以整合,并发挥这些院校的示范引领作用,这本身就是创新行为的体现,这一机制的创立将对我国高职院校的发展产生持续影响。

示范计划在我国高职教育发展史上是第一次大规模投入的专项建设计划,充分体现了党和国家对高职教育发展的重视和支持。教育部、财政部联合启动"示范计划"后,分别于 2006、2007、2008 年分三批重点支持建设 100 所高水平示范性高职院校。2010 年,为贯彻《国家中长期教育改革和发展规划纲要(2010—2020 年)》,教育部、财政部决定继续推进"示范计划"二期工程,分三批于 2010、2011、2012 年新增100 所骨干高职建设院校。而在国家"示范计划"实施的同时,各省(直辖市、自治区)和相关部委也出台省(直辖市、自治区)和相关部委示范校建设政策,从而形成了以国家示范院校为引领、省级示范建设院校为带动的多层次高职院校发展的格局。而在"双高计划"中提出,质量为先、以点带面,兼顾区域和产业布局,支持基础条件优良、改革成效突出、办学特色鲜明的高职学校和专业群率先发展,积累可复制、可借鉴的改革经验和模式,发挥示范引领作用。

五、结　语

一种国家层面的,具有宏观性、根本性、全局性的教育政策,一定是在适应社会需求情境的基础上产生的,而这必须建立在对行动主体全面分析的基础上。在这个意义上,一项教育改革的成功在很大程度上取决于教育规划方案的科学性、合理性,但选择什么样的方案则又取决于规划决策的主体及其决策模式。[11]其中,计划和项目是理解和解释我国高职教育政策发展的关键概念,尤其是在高职教育大改革、大发展、大提高的长时段中,围绕着院校与政府、市场等一系列关系,形成一个汇聚各种想象和利益的空间,它们以种种方式缠绕在一起,相互间的行动策略与作用方式交错其中,成为研究中国特色教育发展和政策生成的生动案例。这对于中国当下的高职教育政策制定者、实践者和研究者而言都是一种鞭策与激励,有着重要的理论启示价值和实践指导意义。

本文从高职教育发展的两个政策文本研究入手,分析政策的整体框架和主要内容,在此基础上解释政策的制度逻辑。然而,不容回避的是,由于受资源不足、队伍不强、体制不活以及文化与社会心理的制约等种种困扰,我们深深感到高职教育与高职院校发展之艰辛。与此同时,社会发展、科技进步、产业结构变革导致职业的内涵与外延发生变化,也必将对高职教育改革发展提出新的要求。因此,无论是高职教育整体,还是作为个体的高职院校,都必须不断地使自己成为"历史",只有"通过组织学习提高组织变革的能力,通过责权机制保证有效的制度供给"[12]以把握国家推进高职教育发展的战略机遇,抓住实施计划和建设项目的政策红利,为未来的发展注入持续而强劲的动力,推进高职教育高质量发展。

参考文献

[1][2][9] 周济. 在示范性高职院校建设计划视频会议上的讲话[N]. 中国教育报,2006-11-14.

[3] 张尧学. 端正思想 建设好首批国家示范性高等职业院校[J]. 中国高等教育,2007(3/4).

［4］马树超,郭扬,等.中国高等职业教育历史的抉择［M］.北京:高等教育出版社,2009:215.

［5］陈正江.教育制度供给与高职院校发展——基于国家示范性高等职业院校建设计划的研究［J］.中国高教研究,2016(7).

［6］张尧学.大木仓的记忆［M］.北京:高等教育出版社,2009:58.

［7］陈宝生.在全国深化职业教育改革电视电话会议上的发言［N］.中国教育报,2019-04-05.

［8］10问答权威解读"双高计划",看职业教育如何"下好一盘大棋"［EB/OL］. https://news. china. com/zw/news/13000776/20190409/35622048_all. html,2019-04-08,2019-04-09.

［10］T.胡森,T. N.波斯尔斯伟特,主编.教育大百科全书:教育政策与规划［M］.重庆:西南大学出版社,2011:99.

［11］康翠萍."治策"、"知策"、"行策":教育发展规划决策模式及其选择［J］.教育研究,2015(9):46-50.

［12］孟照海.试论深化教育综合改革的实现路径——兼论"顶层设计与摸着石头过河相结合"［J］.中国人民大学教育学刊,2014,(2):5.

(本文发表于《黑龙江高教研究》2019 年第 9 期)

创新发展高等职业教育:政策变迁与行动方略

摘　要:《创新发展高等职业教育行动计划(2015—2018 年)》是高职教育贯彻创新发展理念,服务"四个全面"战略布局的行动纲领。作为一项系统工程,创新发展中国特色高等职业教育必须尊重历史,探讨它赖以存在的政策变迁过程具有极为重要的意义。本文考察 20 世纪 80 年代以来的我国高等职业教育发展历程和政策变迁,在分析创新发展高等职业教育的形势与动因的基础上,提出创新发展高等职业教育行动方略和具体举措。

关键词:高等职业教育;创新发展;政策变迁;行动方略

一、问题的提出

高等职业教育发展是我国现代化进程的一部分,20 世纪 80 年代以降,贯穿于我国经济社会发展中不断加速的现代化力量对高等职业教育发展形成越来越现实的影响。高等职业教育发展是一个动态的、复杂的过程,涉及经济、政治、社会、心理和文化等诸多领域。在这个复杂的交互作用过程中,处于教育体制边缘的高等职业教育在合适的经济和政治制度支持下,经过三十多年的艰苦实践,高等职业教育创造性地探索出颇具特色的以校企合作为基础的办学模式和以能力为中心的人才培养模式。随着自主适应社会需求机制的建立,高等职业教育逐步由"社会中的高等职业教育"向"社会的高等职业教育"转化。

高等职业教育在中国的崛起源于创新。具有鲜明中国特色的高等职业教育的出现,丰富了世界高等教育的内涵和形式。创新是高等职业教育发展的底色,在这个过程中,高等职业教育由单纯的数量发展观向具有特色的整体发展观转变,取得了令人瞩目的成就。2014 年后,着眼于"四个全面"战略布局,在《国务院关于加快发展现代职业教育的决定》的指引下,我国高等职业教育有了新的更大的发展目标、发展热情和发展动力。鉴于创新发展高等职业教育是一个宏大的历史主题,探讨它赖以存在的政策变迁过程具有极为重要的意义。如果我们不能解释高等职业教育是从哪里发展的,又是如何发展的,又怎么能够制定、理解和执行创新发展的理念与政策呢?因此,解释历史进程中的高职教育变革步伐和方向仍然是一个需奋力突破的重大课题。只有在对高等职业教育发展背景和发展模式认识深化的基础上,我们才可能提出创新发展高等职业教育的行动方略。

二、我国高等职业教育创新发展的政策变迁

佛兰德•科伯思指出,如果我们不深化对政策过程的认识,提高和改进教育效果就无捷径可走。中华人民共和国高等职业教育发展史更是一部创新发展史,高等职业教育经历了创业发展到跨越发展再到创新发展的三个战略机遇期,从无到有,由小到大,由大变强,至今已是我国高等教育的"半壁江山",走出了一条具有中国特色的发展新路。

(一)高等职业教育因创新而生

在我国高等教育体系中本无高等职业教育这种类型。20 世纪 80 年代,适国家经济建设之急和教育发展之需,在一些有识之士的推动下,各地先后兴办了 126 所短期职业大学,成为我国高等职业教育的创新模式的雏形。1985 年 5 月,《中共中央关于教育体制改革的决定》指出:"高中毕业生一部分升入普通大学,一部分接受高等职业技术教育,积极发展高等职业技术院校。"国务院于 1986 年发布的《普通高等学校

设置暂行条例》对高等职业院校设置标准做出规定。在高等职业教育发展过程中，曾经面临着生存的考验，在一批有识之士的积极呼吁和国家教育行政部门的开明支持下不断争取机会。1993 年 2 月 13 日，中共中央、国务院印发的《中国教育改革和发展纲要》指出："各地要积极发展多样化的高中后教育……要大力加强和发展地区性专科教育。"在 1994 年召开的全国教育工作会议上，时任国务院总理李鹏同志在报告中提出"适当发展高等专科教育和高等职业教育……今后一个时期，适当扩大规模的重点是高等专科教育和高等职业教育"。1994年发布的《国务院关于〈中国教育改革和发展纲要〉的实施意见》提出，"通过改革现有高等专科学校、职业大学和成人高校以及举办灵活多样的高等职业班等途径，积极发展高等职业教育"，俗称"三改一补"政策，这保证了高等职业教育生存的基础和条件，成为我国高等职业教育得以延续的重要路径。

（二）高等职业教育因创新而存

经过了 20 世纪 80 年代初期的艰苦探索和 90 年代的不懈努力，我国进入教育改革发展的新时代。1996 年颁布实施的《中华人民共和国职业教育法》第十三条规定："职业学校教育分为初等、中等、高等职业学校教育""高等职业学校教育根据需要和条件由高等职业学校实施，或者由普通高等学校实施。"这是我国高等职业教育、高等职业学校教育和高等职业学校的社会地位第一次以法律的形式被确立，其中"高等职业学校"与"普通高等学校"相对应。1998 年颁布的《中华人民共和国高等教育法》第六十八条规定："本法所称高等学校是指大学、独立设置的学院和高等专科学校，其中包括高等职业学校和成人高等学校。"进一步确立了高等职业教育在高等教育序列中以及高等职业学校在高等学校序列中的法律地位。1999 年发布的《中共中央国务院关于深化教育改革，全面推进素质教育的决定》指出："高等职业教育是高等教育的重要组成部分。要大力发展高等职业教育,培养一大批具有必要的理论知识和较强实践能力,生产、建设、管理、服务第一线和农村急需的专门人才。"

(三)高等职业教育因创新而兴

世纪之交,党中央、国务院做出了重大的战略决策,即推进高等教育大众化,其中以大力发展高等职业教育作为最重要的标志。1999年1月,教育部和国家计委联合印发《试行按新的管理模式和运行机制举办高等职业技术教育的实施意见》明确提出,高等职业教育由以下机构实施:短期职业大学、职业技术学院、具有高等学历教育资格的民办高校、普通高等专科学校、本科院校内设立的高等职业教育机构(二级学院)、经教育部批准的极少数国家级重点中等专业学校、办学条件达到国家规定合格标准的成人高校等。意见提出,按新的管理模式和运行机制举办的高等职业技术教育为专科层次学历教育,其招生计划为指导性计划,教育事业费以学生缴费为主,政府补贴为辅。毕业生不包分配,不再使用"普通高等学校毕业生就业派遣报到证",由举办学校颁发毕业证书,与其他普通高校毕业生一样实行学校推荐、自主择业。对这部分高等职业技术教育,国家不再统一印制毕业证书内芯。这项被俗称为"三不一高"的政策下放专科层次高等职业院校设置审批权,这是解决适龄青年接受高等教育的政策创新,对推动我国高等职业教育大发展、大繁荣、大提高具有深远意义。

(四)高等职业教育因创新而特

2000年1月,教育部印发《关于加强高职高专教育人才培养工作的意见》(教高〔2000〕2号)、《关于制订高职高专教育专业教学计划的原则意见》,明确高职高专教育的基本特征,它的培养目标是"拥护党的基本路线,适应生产、建设、管理、服务第一线需要的,德、智、体、美等方面全面发展的高等技术应用性专门人才"。2002—2004 年,教育部连续三次组织召开全国高职高专教育产学研结合经验交流会,确立高等职业教育以服务为宗旨的办学面向。2004 年 4 月,教育部印发的《关于以就业为导向深化高等职业教育改革的若干意见》(教高〔2004〕1号)指出,以就业为导向,切实深化高等职业教育改革。同年,教育部印发《普通高等学校高职高专教育指导性专业目录(试行)》,并启动高职高专院校人才培养水平工作评估工作,这些政策对避免高职院校教学成为本科"压缩饼干"起了基础性作用,可以说,新建高等职业院校大都是在这个阶段开始在规范办学基础上探索特色发展之路的。

(五)高等职业教育因创新而强

经过近 20 年的探索和世纪之交的规模大发展,我国高等职业教育约占高等教育的半壁江山,规模效应已经初步彰显,在这样的背景下,如何实现高等职业教育由大向强的转变。为进一步落实《国务院关于大力发展职业教育的决定》精神,2006 年 11 月,教育部印发《关于全面提高高等职业教育教学质量的若干意见》(教高〔2006〕16 号)就全面提高高等职业教育教学质量提出九个方面的意见,并与财政部联合发布《关于实施国家示范性高等职业院校建设计划,加快高等职业教育改革与发展的意见》(教高〔2006〕14 号),启动国家示范性高职院校建设计划。如果说 14 号文件是为了以点到面,以项目引领方式,推动建设一批特色鲜明的强校,那么 16 号文件的初衷就是促进高等职业教育质量的全面和整体提高,实践已经证明,这两个文件的联袂印发,对促进中国高等职业教育由大变强起到了决定性的作用。

(六)高等职业教育因创新而优

2010 年 7 月,中共中央、国务院印发《国家中长期教育改革和发展规划纲要(2010—2020 年)》(中发〔2010〕12 号),提出大力发展职业教育,建设现代职业教育体系,满足经济社会对高素质劳动者和技能型人才的需要。教育部、财政部进一步推进"国家示范性高等职业院校建设计划"实施。2012 年起由《高等职业教育人才培养质量年度报告》(2014 年起更名为《高等职业教育质量年度报告》)独立第三方编制并向社会发布。2014 年 6 月,习近平总书记对职业教育工作的重要指示极大地鼓舞了高职教育战线的信心。为贯彻落实习近平总书记重要指示、《国务院关于加快发展现代职业教育的决定》(国发〔2014〕19 号)和全国人大常委会职业教育法执法检查的要求,2015 年底,教育部印发《高等职业教育创新发展行动计划(2015—2018 年)》(以下简称《行动计划》),提出了今后一个时期高等职业教育创新发展的指导思想和具体要求,高等职业教育由此迈上创新而优的道路。

三、创新发展高等职业教育的动因分析

(一)超大规模高等职业教育面临的质量拷问

我国的高等职业教育作为专科层次的学历教育,在我国的国民教育体系中曲折发展了 30 多年,世纪之交得到了完全确认和超级大发展,到 2014 年,作为类型和层次的交叉概念再次写入了国务院的文件,即专科高等职业院校发展到现在,我国的高等职业教育(大类归纳),在校生规模超过 1000 万,真正成为高等教育的半壁江山,应该说,规模的大发展也是重大成绩,然而每年 300 余万的毕业生需要合适出路,也应有相适应的人才定位,做出相适应的贡献,这就对高等职业教育的结构优化和培养质量提出了要求,提出了不可替代性的质量拷问,而要解决好这一问题,唯一的出路是继续改革、创新求特,以创新整合资源、以创新激发活力、以创新提高质量、以创新开拓市场。

（二）高等职业教育新一轮发展面对的机遇挑战

当前，我国经济社会发展进入新常态，如何适应新常态，特别是适应新技术变革和国家发展战略的要求，确实值得我们认真研究，这至少表现在：一是中国制造 2025 和工业 4.0 的发展战略，高等职业教育如何推进基于互联网＋专业改造和技术提升，真正适应从制造向智造，从制造向创造的转变。二是"一带一路"倡议的实施，高等职业教育如何为"一带一路"培养适需的人才，尤其是为走出去培养人才，为"一带一路"所在国培养人才，都需要有专业结构及教学内容方面的改革。三是"大众创业、万众创新"的国家战略的具体要求，如何加强在校学生的创新创业教育，培养具有创新精神、创业意识和创新创业能力的高职学生，学校如何在教学指导思想、教学内容、教学方法等方面与之相适应。四是根据我国全面深化改革和全面依法治国的要求，我国的财税体制改革将进一步推进，推进的基本方式是：全面实行高职教育生均拨款制度，中央财政加大一般性转移支付，并相应减少专项转移支付，与此同时，财政将进一步加大对财政资金使用绩效的考核力度等，都需要我们认真研究加以应对。

（三）高等职业教育自身发展需进一步解决的问题

我国高等职业教育发展成就及其对经济社会的贡献有目共睹，但长期的大发展确实也带来了许多矛盾和问题，有些是大发展过程中所掩盖的，有些则是发展过程中自身造成的，这些主要表现在，第一，部分院校办学定位不正确，有些热衷于升格升本，有些仍然是本科压缩饼干型，有些则高等性不明确；第二，部分学校办学条件不佳，尤其是校舍，建筑面积和实验实训场地和设施达不到要求，甚至赶不上中职学校的水平；第三，部分学校教师数量和水平达不到要求，由于快速发展，不少学校教师数量不足，生师比过高，也有部分学校教师队伍建设跟不上,尤其是"双师型"结构、"双师型"素质的教师严重缺乏和不足;第四,高等职业教育在整个办学体制机制方面存在差距,外部支持尤其是校企合作机制跟不上,外部资源整合能力不强,办学经费中来自社会和校友捐助的比重偏低偏少。中央提出用混合所有制等办法进行改革探索,这扩大了学校财务的自主权,同时对学校自我管理能力即学校治理体系建设如校政、校行、校企、校会合作问题等都提出了要求。上述诸多发展中的重要因子解决不好,将会影响高等职业教育的创新发展。

四、创新发展高等职业教育的行动方略

在高等职业教育发展成为时代主题的背景下,其发展模式需要由制度推动型向创新发展型转变,政策推动型发展强调自上而下的制度传递,内涵式发展强调自下而上的创新激发。创新发展既是一种发展观,也是一种方法论。为切实提高高等职业教育发展的实效性和针对性,我们必须实施创新发展高等职业教育的行动策略。

(一)注重系统整体设计

《行动计划》作为继国家示范性高等职业院校建设计划后又一个较为全局性的高等职业教育工作项目,而且又冠以《行动计划》而落脚,因此必须从发展规模、结构优化、体制机制、保障支持等方面进行总体考虑,并且要注意中央政府、地方政府、举办方、行业企业和学校等各方面的责权利统筹和安排,尤其要以面向 2020 年,与全面建成小康社会的目标相一致。我国高等职业教育在规模、层次等方面怎样布局应该有方向性的安排,而且要把它放在我国整个教育结构中来进行设计,要放在国家战略的要求中考察专业结构和招生结构,要放在国家整个体制改革中来设计体制机制,不能孤立地进行,从这一点而言,我们仍需要研究和思考。

（二）着力类型特色打造

应该说,中国的高等职业教育从夹缝中生存,经历"三不一高"和"三改一补"到规模发展、特色定位到示范引领,在创新发展的道路上取得了骄人的进步,它引领了整个职业教育的发展并为应用型本科转型提供了示范,可以说,大职业教育视野中的"产教融合、校企合作、工学结合、知行合一、合作办学、合作发展、合作育人、合作就业"理念的形成,高职示范建设功不可没,但我们必须清醒看到的是,从理念到行动,从要求到自觉还有很长的路要走,知与行还有脱节,点与面更有差距,如何坚持问题导向,坚持创新驱动,把高等职业教育发展中的深层次问题解决好,需要我们好好研究高等职业教育如何精准定位,真正打造类型特色,需要系统性设计和整体思考,如高教性与职教性的关系如何协调处理、如何体现彰显,究竟是姓高名职还是姓职名高或是高职复姓,校企合作机制如何有效构建,混合所有制办学体制怎样构建,企业和用人单位积极性怎样调动,企业和社会资源怎样有效整合,都需要以创新发展行动计划为契机构建好一个科学有效的发展系统,解决好类型、层次、特色、体制、机制、要素等问题。

（三）发挥教师主体作用

教师是办学的主体,更是创新发展高等职业教育的主体,高等职业教育要实现持续快速健康发展,必须把教师的积极性、主动性和热情充分调动起来。为此,第一,要注重《行动计划》的教师元素,把教师作为《行动计划》框架的重要主体来打造,注重项目的教师参与热情,教师参与绩效;第二,要有教师发展项目,教师既是行动计划和高职教育创新发展的主体,也是《行动计划》的重要项目内容,要让教师看到政府是在把教师真正作为主体,国家的工程是既见人又见物而且是更见人的,把培养教师、发展教师、提高教师作为重点之一;第三,要体现教师的多数原则,让大多数教师能够或可以参与,与大部分教师的利益和发展相关,创新发展高等职业教育的事就是全体教师的事;第四,要通过活动,使教师的师德教风、教育教学能力、职业教育理念得到加强和提高,真正实现教师发展提高和高职创新发展的同频共振。

(四)关注学生真正受益

学校的基本任务是培养人才,学生是教学工作的主体,"一切为了学生,为了学生一切,为了一切学生"应该是学校的指导思想和行为文化,很显然,创新发展高等职业教育的落脚点必须放在学生身上,这至少应该有三个关注点:第一,要把学生是否受益,是否与学生成长发展相关作为关注的重心,凡是有利于学生增值和成才成长的事多做、快做、好做、做好;第二,要花气力研究学生即期增值,也就是说,要关注好学生三年的成长进步和成才,在三年有限的时间里,实现学生从普通中学生向和谐职业人的转变,提高学生适应市场和适应岗位的能力;第三,要积极创造条件,关注和研究学生的后续发展,使学生在成才基础上不断成长、有所成就、努力成名。正是从这些意义上说,加强学生思想教育和社会主义核心价值观塑造意义重大,把职业精神和职业技能培养结合起来意义非凡。

(五)构建发展保障体系

高等职业教育占据我国高等教育的半壁江山,尽管学历不是很高,但如何办出特色、办出水平亦十分重要,它关乎现代化建设所需要的技术技能人才,关乎全面建成小康社会目标的实现。正因为这样,创新发展高等职业教育,必须有条件保障和机制创新,国家如何加大投入、生均拨款机制如何完善、财政如何建立绩效奖补机制、质量监控体系如何建立、质量报告制度等如何建立,我们都需要研究和关注。也就是说,要从条件保障、要素考核等方面确保高等职业教育朝着积极发展、适需适用、内涵建设、质量提升的正确轨道上前进。

五、创新发展高等职业教育的主要抓手

事实上,高等职业教育无论作为高等教育的一个类型还是作为职业教育的一个层次,或者说类型和层次的综合,都有其生存和发展的前提,都有其生存和发展的价值,也有其自身的特色。当然,也必然存在着这样那样的不足和缺陷,创新发展高等职业教育从理想主义角度看,或者从适应和满足经济社会需求和人的全面发展需求看,也确实存在着许多矛盾和问题,但是解决矛盾必须找到重点和关键。

(一)从宏观发展战略看,要解决好结构和层次问题

结构和层次问题不仅仅是高等职业教育自身问题,更是整个教育及其与经济社会迫切性问题。一方面,我们要从国家高等教育、职业教育乃至基础教育发展的统筹中研究高等职业教育的占比和层次,如中职与普高的关系,义务教育是普九还是普十二年等;另外一方面,在整个高等教育体系中,知识(学术)型教育与职业(应用)型应该是什么样的关系;更为具体的,作为高等职业教育本身,其区域结构、行业结构、专业结构如何协调发展,也值得研究。我们的观点是,第一,作为职业(应用)型的高等职业教育需要加大发展力度,无论是鼓励高职适当扩大规模还是推进本科向应用型转型,都是必需的;第二,为提高教育和人才对经济社会发展的适切性,进一步满足人民群众的愿望,高等职业教育需要在基本稳定的同时,采用双管齐下(即部分升格和新建本科转型)的办法来发展本科层次职业教育;第三,现有专科层次高等职业教育要优化专业结构、区域结构,新建学校应尽量鼓励建在三线城市,三线城市学校可适当扩大规模,同时,专业结构更多地向先进制造业

和现代服务业倾斜。根据这样的思路,教育行政部门可会同发改委等制订一个《高等职业教育发展 2025》,作为指导意见。

(二)从推动创新发展方式看,应当采取示范和项目引领的办法

我国的高等职业教育在规模上已占据高等教育半壁江山,学校数达到 1327 所,在校生超过 1000 万,面上的质量需要保证,财政投入需要到位,办学条件必须达标。在此同时,高等职业教育的创新发展必须有示范引领和项目驱动,既为建设一批标志性成果创造条件,也对整个战线起引领作用。为此建议,第一,巩固国家示范和骨干院校建设成果,在此基础上,再建设 100 所左右的特色或优质学校,形成国家层面高水平学校的一大方阵,数量约为 300 所,这 300 所学校成为高职教育的国家队,也可把这 300 所学校重新整合成两个层次,形成适当梯队;第二,鼓励各省(市)从实际出发,建设数量相当、区域特色鲜明的省级示范(特色、骨干校),大约 300—400 所,于是就形成了国家示范、国家骨干、省级重点(骨干、示范、特色)等三个层面,并呈现宝塔型格局;第三,与学校建设相适应,从高职院校特点出发,应支持建设好一批重点(骨干、优势、品牌)专业,既是学校发展的基础,也是人才培养的基点,更是学校服务行业企业和区域经济社会发展的切入口,在国家示范建设、骨干建设过程中都采用了这种行之有效的方法,许多省份也有这方面的经验,我们可继续设计项目并予以相关支持,真正形成高等职业教育重点(骨干、特色、优势)专业(群)。

(三)从人才培养视角看,必须系统关注互联网的影响和挑战

当今世界,互联网迅速发展,正在深刻地影响和改变着我们的生活和工作,互联网对学习和教育的影响更是前所未有,这给我们的专业建设、课程建设、课堂教学产生了十分深刻的影响,引入新技术、应用互联网思维改革改造我们的专业建设和人才培养模式,势在必行。正

因为这样,创新发展高等职业教育,不仅需要理念创新、模式创新,也需要技术创新和方法论创新,在互联网技术背景下,教师的中心地位越来越不突出,去中心化和知识碎片化成为必然,伴随着慕课的推行、微课的扩展,翻转课堂也将成为常态,从制订人才培养方案开始,到教学内容的选择都将迎来革命性变革,我们必须适应不断发展和变化的世界和未来,高等职业教育作为面向行业企业和区域生产建设管理服务一线需要的教学,更显得重要。

(四)从增强学校活力角度看,必须赋予学校更大的自主权

学校依法自主办学,一直是教育改革的命题,但事实上始终没有解决好,高等职业教育作为一个新的类型,产教融合、校企合作、工学结合、知行合一是其重要机制特征,要很好地体现和彰显这一特色。这至少包括:第一,按学校作为一个相对独立的法人单位来研究对学校的管理,普遍制订并颁布《章程》,以《章程》来规范行为、依法办学、引领发展,政府对学校的管理要求在《章程》中充分体现;第二,赋予学校在人财物等各方面的自主权,落实学校主体地位,确保学校法人主体地位的落实;第三,鼓励和支持学校根据发展需要,进行集团化办学、混合所有制办学、中外合作办学、现代学徒制培养等方面的探索和创新,鼓励学校在各自的领域办出特色、办出水平;第四,鼓励和支持学校积极采用多种体制和形式开展社会服务和产学研合作,以发展和壮大做强自己。

我国"十三五"发展规划纲要提出加快发展职业教育和提高高等教育质量的战略,作为横跨职业教育和高等教育的高职教育,意味着既要"加快发展",又要"提高质量",因此,"十三五"对我国高等职业教育发展而言仍然是一个重要的战略机遇期。高等职业教育要以创新发展理念为引领,抓住关键、破解发展难题,系统出招,厚植发展优势,不断将中国特色高等职业教育发展推向前进。

参考文献

[1] 姜大源.高等职业教育:中国对世界教育的独特贡献[N].光明日报,2015-10-27.

[2] 佛兰德·S.柯伯斯.教育政策[M]//斯图亚特·那格尔,编著.政策研究百科全书.林明,等,译.北京:科学技术文献出版社,1990:457.

[3] 马树超.中国特色高等职业教育再认识[J].中国职业技术教育,2008(23).

[4] 杨金土,主编.30年重大变革——中国1979—2008职业教育要事概录(下卷)[M].北京:教育科学出版社,2011:465.

[5] 石伟平,匡瑛.中国高等职业教育发展的历史、现状和趋势[J].教育展望,2005(9).

[6] 鲁昕.在改革创新中推进职教科学发展[N].人民日报,2010-05-23.

[7] 马树超,郭扬,等.中国高等职业教育历史的抉择[M].北京:高等教育出版社,2009:215.

[8] 柴福洪,陈年友,主编.高等职业教育名词研究[M].北京:高等教育出版社,2012:166.

[9] 周建松.高等职业教育可持续发展研究[M].杭州:浙江大学出版社,2013:10.

[10] 钟秉林.努力开创高职高专教学工作新局面[J].国家高级教育行政学院学报,2000(1).

（本文与吴国平合作,发表于《高等工程教育研究》2016年第6期）

中国特色高等职业教育话语体系的构建

　　摘　要:在改革开放 40 年以来的发展历程中,我国高等职业教育已逐步形成具有独特历史渊源、时代特征和实践价值的多元话语,如何将这些纷繁复杂、生机活泼的话语统整,使之归于一种逻辑统一而连贯的话语体系,是创新发展中国特色高等职业教育的重大课题。在吸收现实渊源、历史渊源和国际渊源基础上,中国特色高等职业教育形成具有历史特征和制度因素的话语体系,发挥了指导高等职业教育发展的重要功能。在中国特色社会主义新时代,要进一步坚定道路自信、理论自信、制度自信、文化自信,构建中国特色高等职业教育话语体系,建设中国特色、世界一流的高等职业教育。

　　关键词:四个自信;中国特色;高等职业教育;话语体系

　　改革开放以来,我国高等职业教育在适切的政治经济制度支持下,创造性地探索出以校企合作为基础的办学模式和以实践能力为核心的人才培养模式,逐步建立起主动回应社会需求的机制,实现了从无到有、从有到多的快速发展,取得了历史性成就,实现了历史性突破。

在我国改革开放 40 年的历史进程中,高等职业教育的大发展提供了一个改革开放历史背景下中国特色教育生成与发展的重要案例。在 40 年波澜壮阔的发展历程中,我国高等职业教育已逐步形成了具有独特历史渊源、时代特征与实践价值的多元话语,而如何将这些纷繁复杂且生机活泼的话语进行统整,使之归于逻辑统一而连贯的话语体系,是创新发展中国特色高等职业教育的重大课题。

一、改革开放 40 年以来我国高等职业教育发展历程回顾

40 年前,无论是在我国高等教育体系中,还是在我国职业教育体系中,均不存在高等职业教育这种类型和层次。改革开放催生了我国现代意义上的高等职业教育,高等职业教育是在我国本土产生与发展起来的,植根于我国社会经济发展之中,其中既有主观需要,也有客观需求。正如《易·系辞下》所言,"为道也屡迁,唯变所适",中国高职教育自从其诞生之日起就一直在创造性地适应与回应经济社会发展的需求,并逐渐走出了一条转化、改革与创新之路。中国特色高等职业教育的出现和发展,丰富了世界高等教育和职业教育的内涵和形式。

高等职业教育在中国的出现源于创新,作为高等教育的重要类型和职业教育的重要层次,高等职业教育的发展既是一种内在变化,也是一种外在变迁,成为我国教育现代化进程中的一个重要组成部分。古人云:"实迷途其未远,觉今是而昨非。"在这个过程中,支持、建构和组织中国特色高职教育发展的是一种行进中的力量,对这种行进中的力量进行观察、记录和分析是尤为必要的。恰是高职教育与经济社会发展的这种紧密的辩证关系和有机结合,赋予了这一教育类型独特的个性和价值。本文的目标是聚焦发展思想之演化与发展政策的变迁,挖掘作为本土化文化适应手段的高等职业教育之价值。只有通过解

释高等职业教育的缘起动因和发展轨迹,才能为探讨中国特色高等职业教育话语体系提供佐证。而要描述这种转化、创新和改革的全貌也绝非易事,甚至无法用概括性的标签来加以表述。为便于分析,本文尝试,将改革开放 40 年以来我国高等职业教育发展历程大致划分为"老高职"和"新高职"两个阶段,在我国广阔的社会发展背景中来理解其真正的本质与意义。

(一)从改革开放初期到 20 世纪末的"老高职"阶段

改革开放初期,应经济建设之急与适教育发展之需,全国各地先后兴办了 126 所短期职业大学,这些短期职业大学成为我国高等职业教育的雏形,这与我国当时的政策支持是分不开的。例如,1985 年《中共中央关于教育体制改革的决定》提出:"高中毕业生一部分升入普通大学,一部分接受高等职业技术教育,积极发展高等职业技术院校。"国务院于 1986 年发布的《普通高等学校设置暂行条例》进一步对高等职业院校的设置标准做出了规定。1993 年,中共中央、国务院印发的《中国教育改革和发展纲要》指出:"各地要积极发展多样化的高中后教育,要大力加强和发展地区性专科教育。"1994 年,《国务院关于〈中国教育改革和发展纲要〉的实施意见》提出了"三改一补"政策,即"通过改革现有高等专科学校、职业大学和成人高校以及举办灵活多样的高等职业班等途径,积极发展高等职业教育",在"老高职"阶段,上述政策成为我国高等职业教育生存发展的重要路径。

(二)从 21 世纪至今的"新高职"阶段

随着 1996 年《中华人民共和国职业教育法》与 1998 年《中华人民共和国高等教育法》的颁布实施,高等职业教育作为职业教育的重要层次与高等教育的重要类型,在国家推进高等教育大众化和加快发展职业教育进程中获得了新的发展。21 世纪以来,高等职业教育快速发展,其规模占据高等教育的半壁江山,高职教育起到了优化高等教育结构的重要作用。正如潘懋元先生指出的那样:"中国的高等教育大众化走得好不好,跟高职办得好坏有很大的关系。""如果我们高职办得好,学生都能够'适销对路',高等教育的社会效益好,那么我们的大众化道路就可以走下去。"[1]一方面,经济社会发展对高等职业教育的形塑,使高等职业学校具备了明显的行业特色,增强了高等职业学校服务当地特色优势产业的能力,伴随着我国产业竞争力的增强,高等职业教育的质量也不断提升。另一方面,高等职业教育对经济社会发展的回应,使高等职业学校始终为满足区域发展需要而设立,并以强化服务社区为导向,为社区提供职业教育、继续教育和普通高等教育等不同类型的课程。"新高职"阶段,历经国家示范院校建设、国家骨干院校建设以及优质院校建设,高等职业教育对经济发展和产业升级的贡献显著增强,极大地推动了我国高等教育大众化进程,并在现代职业教育体系建设中发挥了引领作用。

二、中国特色高等职业教育话语体系的渊源、内涵与价值

孔子曰:"名不正则言不顺,言不顺则事不成。"马克思亦指出,"语言是思想的直接现实"。[2]话语作为人类认识活动的工具和结果,与认知有着密不可分的联系。人们通过认知活动获取的科学指示需要借助话语来确定、保存和传播。话语体系具有自身学科特性,可以在学科内互通,能够对核心概念和概念间的逻辑性达成共识。[3]话语体系既与经验体系、理论体系、政策体系、实践体系有所区别,又与其存在着紧密的联系,话语体系是思想体系、理论体系和知识体系的外在表达方式。中国高等职业教育发展过程的外在表征以中国特色高等职业教育话语体系为依托,而这需要对中国特色高等职业教育话语体系的渊源、内涵与价值展开探讨。

（一）中国特色高等职业教育话语体系的渊源

法国社会学家布尔迪厄指出："科学地使用一种概念意味着在实践乃至理论上掌握该概念以往的使用情况以及使用它的概念空间。"[4] 本文从现实渊源、历史渊源、国际渊源来阐述中国特色高等职业教育话语体系的渊源。

1. 现实渊源

现实渊源主要体现为时代性，而尊重客观现实是时代性的本质要求。2018 年是我国改革开放 40 周年，以纪念改革开放 40 周年为契机，系统提炼、总结归纳改革开放以来中国特色高等职业教育发展历程与经验，意义重大。我国著名学者陈嘉映指出，"学者们的言论过多地强调了围绕这一关键问题的争论过程中发生的实质性变化"，[5] 这种变化的时代精神是本文讨论的核心主题之一。40 年来，处于教育体制边缘的高职院校基础能力显著提高，产教融合、校企合作不断深入，行业企业逐渐参与高职办学，高等职业教育充分发挥了优化高等教育结构和引领中等职业教育的作用。

2. 历史渊源

历史渊源体现为历史性，而历史性要求继承传统。历史传统中蕴含着思想智慧。布尔迪厄与华康德在《反思社会学导引》中指出："社会预先构建的观念，其力量就在于，它既铭刻于事物中，又扎根在思维里。"[6] 例如，我国近代职业教育与早期的近代化紧密相连，这在清末洋务运动中得到了显著体现，作为中国近代职业教育发端的福建船政学堂就是洋务运动的一个典型案例。20 世纪以来，黄炎培、陶行知等教育家对职业教育的探索与实践也给我们提供了许多重要的启示，特别是对事物生成与演变过程的分析，可以使人由此理解为什么是"这样一个"而不是其他结果，最终成了演化的定局，从而更为深刻地认识它的特质。较之对高职教育成熟、典型形态的考察,对其过往二十年、三十年、四十年演进过程的考察就具有同等的重要性。20 世纪八九十年代以来至今的发展经验应当得到重视,同时,需要继续研究尚未完全得到解决的问题,从而使高职教育的传统和历史活起来、新起来,而这为高职教育的创新发展奠定了基础。总体而言,中国高等职业教育发展与经济发展的各历史时期的状况是相符合的。

3.国际渊源

国际渊源体现为世界性,而世界性要求参照借鉴。中国特色既生发于本土探索,又借鉴于国际比较。因此,中国特色高等职业教育的构建原则是"本土生成＋国际借鉴"。我国举办高等职业教育不仅是推进高等教育改革,优化教育结构的重要举措,同时也是在学习借鉴世界各国和地区的有益经验中不断完善的:美国社区学院模式、德国"双元制"、澳大利亚"TAFE"模式、英国"三明治"模式、新加坡"教学工厂"模式、加拿大"能力本位"模式等各具特色的高职办学模式均具有较大的借鉴价值。在国际比较中坚定信心,探索形成的具有自身特色的高职教育办学模式和体制机制,能够较好地满足适龄青年就读高等教育和学习技术技能的双重需求,是遵循"博采众长、融合提炼,以我为主,自成一家"的理念和思路,是被实践证明了的成功之道,这不仅与我国的历史传统、文化、民族、国情相适应,而且与社会公众的情感、态度、倾向相吻合。

(二)中国特色高等职业教育话语体系的内涵

正如习近平总书记所言,中国特色是历史和现实做出的回答,是国际比较得出的结论,既是独具特色的,又是独具优势的。研究中国特色高等职业教育的思想渊源、内涵特征与独特贡献必须立足中国特色高等职业教育发展实践,发掘新材料,发现新问题,提出新观点,提炼标识性学术概念,正确解读中国现实,回答中国的重大理论与现实问题。研究高等职业教育的制度特征以及其更广泛的社会功能,从而了解社会对高等职业教育的期待和需求,尝试构建一种可以被广泛理解和传播的话语体系,与传统接续,并以扎实的理论研究和丰富的实践探索为其源源不断地提供新的养分和原料。

话语体系与实质内容相对应,是形式与内容相结合的产物。高等职业教育发展是一个宏大的历史主题,经过了 40 年的历史演进,中国高等职业教育逐步形成具有历史特征和制度因素的类型特色,而这正是高等职业教育发展的基本底色,并集中体现在话语体系的内涵上。中国特色高等职业教育话语体系的内涵主要包括以下五个方面:一是坚持以服务为宗旨、就业为导向,走产学研相结合的发展道路,贯彻就业立校、服务强校、合作兴校的发展方针;二是坚持以产教融合、校企合作为办学模式,在探索产教深度融合中办好高等职业教育,为学校发展提供强大外部和合作基础;三是坚持以工学结合、知行合一为人才培养目标要求,努力培养知识、能力、素质相统一的学生,始终做到通识教育与专业教育相结合,培养既能做好事,更能做好人的毕业生;四是坚持贯彻以学生为本、以教师为基、以校友为宗的办学思路,致力于打造和建设教师、学生、校友发展共同体,推动学校各项工作又好又快可持续健康和谐发展;五是坚持走国际化发展道路,培养跨文化交流经历和能力,积极探索从第一到第三课堂进而向第四到第六课堂经历的人才培养工作创新,切实提高毕业生适应职场、适应社会、适应世界的能力。

(三)中国特色高等职业教育话语体系的价值

马克思在《德意志意识形态》中指出,实际上致力于在最典型的形式话语特征中发现话语生产和流通的社会条件的作用。哈贝马斯认为,人类语言的内在终极目标是取得一致,即达成共识。只有建立在理性的基础上的真诚交往,才有达成共识的可能性。[7]话语体系概括和凝练了中国特色高等职业教育发展的核心要素、共同特征与基本规律,这在普通教育与职业教育长期分割甚至对立的情况下形成对抗性话语的状况下反映得更加明显。然而,事实上,两者之间的共同点多于差异性,这种共同点在高等职业教育上体现得最为充分。因为"话语体系建设绝非词语构造,更非'概念游戏',不能将严肃的学术创新蜕变为文字、概念的制造与演绎"。[8]而前期相关研究之所以显得零散,一方面固然由于问题意识的缺失,另一方面也囿于未能形成话语体系,而这两方面又与缺乏"四个自信"存在着一定的关系。

教育是软实力,有着巨大的正向外部性和溢出效应。如高等职业教育如何配合企业"走出去",凸显高等职业教育的"软实力"等。由于中国特色高等职业教育话语体系的完备性不足、影响力不强,导致其作用发挥不够。中国特色高职教育理论、话语与实践研究中存在以下困境:一是理论与话语的区别或分离;二是理论与实践的区别或分离;三是话语与实践的区别或分离,这些原因导致包括教育在内的我国哲学社会科学学科体系、学术体系、话语体系建设水平总体不高,学术原创能力还不强。[9]结合中国高等职业教育改革与发展的实际,为解决高等职业教育实践中所提出的问题而进行的应用性研究,将抽象理论通过中介环节(话语)转化为可操作性的知识与方法以指导实践。只有当高等职业教育的核心特征和功能逐渐被证明与展示之后,它才会更坚定地向前发展。高等职业教育要做中国特色高等职业教育话语体系的创造者和传播者,使公众能听懂、能信服,富有亲和力、吸引力、感召力。与此同时,必须将对中国高等职业教育发展中某些人为的渲染从现实中剔除出去。

三、坚定"四个自信",构建中国特色高等职业教育话语体系

党的十八届三中全会通过的《中共中央关于全面深化改革若干重大问题的决定》指出,要"不断增强中国特色社会主义道路自信、理论自信、制度自信"。[10]习近平总书记在庆祝中国共产党成立 95 周年大会上的讲话指出,坚持不忘初心,继续前进,就要坚持中国特色社会主义道路自信、理论自信、制度自信、文化自信,坚持党的基本路线不动摇,不断把中国特色社会主义伟大事业推向前进。党的十九大高举中国特色社会主义伟大旗帜,把习近平新时代中国特色社会主义思想写入党章,确立为党必须长期坚持的指导思想,明确了新时代中国共产党的历史使命,开启了全面建设社会主义现代化国家新征程。

(一)道路自信:构建中国特色高等职业教育话语体系的逻辑起点

2017 年 7 月 26 日至 27 日,省部级主要领导干部"学习习近平总书记重要讲话精神,迎接党的十九大"专题研讨班在京举行。中共中央总书记、国家主席、中央军委主席习近平在开班式上发表重要讲话强调,中国特色社会主义是改革开放以来党的全部理论和实践的主题,全党必须高举中国特色社会主义伟大旗帜,牢固树立中国特色社会主义道路自信、理论自信、制度自信、文化自信,确保党和国家事业始终沿着正确方向胜利前进。这是我们党明确宣示举什么旗、走什么路的问题。在建设中国特色社会主义的伟大实践中,中国共产党人创造了中国特色社会主义理论体系,这一中国化的马克思主义,繁荣并发展了中国哲学社会科学,增进对根本制度、发展道路的认识。

"对中国经验,不能仅仅停留于经验的描述,应当从'描述'进到提炼、概括,从'经验'上升到'理论'"[11]话语体系体现国家意志,构建中

国哲学社会科学话语体系,是当今中国发展提出的重大命题,相应地,构建中国特色高等职业教育话语体系,也是当前中国特色高等职业教育发展提出的重大命题。中国特色高等职业教育话语体系并不是孤立存在的,它与整个国家的哲学社会科学话语体系目标相一致,是国家哲学社会科学话语体系总系统中的一个子系统。高等职业教育由于扎根于中国大地,因而是最具有中国特色的。道路自信体现为坚持社会主义办学方向,发挥社会主义制度的独特优势,走自己的发展道路,扎实办好中国特色高等职业教育。我国社会学者杨善华指出:"由国家(现代性)力量支持的话语进入公共空间相对容易,但要进入以家庭为依托的私人空间,乃至老百姓的观念和意识层面,则要困难得多,因而可能存在着某种不为国家、制度等现代性视角所认可,却以极为具体的方式存在并发挥作用的力量。"[12] 从目前到 2020 年是全面建成小康社会的决胜阶段,也是教育现代化的重要阶段,中国高等职业教育发展的成功经验,为构建中国特色高等职业教育话语体系提供了极为丰富的素材。正如潘懋元先生所指出的那样:"中国正在进行的高等教育改革,在改革的过程中,提出了大量的实际问题,需要高等教育理论来解决,这是高等教育研究的动力。"[13]

(二)理论自信:构建中国特色高等职业教育话语体系的价值取向

"理论只要彻底,就能说服人。所谓彻底,就是抓住事物的根本。"[14] 理论起着价值澄清和目标凝练的作用。中国特色高职教育理论也必须建构在坚实的哲学基础之上,同时将历史引入分析之中,通过历史分析,把对中国特色高职教育发展的描述加以深化。高等职业教育的问题远比传统教育更为复杂,这需要通过概念、范畴和理论假设来凝结共识。中国特色高等职业教育话语体系吸收了马克思主义关于教育的理论观点、中国特色社会主义教育理论体系和中华优秀传统教育文化的养分。中国特色高职教育理论要更加注重与传统接续,使其成为话语体系的一部分,在此基础上才能促成新的发展,培养德智体美全面发展的社会主义建设者和接班人,这种价值取向体现为理论价值与应用价值的统一。

"如果不能及时研究、提出、运用新思想、新理念、新方法,理论就会苍白无力,哲学社会科学就会'肌无力'。"[15]在构建中国特色高等职业教育话语体系时,我们要用到学科概念和理论框架,但这些都是工具,不是封闭的概念推演和逻辑论证,而是与社会实践的发展息息相关的思想表达活动,并因其丰富内容与多样表述而具有独特的意义。在建设话语体系过程中丰富马克思主义理论和中国特色社会主义理论体系,并将理论逻辑转化为实践和生活逻辑,形成理论自觉和理论自信。

尽管我们无意构建一套宏大的体系或艰深的理论,但这种努力正构成中国高职教育的未来,提示着"理论""话语""实践"这些词语本来的思想含义。理论要受欢迎,一定要有实践载体,理论必须与物质世界形成紧密的辩证关系。这些理论不能仅仅只是一些抽象的概念,从理论反思出发,同时又注重"实践智慧"。只有在理论上建构、思想上塑造这种新体系的方方面面,然后才能尝试把它转化为现实。要把理论分析和实践探索融合,用理论解释实践,反过来,用实践建构理论,这样也才能使"传统"有一个新的面貌和方向,这种面貌和方向影响和关联着几代高职教育人。在形成基本概念和基本理论的基础上,我国高等职业教育产生了一系列重大理论和实践创新,如高职院校产教融合办学模式、校企合作人才培养模式、工学结合教学模式等。

(三)制度自信:构建中国特色高等职业教育话语体系的实践路径

中国特色高等职业教育具有一定的历史特征和制度因素,这些制度不仅体现在主要的政策文本中,也体现在一些基层实践中。在中国高等职业教育发展过程中所发生的一切,是对外部事物做出的回应,各个高职院校均或多或少总结出了自身的发展理念和制度,而且努力引导身边的学校实践他们的理念和制度。在实践中,不仅体现为响应教育行政主管部门的号召或倡议,更体现为高职院校根据其各自办学定位,从自身发展需要出发,探索创新发展之路。

中国特色高等职业教育的话语体系包括整体架构与地方实践,这既是制度化的结果,也是地方结构化的产物。高职教育发展既有地方性逻辑,也有制度性逻辑,如果没有这些区域性案例,制度性逻辑就不可能得以发展和表达;如果没有制度性逻辑支持,区域性案例就不可能按内部分化和系统的结构化,整个系统也不可能被再生产。尤为重要的是,这些案例向我们展示了一种新教育类型的生成,它不但适应了区域性逻辑,而且还再生产了制度性逻辑。倘若我们认识不到工学结合这个概念是个不断变化的历史建构,便不能用纵向统计来比较新中国成立至今的工学结合形式变迁,从对高等职业教育发展实践的理解逐渐提升到对它们的理性原则和话语体系的把握。

(四)文化自信:构建中国特色高等职业教育话语体系的使命追求

2016年7月1日,习近平总书记在庆祝中国共产党成立95周年大会上的讲话明确提出"四个自信"理念,将"文化自信"纳入,指出"文化自信,是更基础,更广泛、更深厚的自信。在5000多年文明发展中孕育的中华优秀传统文化,在党和人民伟大斗争中孕育的革命文化和社会主义先进文化,积淀着中华民族最深层的精神追求,代表着中华民族独特的精神标识"。党的十九大高举中国特色社会主义伟大旗帜,将习近平新时代中国特色社会主义思想写入党章,确立为党必须长期坚持的指导思想,明确了新时代中国共产党的历史使命,开启了全面建设社会主义现代化国家新征程。党的十九大报告明确指出,完善职业教育和培训体系,深化产教融合、校企合作。[16]继承和弘扬中华优秀传统文化的精华,善于捕捉并提炼那些仍然活跃在今天中国人生活和思想中的文化传统,使之成为建设哲学社会科学话语体系的重要源流。

话语体系与通常使用的词汇有关,尤其是词汇的概括程度和它们之间的逻辑关系,这既反映在思维习惯中,也体现在语言习惯中。

立足中国实践,总结中国经验,解决中国问题,是实现哲学社会科学话语体系创新的关键,其根本方法是立足中国、借鉴国外、挖掘历史、把握当代、关怀人类、面向未来,体现继承性、民族性、原创性、时代性、系统性、专业性。中国特色高等职业教育话语体系具有自身独特的历史、时代、价值和民族特征,在丰富的改革和发展实践基础上,形成中国特色高等职业教育,走向生活、走向实践,在本土发现社会,慢慢发现那些真正主宰着人们日常行为和喜怒哀乐的事情,那些体现出他们内心的观念和选择的语言、词汇以及使用背景,概括出理论联系实际、科学的、开放融通的新概念、新范畴、新表述,打造具有中国特色、中国风格、中国气派的中国高等职业教育创新体系和话语体系,是高等职业教育界的职责和使命。如果我们将高等职业教育置于我国高等教育和职业教育发展的大背景下,运用中国化的高等职业教育话语体系阐述中国梦,便能讲好中国高等职业教育故事,传播中国高等职业教育好声音。

五、结　语

高等职业教育有自身的逻辑体系,通过对这些基本概念和基本理论,如产教融合、校企合作、工学结合、学做合一、知行合一等的深入研究,重要的是逐步提出一种共同话语、一种参考理论、一种分享的理念。[17]同时,中国高职教育发展历程中的正式组织与非正式组织,联盟的价值,一整套风格、意义和可能性被不断地再生产,当这些主题被采纳并在具体环境中被再创造时,它们就被再生产、被强化,进而作为一种资源被其他处于相同结构位置的人所使用。我们研究这个课题的意义,不仅仅表现为要确定有关高等职业教育的各种概念、假设和命

题,更重要的是,它始终蕴含着"必要的张力",[18]为人们思考中国特色
高等职业教育所经历和面对的各种问题提出了各种可能的途径。

理论是灰色的,实践之树常青。实践提出的问题往往是综合的,构
建中国特色高等职业教育话语体系最重要的是需要生成中国特色高
等职业教育话语的自主性,而要做到这一点,就必须从以下三个方面
努力:一是需要有自身的行动主体,二是需要自身能够作为整体被感
知,三是需要显示自身的自主性。观念体系只有在现代性与传统性之
间保持张力,才可能被社会大众所接受。因此,由于我国社会公众对文
凭的认知,势必会对高职教育发展产生一定的影响,我们往往将其归
咎于人们对传统信念的不加反思的接受。同时,从另一方面来看,高职
教育发展对社会意识有着怎样的影响,是一个实际上未经探讨的问
题,这导致在一定程度上削弱了高职教育的吸引力。

习近平总书记在 2013 年教师节的贺信和 2014 年教师节与北京师
范大学师生座谈讲话中两次提出"发展具有中国特色、世界水平的现
代教育"的重要理念,从战略高度回答了在实现"两个一百年"奋斗目标
和中华民族伟大复兴的中国梦中,我们应办什么样的教育,以及如何
办教育的这一教育根本性和战略性问题。特别是 2014 年,习近平总书
记关于职业教育的指示,为我们建设中国特色、世界水准的高等职业
教育指明了方向。2015 年 10 月,教育部颁布《高等职业教育创新发展
行动计划(2015—2018 年)》,创新发展意味并要求用新的思维方式和
表达方式来研究中国高等职业教育,通过问题导向、系统构建、方法指
导、体制创新。中国特色高职教育的产生与发展绝不是想当然的,它需
要我们深入的研究和持续的探索。只有进一步坚定道路自信、理论自
信、制度自信、文化自信,深刻认识到中国特色高等职业教育的优势和
局限,才有可能构建中国特色高等职业教育话语体系,这也是实现高
等职业教育创新发展的题中之义。

参考文献

[1] 潘懋元,刘丽建,魏晓艳,选编.潘懋元高等教育论述精要[M].福州:福建教育出版社,2015:125.

[2] 马克思恩格斯全集(第3卷)[M].北京:人民出版社,1965:525.

[3] 张应强.学术共同体与中国人类学"多元一体" 知识生产格局之构建[J].开放时代,2016(4):36-38.

[4] 布尔迪厄,夏蒂埃.社会学家与历史学家:布尔迪厄与夏蒂埃对话录[M].马胜利,译.北京:北京大学出版社,2012:82.

[5] 陈嘉映.说理[M].北京:华夏出版社,2011:16.

[6] 布尔迪厄,华康德.反思社会学导引[M].李猛,李康,译.北京:商务印书馆,2015:351.

[7] 转引自方匡国,编著.20世纪社会科学[M].济南:山东科学技术出版社,2017:84.

[8] 丰子义.从话语体系建设看马克思主义哲学创新[J].哲学研究,2017(7):123-126.

[9] 陈宝生.发挥高校优势 加快构建中国特色哲学社会科学[J].求是,2017(10):54-56.

[10] 中共中央关于全面深化改革若干重大问题的决定[M].北京:人民出版社,2013:2.

[11] 丰子义.从话语体系建设看马克思主义哲学创新[J].哲学研究,2017(7):123-126.

[12] 杨善华,孙飞宇."社会底蕴":田野经验与思考[J].社会,2015(1):74-91.

[13] 潘懋元.大学的沉思[M].北京:商务印书馆,2017:81.

[14] 马克思恩格斯选集(第1卷)[M].北京:人民出版社,1995:9.

[15] 习近平.在哲学社会科学工作座谈会上的讲话[N].人民日报,

2016-05-19.

［16］习近平.决胜全面建成小康社会　夺取新时代中国特色社会主义伟大胜利——在中国共产党第十九次全国代表大会上的报告［A］.载中国共产党第十九次全国代表大会文件汇编［M］.北京：人民出版社,2017.

［17］周建松,吴国平,陈正江.创新发展高等职业教育:政策变迁与行动方略［J］.高等工程教育研究,2016(6):158-163.

［18］卢晓中.扎根中国大地办大学亟须高等教育发展理论［N］.光明日报,2016-05-19.

（本文发表于《现代教育管理》2019 年第 1 期）